Sumario

Los títulos en **negrita** presentan los capítulos de introducción, las visitas y los itinerarios, y los títulos en color remiten a las páginas que tratan sobre temas concretos relativos a la ciudad.

Planos

INFORMACIÓN PRÁCTICA

Información turística

Información del Centro Servizi Comune di Milano (Centro de Servicios del Ayuntamiento de Milán), Galleria Vittorio Emanuele II, tfnos. 62083101/8690734. Es una oficina de información que la administración local ha puesto a disposición de los ciudadanos.

APT, Azienda di Promozione Turistica del Milanese (Empresa para la Promoción Turística de Milán), via Marconi 1, tfno. 725241.

Está situada en pleno centro, a dos pasos del Duomo. La oficina de la APT es una parada de utilidad para el turista que requiere información detallada o consejos. Aquí se puede conseguir un plano de la ciudad gratis.

La APT, en colaboración con el concejo de la provincia de Milán, publica *Milano mese*, un interesante periódico con la información de acontecimientos culturales, artísticos, deportivos y espectáculos que tienen lugar en la ciudad y su provincia.

IAT, Informazione e Accoglienza Turistica (Información Turística), via Marconi 1, tfno. 72524300; estación Central, en la zona de salidas, tfnos. 72524360/370.

TCI (Touring Club Italiano), corso Italia 10, tfno. 8526304

Visitas y servicios turísticos

Centro Guide Turistiche (Centro de Visitas Turísticas),

palazzo del Turismo, via Marconi 1, tfnos. 863210/86450433.

El centro ofrece un denso calendario de visitas guiadas a monumentos, museos y exposiciones. Las reservas se pueden hacer en el mismo centro.

Tram Turistico, Ciao Milano (Tranvía turístico). La Azienda Trasporti Municipali (Empresa Municipal de Transportes) (ATM) ofrece una visita a la ciudad en un típico tranvía milanés de los años veinte. La vuelta dura 75 minutos y se sale de la piazza Castello (a las 9.00, 11.00 y 13.00). El billete se compra en el tranvía. Teléfono de información: 72002584.

Una vuelta por la ciudad en el Servizio Autostradale. Se trata de una visita a los lugares más famosos a pie y en autobús. La visita dura unas tres horas (los lunes sólo dos). Se sale de la piazza del Duomo a las 9.30. Los billetes se compran en la APT o en los principales hoteles de la ciudad. Teléfono de información: 72524300.

Transporte público

La red de transporte público de Milán es bastante eficaz: se calcula que lo usan diaria-

• INFORMACIÓN

Código postal: corresponden a los números comprendidos entre el 20121 y el 20162. El 20100 es para las entidades públicas, civiles y militares, apartados de correos y lista de correos

Habitantes: alrededor de 1.300.000

Patrón: san Ambrosio (7 de diciembre)

Policía Municipal: tfno. 77271

Comisaría: tfno. 62261

Ayuntamiento de Milán: piazza della Scala 2, tfno. 6236

Junta Provincial de Milán: via Vivaio 1, tfno. 77401

Junta Regional de Lombardía: via F. Filzi 22, tfno. 67651

mente alrededor de un millón y medio de personas.

El servicio de autobuses, tranvías y metro de la ATM, con la excepción de los días de huelga o en caso de accidentes, es regular y frecuente. Los viejos tranvías le dan a la ciudad ese toque tradicional que tanto agrada a los extranjeros.

Las tarifas de autobús, metro y tranvía están unificadas. Los billetes se pueden adquirir en bares, quioscos, estancos y en los distribuidores automáticos. El transporte empieza a funcionar hacia las 6.00 y termina alrededor de las 0.00 (a partir de esta hora existe una línea de autobuses nocturnos que sustituye a la línea 1 de metro). Para el autobús y el tranvía, los billetes tienen una duración de 75 minutos a partir del momento en que se sube a uno de estos medios, mientras que en el metro cada billete sólo se puede utilizar una vez. Existe la posibilidad de comprar bonos turísticos de 24 o 48 horas, que se pueden adquirir en los quioscos y en las estaciones de metro. Un taco de diez billetes sale algo más económico (es importante conservar la matriz). En algunas estaciones de metro se pueden comprar planos con los itinerarios de los medios de transporte. Hace poco, después de muchos años y de incontables polémicas, se ha inaugurado el nuevo tren que va por el interior de la ciudad. De momento las correspondencias no están completadas, pero ya tiene ocho kilómetros y cuenta con cinco estaciones: Bovisa, Lancetti, Garibaldi, Repubblica y Venezia. Dentro de poco se añadirán las estaciones de Villapizzone, Dateo, Vittoria y Rogoredo, con un total de 10,8 kilómetros subterráneos. Las tarifas para este tramo del tren que recorre la ciudad se equipararán a las del metro.

Teléfono de información de la ATM (número gratuito): 1670 16857.

Taxis

Los taxis de Milán son blancos (los más viejos son de color amarillo). Estacionan en las paradas situadas en los espacios existentes entre los carriles de la calzada. Las paradas tienen teléfono y los números se encuentran en la guía telefónica, en la sección de taxis.

A la tarifa por la bajada de bandera y el coste del trayecto hay que añadir a veces los suplementos correspondientes por día festivo, servicio nocturno y equipaje.

• **URGENCIAS**

Policía (emergencias): tfno. 113

Cuerpo de carabinieri: tfno. 112

Bomberos: tfno. 115

Ayuda en carretera ACI (Automobile Club Milano): tfno. 116

Urgencias sanitarias-ambulancias: tfno. 118

Urgencias médicas: tfno. 34567

Centro de Toxicología: tfno. 66101029

Farmacia de guardia (abierta las 24 horas): Stazione Centrale, en la zona de salidas. Tfno. 6690935

• **PUBLICIDAD EN LOS TRANVÍAS JUMBO**

El primer tranvía, tirado por caballos, apareció en Milán en 1841. Hoy ya no se ven los caballos, pero por las calles de la ciudad siguen circulando algunos tranvías que datan de los años veinte. Los tranvías jumbo modernos son de colores fuertes y lucen anuncios comerciales.

ATENCIÓN AL PREFIJO

Todos los números de teléfono de la red de Milán deben ir precedidos del prefijo **02**.

• **APARCAMIENTOS ATM DE LA PERIFERIA** Hay grandes aparcamientos en la periferia de Milán, bien comunicados con el centro. Tienen vigilancia de 7.00 a 20.00 los días laborables. Son gratis los festivos y domingos. **Tangenziale Est** Salida de *Cologno Monzese*, aparcamiento *Cologno Nord* (500 plazas), comunicado con MM2. Salida *via Palmanova*, aparcamientos *Cascina Gobba* (800 plazas) y *Crescenzago* (600), comunicados con MM2. Salida *via Forlanini*, aparcamiento *Forlanini* (650 plazas); aquí se puede tomar el autobús al aeropuerto de Linate, y después el 73 que lleva al centro. Salida *San Donato*, aparcamiento *San Donato* (2.400 plazas), comunicado con MM3. Salida *piazzale Corvetto*, aparcamiento *Rogoredo* (350 plazas), comunicado con MM 3. **Tangenziale Ovest** Salida *Milano Baggio*, aparcamiento de *Bisceglie* (900 plazas), comunicado con MM1.

GUÍAS Y MAPAS PARA SABER MÁS

Para ir a tiro hecho, y pensada para viajeros de fin de semana, ***Lo mejor de... Milán*** (Acento, Madrid, 2.ª edición, 1999) es una guía muy manejable que sugiere dónde dormir y comer, qué comprar y cómo divertirse en Milán y sus alrededores.

Si piensa ir desde España a Milán en coche, le será muy útil el ***Atlas de carreteras de Europa*** (Servicio de Turismo Michelin, Madrid, 1996), con mapas que señalan las conexiones por carretera entre las capitales europeas e Italia.

El Organismo Oficial Italiano para el Turismo (ENIT, Gran Vía, 84, 1.°, tfno. 91 559 97 50) distribuye gratuitamente folletos con planos de las ciudades y regiones italianas más turísticas.

Normalmente los taxistas milaneses son competentes y eficaces.

En algunas ocasiones, por ejemplo en Navidad o durante acontecimientos importantes, como la Feria de Milán, hay que esperar mucho rato la llegada de un taxi. Si además llueve, es un desastre. Los radiotaxis se pueden reservar en los números siguientes: 6767, 8585, 8388 y 5251.

Coches y aparcamientos

No es aconsejable el uso del coche en ciudad cuando se hace turismo, sobre todo entre semana. El tráfico, el laberinto de calles de dirección única y los escasos aparcamientos hacen que las cosas se compliquen. El servicio de transporte público es realmente eficaz. Para los que lleguen en coche, los aparcamientos funcionan de la siguiente manera. En el centro se puede aparcar (abonando la correspondiente tarifa) en las zonas delimitadas por líneas azules. Se recuerda que las plazas delimitadas por líneas amarillas están reservadas a los residentes que poseen la tarjeta correspondiente. En el interior del vehículo se debe colocar en un lugar visible la ***tessera Sostamilano***, sobre la que hay que rascar las casillas del año, mes, día, hora y minutos de la parada. Las *tessere*, o cupones, las vende el personal de la ATM y se pueden adquirir también en estancos, bares y quioscos autorizados. Los cupones de Sostamilano tienen una duración de una o dos horas (con distinto precio) y hay que utilizarlos de las 8.00 a las 20.00. Entre las 20.00 y las 0.00 se paga por

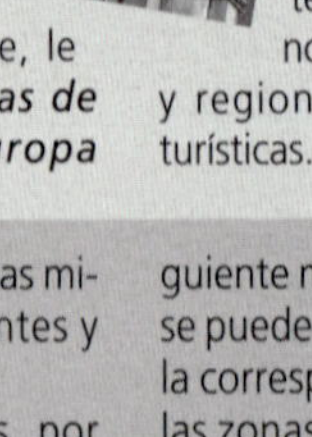

un periodo de cuatro horas el equivalente a dos horas.
En la zona de la ciudad que está fuera de la cerchia dei Navigli, el precio de los cupones es inferior.
En Milán hay numerosas cocheras (o garajes) en las que se puede dejar el coche. Generalmente las tarifas tienen un precio fijo durante las dos primeras horas, y las siguientes son más baratas.
Teléfono de información: 1670 16857 (número gratuito).
Retirada de vehículos: Comandancia Central de la Policía Municipal, piazza Beccaria, tfno. 7727259. Oficina de retirada de vehículos: tfno. 7302330.

Estaciones de tren

Las principales estaciones de Milán son:
Stazione Centrale, piazza Duca D'Aosta (líneas 2 y 3 de metro). Información automatizada en el teléfono 147888088 (de 7.00 a 23.00); el número de la centralita es el 63711. Información de horarios y conexiones: tfno. 166105050. Información sobre llegadas: tfno. 66984615. Objetos perdidos: tfno. 63712667.
Ésta es la estación más importante y la más majestuosa. De aquí salen trenes hacia todos los destinos.
Stazione Garibaldi, porta Garibaldi (línea 2 de metro). Información: tfno. 6552078. Objetos perdidos: tfno. 67716111. Los trenes que salen de esta estación van hacia el norte y el noreste.
Stazione Ferrovie Nord Milano, piazza Cadorna (línea 1 de metro), tfno. 48066771. Los trenes Ferrovie Nord cubren sobre todo la zona de Brianza, Como y Varese.

LOS *GHISA*, TODA UNA INSTITUCIÓN

Ghisa es, o más bien era, el nombre por el que se conocía a los guardias municipales de Milán. Era un cuerpo de vigilantes urbanos que nació en la ciudad en 1860. En aquel entonces eran sólo 50. A finales de siglo, además del uniforme, se les dio un casco rígido que, según los milaneses, parecía que fuera de hierro fundido (*ghisa* en italiano). Durante años el *ghisa* fue una figura simbólica de Milán: severo, autoritario pero cortés y dedicado con pasión a su trabajo. Hoy los guardias son unos 2.000 y tienen que vigilar un millón de coches cada día, trabajando en condiciones muy duras. Por este motivo, muchos han solicitado trabajar en las oficinas, lo que ha causado en los últimos tiempos acaloradas polémicas entre el cuerpo de guardias municipales y el alcalde de Milán: son cuestiones que el turista puede ignorar si quiere, pero que debe conocer.

Autopista Venezia-Milano
Salida *Cavenago/ Cambiago*, aparcamiento *Gessate* (500 plazas), comunicado con MM2.
Salida *Sesto San Giovanni/viale Zara*, aparcamiento *Sesto Marelli* (250 plazas), comunicado con MM1.
Autopista Torino-Milano
Salida *Milano viale Certosa*, aparcamiento *Lampugnano* (2.000 plazas), comunicado con MM1.
Salida *Pero*, aparcamiento *Molino Dorino* (450 plazas), comunicado con MM1.
Autopista Genova-Milano
Salida *Milano viale Liguria, centro città/ Forum di Assago*, aparcamientos *Romolo* (250 plazas) y *Famagosta* (560 plazas), comunicados con MM2.
Autopista Bologna-Milano
Salida *Milano piazzale Corvetto*, aparcamiento *Rogoredo* (350 plazas), comunicado con MM3.

Un tren que pasa con retraso

Se habla de una cifra que ronda los 1,7 billones de liras para llevar a cabo, en veinte años, el trazado de la línea de tren que pasará por la ciudad. La conexión permitirá que los trenes que llegan del norte y el oeste puedan alcanzar en pocos minutos la zona sureste de la ciudad. Los trenes de la Ferrovie Nord y de la Ferrovie di Stato harán un recorrido subterráneo en la estación de Bovisa para emerger, posteriormente, en la de Rogoredo. Durante este recorrido los trenes irán dejando en las estaciones intermedias a los pasajeros que acuden a Milán para trabajar.

• **Milán desde las alturas**
¿Dónde se puede ir para admirar la ciudad desde las alturas? El panorama más sugerente se puede contemplar desde el tejado del Duomo, entre estatuas y pináculos (el ascensor está situado en el exterior del templo y funciona de 9.00 a 17.30). No es aconsejable para los que sufren de vértigo. Otro punto panorámico es la última planta del rascacielos Pirelli; para subir, hay que solicitar el permiso a la Junta de la Región de Lombardía (tfno. 67651).

Aeropuertos

Aeropuerto E. Forlanini Linate, información: tfno. 74852200. Pérdida de equipaje: tfno. 70124451. De momento es el aeropuerto más importante. De aquí salen vuelos nacionales e internacionales. Se considera que es demasiado pequeño para el tráfico aéreo que soporta, así que en el futuro se destinará sólo para los vuelos a Roma. El resto de los vuelos (nacionales, europeos e intercontinentales) se trasladará al aeropuerto de Malpensa. El aeropuerto está comunicado con el centro con el autobús 73 de la ATM (lleva hasta la piazza San Babila y sale cada 10 minutos aproximadamente) y con la estación Central de la piazza Luigi di Savoia (sale cada 20/30 minutos; teléfono de información: 66984509). El aeropuerto cuenta con aparcamientos para periodos largos (tfno. 7560155). Sin embargo, entre semana las plazas se ocupan desde las primeras horas de la mañana.

Aeropuerto Milano-Malpensa. Teléfono de información: 74852200. Pérdida de equipaje: tfno. 74854215. Está al norte de Milán, a 53 km del centro, y se puede llegar en coche por la ***autostrada dei Laghi*** (A8) en dirección a Varese hasta la salida de Malpensa. Hasta la inauguración de Malpensa 2000, el tráfico aéreo de este aeropuerto era sobre todo transoceánico. Hasta ahora, el principal problema de este aeropuerto era que no estaba bien comunicado, pero con el tren directo Milán-Malpensa se llega al centro en 40 minutos. La autopista A8 es una de las más congestionadas por el tráfico. Para ir hasta Malpensa se pueden utilizar los autobuses **Airpullman**, que salen de la estación Central (cada media hora de las 7.00 hasta las 17.00 y cada hora a partir de las 17.30), y de la piazza Castello (cada hora de las 7.00 a las 11.00 y cada dos horas de las 11.00 a las 17.00). También salen autobuses de la estación de metro de Lampugnano (línea 1; cada hora de las 7.15 a las 11.15 y cada dos horas a partir de las 11.15). Teléfono de información: 40099260. Existe un aparcamiento para periodos largos a disposición de los pasajeros que llegan en coche. Teléfono de información: 40099100.

Milán en Internet

RCM (Rete Civica Milanese)

http://wrcm.dsi.unimi.it/
Esta red se creó gracias a la contribución del Departamento de Ciencias de la Información de la Università degli Studi de Milán y está considerada como una de las tres mejores de Italia. Está a disposición de los ciudadanos y turistas que planean hacer una visita a la ciudad, y dispone de muchísima información relativa a la red de transportes, previsión del tiempo, secciones de música, cine y deportes. Además, tiene una línea directa con el Ayuntamiento, la Junta Provincial, la Junta Regional y la Cámara de Comercio.

Una mediateca para el 2000

La antigua iglesia de Santa Teresa, en la via della Moscova, se ha convertido en la primera mediateca italiana.
La nueva *biblioteca digital* funcionará como centro de consulta e información actualizada de todo el saber disponible en la red y de todo lo producido en edición electrónica (así como el riquísimo patrimonio de la biblioteca de Brera).

Datos relativos a la ciudad

Mimo (Monitorare Milano)
http://mimowww.cineca.it/
Es un servicio de la Cámara de Comercio con las universidades de la ciudad. Datos estadísticos.

In Milano
http://www.rcs.it.quotidiani/inmilano/benven.htm
Es una sección localizada en el sitio *RCS-Corriere della Sera*. Contiene información exhaustiva y actualizada sobre cine, música, teatros, compras y servicios de todo tipo.

The City
http://www.thecity.it/milano
Es una dirección muy prolija en información y noticias. Milán está dividida en áreas temáticas: niños, locales, moda, música, restaurantes, compras, etc.

Iol in città
http://incittá.iol.it/milano/
Italia On Line, en colaboración con otras entidades, ofrece información variada sobre Milán (música, cine, teatro, compras, etc.).

Tráfico

Partire informati
http://www.quattro ruote.it/ (de 7.30 a 21.00)
Esta dirección es de la revista *Quattroruote* en colaboración con la empresa Agip Petroli. Proporciona información sobre el estado del tráfico y el tiempo real que se tarda en las autopistas y en las circunvalaciones de algunas ciudades italianas, Milán incluida.

Il traffico a Milano
http://www.clarence.com/wwf/traffico/milano/htm
Ésta es una dirección del Wwf Lombardia. Contiene datos e información general sobre los problemas del tráfico en la ciudad.

Subway system of Milan
http://metro.jussieu.fr:10001/bin/select/english/italy/milano
Indica los trayectos más cortos en metro y su duración.

Previsión del tiempo

The weather in Milan
http://www.intellicast.com/weather/mil
Información sobre el tiempo en Milán.

• **Dos gemelos para la ciudad**
Según una leyenda, el nombre *Mediolanum* data de cuando Lombardía estaba habitada por pueblos ligures (tercer milenio a.C.). Se cuenta que dos valientes gemelos defendieron la ciudad de los temibles enemigos que la atacaban desde Occidente y desde Oriente. Su heroísmo tenía que ser recompensado; por tanto, la diosa Tierra decidió volverlos inmortales y los transformó en dos ríos: al oeste el Olano (hoy Olona) y al este el Medaco (el actual Lambro). Juntos formaban la palabra *Medacolano*, que al latinizarse después dio *Mediolanum*.

Historia de la ciudad

Rica en arte y cultura, capital económica y financiera

Los orígenes: la Milán romana y los bárbaros

Parece probable que Milán fuese fundada por tribus celtas (los galos transpadanos) en el siglo IV a.C. En el año 222 a.C. las legiones romanas conquistaron la ciudad, y ésta fue adquiriendo un importante papel estratégico y comercial. Por ella pasaban las rutas comerciales en dirección a Venecia, al norte de Europa y a España; por ella cruzaron las tropas de César en las expediciones a la Galia (entre los años 58 y 52 a.C.). En la época imperial la ciudad creció considerablemente; en el siglo III fue designada colonia imperial, convirtiéndose en la sede del emperador Maximiano (año 286). En el 313 d.C. el emperador Constantino publicó aquí el célebre edicto que concedía a los cristianos libertad de culto. La decadencia de la ciudad comenzó con las incursiones de los bárbaros en el siglo V (los burgundios en el año 489 y los godos en el 539). Bajo el dominio de los longobardos, el centro más importante del reino no fue Milán sino Pavía.

De la época heroica de las comunas a las dinastías Visconti y Sforza

En el siglo XI Milán se convirtió en comuna, que era una especie de ciudad-estado no sometida al control extranjero. Fue asediada por Federico Barbarroja,

Al lado, *el Castello Sforzesco*. Arriba, *las columnas de San Lorenzo*. A la derecha, *una imagen antigua de la Porta Ticinese*.

pero gracias a la creación de la Liga Lombarda, a la que se adhirieron otras comunas del valle del Po, el emperador fue derrotado en Legnano en 1176.
El periodo de las comunas terminó cuando se hizo con el poder la familia Visconti (de 1277 a 1447), que propor-

cionó a la ciudad riqueza y poder. Las actividades comerciales y artesanas prosperaron, se crearon los Navigli y se emprendió la construcción del Castello y la catedral. En 1450 el poder pasó a manos de Francisco Sforza, y con él empezó el periodo más brillante de la historia de Milán. De hecho, el dominio de la dinastía Sforza, que culminó con el reinado de Ludovico el Moro, coincidió con el Renacimiento italiano. Llegaron a Milán artistas insignes como Leonardo da Vinci y Donato Bramante. El Castello fue transformado en una fastuosa residencia, continuó la construcción de la imponente catedral y se edificaron la preciosa iglesia de Santa Maria delle Grazie y el grandioso hospital Maggiore, conocido también con el nombre de Ca' Granda.

Españoles, austriacos y franceses

El declive de la dinastía Sforza marcó el comienzo de la dominación extranjera. Los primeros fueron los españoles, que prevalecieron sobre los franceses y tuvieron el control de la ciudad desde 1535 a 1713. Fue un periodo históricamente difícil (como dan testimonio las páginas de *Los novios,* del escritor milanés Alessandro Manzoni), pero importante en el terreno religioso. Un gran exponente de la Contrarreforma en Milán fue san Carlos Borromeo (arzobispo desde 1560), cuya obra continuó su primo Federico, gracias al cual se creó la Biblioteca Ambrosiana. Los años centrales del siglo XVII estuvieron marcados por la peste de 1631, la carestía, las crisis demográficas y el estancamiento.

• Una cerda da la bienvenida
Otra leyenda cuenta que cuando las tribus celtas de los galos transpadanos llegaron a lo que es hoy Milán, encontraron a una cerda cubierta de lana sólo hasta la mitad. Este animal era, en la cultura celta, símbolo de abundancia. El hecho se interpretó como signo de buen presagio, y los galos decidieron allí fundar la ciudad de *Milann*, que quiere decir «media lana». Se puede ver la imagen de una cerda *mediolanuda* en la fachada del Palazzo della Ragione.

Tras la guerra de Sucesión española, Milán estuvo durante noventa años bajo el poder de los Austrias (de 1706 a 1796). La época de María Teresa de Austria supuso un importante periodo de desarrollo cultural, económico y arquitectónico (se creó la Accademia di Brera, se construyó la Scala y se inauguraron los primeros jardines públicos).
Las tropas revolucionarias francesas llegaron a la ciudad en 1796, y el pueblo milanés las acogió con entusiasmo. En 1797 Milán fue nombrada capital de la recién constituida República Cisalpina. En aquellos años se emprendieron algunos proyectos urbanísticos importantes: se construyeron la Arena civica y algunas puertas a lo largo de la circunvalación de los Bastioni.
Después de la caída de Napoleón en 1815, los austriacos regresaron a la ciudad. Sin embargo, en 1848 la ciudad se sublevó (con ocasión de los «Cinco Días de Milán»). En 1859 Milán fue anexionada al Piamonte y, más tarde, en 1861, al reino de Italia.

• MENEGHINO EN LA *COMMEDIA DELL'ARTE*
El origen del término *meneghino*, que hoy es sinónimo de «milanés», hay que buscarlo en la figura de Meneghino Pecenna, un personaje popular del siglo XVII. Representaba al criado bondadoso, jactancioso al hablar pero tímido en realidad, un poco cotilla y egoísta. Este personaje se hizo célebre gracias a las comedias burlescas de Carlo Maria Maggi, escritas en dialecto milanés.

La reafirmación como centro industrial y financiero

En la segunda mitad del siglo XIX Milán comenzó a imponerse como centro industrial y financiero. Se desarrollaron las infraestructuras y los servicios municipales

(acueductos, alcantarillado, red de distribución del gas) y aparecieron los primeros tranvías eléctricos. El final del siglo XIX y el inicio del nuevo siglo conocieron un gran desarrollo industrial. Numerosas empresas como Alfa Romeo, Brown Boveri, Marelli o Pirelli se asentaron en la zona comprendida entre los barrios de Bicocca y Sesto San Giovanni.

Al lado, *una imagen antigua del rascacielos de Porta Genova.* Arriba, *el estadio de San Siro en 1955.* A la derecha, *Pirelli, en el barrio de Bicocca, en los años cincuenta.*

La ciudad empezó a atraer mano de obra (en 1898 se produjo la primera huelga en masa), y los bancos y las compañías de seguros se trasladaron al centro.
Durante la época del fascismo (que nació en Milán como movimiento organizado y terminó trágicamente en el piazzale Loreto), la ciudad vio la construcción de imponentes edificios como la estación Central, el Palacio de Justicia, el estadio de San Siro, el velódromo Vigorelli y el puerto de escala para hidroaviones. Los bombardeos de la segunda guerra mundial destruyeron una cuarta parte de las viviendas de la ciudad, además de edificios históricos, instalaciones ferroviarias y fábricas. Sin embargo, Milán comenzó enseguida con las reconstrucciones. Sus logros (obtenidos gracias también a algunos grandes alcaldes) han hecho que se reafirme el papel actual de Milán como centro económico y financiero.

En el umbral del 2000: la puerta abierta hacia Europa

Milán, capital económica y financiera, es la verdadera puerta italiana abierta hacia Europa. La ciudad de la Bolsa y de los bancos ofrece una fascinante combinación de tradición e innovación, riqueza y estilo, cultura y clase. La visita a un edificio histórico (que en Milán son numerosos aunque en ocasiones pasan desapercibidos) puede ser tan interesante como un paseo por la zona de la via Montenapoleone, donde las grandes firmas han erigido sus templos. Una visita a la Pinacoteca Ambrosiana puede ser tan estimulante como encontrarse a un autor contemporáneo en una librería del centro. Una ópera en la Scala puede emocionar tanto como una exhibición de Ronaldo en el estadio de San Siro. Pero la gran fuerza de Milán reside en su capacidad de renovarse continuamente, anticipándose a menudo a la moda. En resumen, el radar de Milán está siempre en funcionamiento: después de los años difíciles, la ciudad ha empezado el nuevo milenio a lo grande.

• Las finanzas de Milán
Milán cuenta con 71 bancos nacionales, 44 de los 52 bancos extranjeros que operan en Italia y el 80% de los intermediarios financieros nacionales. Los bancos de la ciudad guardan la cuarta parte de los depósitos italianos. Las sociedades que cotizan en Bolsa ascienden a 209 (y pronto serán más), y el capital en títulos es de 950 billones de liras. La media de las operaciones bursátiles diarias es de 5,65 billones de liras. Sólo las empresas de la capital y su provincia producen la décima parte del producto nacional bruto y casi el 15% del valor añadido de la industria. La ciudad y sus alrededores exportan tanto como toda la región del Véneto, y más que el Piamonte y la región de Emilia Romagna.

• Cuando era la Amsterdam italiana
La historia de los Navigli milaneses empezó hace mucho tiempo. El Naviglio Grande se inició en el siglo XII, se terminó en 1239 y se hizo navegable en 1272. LLeva las aguas del río Ticino hasta la Darsena, que es el «puerto de Milán». Desde la Darsena fluye el Naviglio Pavese, que fue excavado en el siglo XIV para el regadío y no fue navegable hasta el XIX. La «cerchia dei Navigli», que es la calle que hoy día rodea el centro de la ciudad, era antiguamente una vía navegable. El Naviglio Martesana llevaba las aguas del río Adda hasta el Tombon de San Marc, que es un pequeño lago-dársena.

Un mosaico de barrios

Residuos tradicionales en el trazado urbano moderno

Al mirar un plano de Milán, se ve que la ciudad tiene el aspecto de una tela de araña. El centro, un laberinto de callejuelas –muchas de dirección única–, está rodeado por una calle en forma de anillo denominada circunvalación interna, conocida en el lenguaje común como la cerchia dei Navigli. A lo largo de este recorrido, que se corresponde con el trazado de la muralla medieval, corrían los canales que unían las distintas partes de la ciudad. Dichos canales fueron cegados durante los años treinta. Los viale y los vialoni discurren por el trazado más exterior de las murallas españolas, que fueron edificadas en los siglos XVI y XVII y de las que quedan pocos vestigios. Finalmente, una tercera vía circular, llamada circunvalación externa, delimita la telaraña urbana.

Centros históricos, residenciales, alternativos y culturales

El centro es la zona más interesante desde el punto de vista turístico. Sus calles conservan la historia de Milán y aquí son más numerosos los recuerdos del pasado con sus monumentos, iglesias, palacios, museos y tiendas. Los barrios residenciales elegantes se encuentran en las proximidades del corso Monforte, la via Montenapoleone, la via Spiga, la via Cappuccio, la piazza Sant'Ambrogio y el corso Magenta.
La zona de Brera se sitúa en los alrededores de la Accademia di Brera, la via Solferino y la via San Marco.

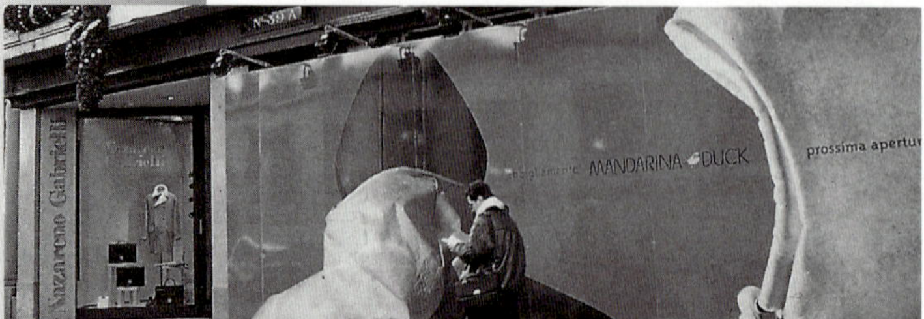

Escaparates de la via Montenapoleone.

Durante el día los escaparates llaman la atención de los milaneses y los turistas; por la noche lo hacen los numerosos locales nocturnos. Hasta los años sesenta Brera era considerado el barrio bohemio, habitado por artistas y literatos con pocos recursos y grandes esperanzas. Hoy día las familias más acomodadas de la ciudad habitan en estas casas con patio, reformadas y restauradas. La zona comprendida entre las fortificaciones de Porta Nuova y Porta Garibaldi linda con el barrio de Brera. Caótico y con mucho tráfico durante el día, de noche alberga locales y restaurantes de moda. La via Torino, la calle central, conduce a Porta Ticinese. El nombre deriva del río Ticino, cuyas aguas, vertidas en el Naviglio (canal) de Pavía, llegan hasta aquí. El Ticinese era antiguamente la zona del puerto y, como todos los puertos, tenía mala fama. Este barrio ha conservado su carácter popular y atrae a la juventud con gustos alternativos. La apertura de nuevas tiendas y locales de moda, así como el incremento de los precios de las casas, son señal de que también el Ticinese está cambiando.

El estadio Meazza. A la izquierda, diseño de la Fiera di Milano.

El barrio de los Navigli, al otro lado del círculo de la muralla española, es una de las zonas más románticas y fascinantes de Milán: casas viejas, puentes, tiendas, talleres de artistas, callejuelas y esquinas olvidadas. Es un pedazo de Milán que parece haberse detenido en el tiempo. Por la noche esta zona se transforma en uno de los barrios más concurridos de la ciudad. Tanto locales como pubs y restaurantes compiten con el barrio de Brera, tan de moda.

El área que rodea la via Paolo Sarpi es interesante por sus numerosas tiendas y restaurantes, así como por el Chinatown milanés. El barrio del corso Buenos Aires es multiétnico, con mucha actividad de día por el gran número de tiendas de mayoristas, y animado de noche gracias a sus restaurantes, tanto exóticos como no exóticos. Al este de la ciudad se halla la Città Studi, el barrio de la Universidad Estatal y de la Politécnica. Aquí hay mucho movimiento, sobre todo durante el día. Cerca de la Fiera, en dirección este, se encuentra San Siro, barrio residencial y deportivo a la vez: el estadio, el hipódromo, el Lido di Milano, el Palalido y el Palavobis están aquí. En el Centro Direzionale, situado en la via Melchiorre Gioia, hay oficinas de entidades públicas y privadas. Detrás de Porta Garibaldi surge el barrio de Isola. En otros tiempos fue un barrio pobre y con mala fama. Últimamente se están instalando en él estudios de artistas, salas de teatro, tiendas vanguardistas, restaurantes y locales nocturnos.

Los Navigli fueron cegados en los años treinta y desde entonces la ciudad ha cambiado. Ya no es la Amsterdam italiana, sino una metrópoli de cemento y asfalto.

• El renacer del barrio de Bicocca

Desde hace unos años se habla mucho del barrio industrial de Bicocca (el nombre procede de la villa del siglo XV, en esta zona, perteneciente a a la familia Arcimboldi). Los proyectos de reconversión de las antiguas instalaciones de la empresa Pirelli del viale Sarca ya se han realizado en parte (aquí se hallan algunas facultades de la Università degli Studi). Otros proyectos están aún en el aire, como el del polémico Teatro degli Arcimboldi, que se destinará a conciertos de música de todo tipo. Las obras deberían estar concluidas antes de finalizar el año 2000. ¿Se logrará conseguir un foco cultural y científico tan lejos del centro?

Milán I

1: 55.000 (1 cm = 550 m) 0 500 1000 m 3

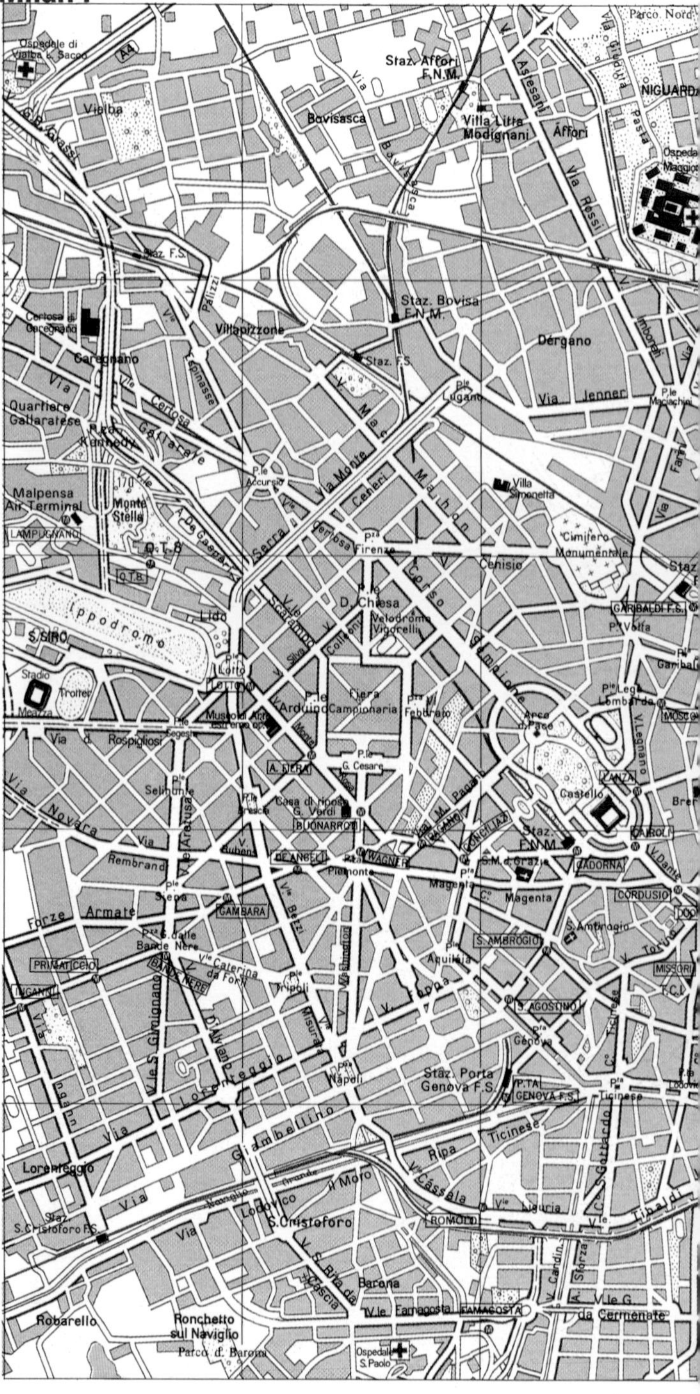

4
5
6
B
C
D
E
SESTO S. GIOVANNI
Bicocca
Segnano
Greco
Precotto
Gorla
Crescenzago
Parco Lambro
Lambrate
Ortica
Monluè
Taliedo
Ortomercato
Città degli Studi
Staz. Centrale F.S.
Staz. Lambrate F.S.
Staz. Porta Vittoria F.S.
Staz. P.ta Romana F.S.
Staz. F.S.
Staz. Greco F.S.
SESTO M.
VILLA S. G.
PRECOTTO
GORLA
TURRO
ROVERETO
PASTEUR
SONDRIO
CAIAZZO
LORETO
CENTRALE F.S.
LIMA
PIOLA
LAMBRATE F.S.
UDINE
CIMIANO
CRESCENZAGO
GOBBA
REPUBBLICA
P.TA VENEZIA
PALESTRO
S. BABILA
CROCETTA
P.TA ROMANA
LODI T.I.B.B.
BRENTA
CORVETTO
PORTO DI MARE
ROGOREDO F.S.
Tangenziale Est
Via Palmanova
V. Padova
Vle Monza
Vle Abruzzi
Vle Romagna
Vle Lombardia
V. G. Ponzio
Vle Corsica
Via Meccanate
Vle Molise
Vle Puglie
C.o Lodi
Vle Ortles
Via A. Corelli
Parco Alessandrini
Palazzina Liberty
Cimitero Lambrate
Rombon
Rubattino

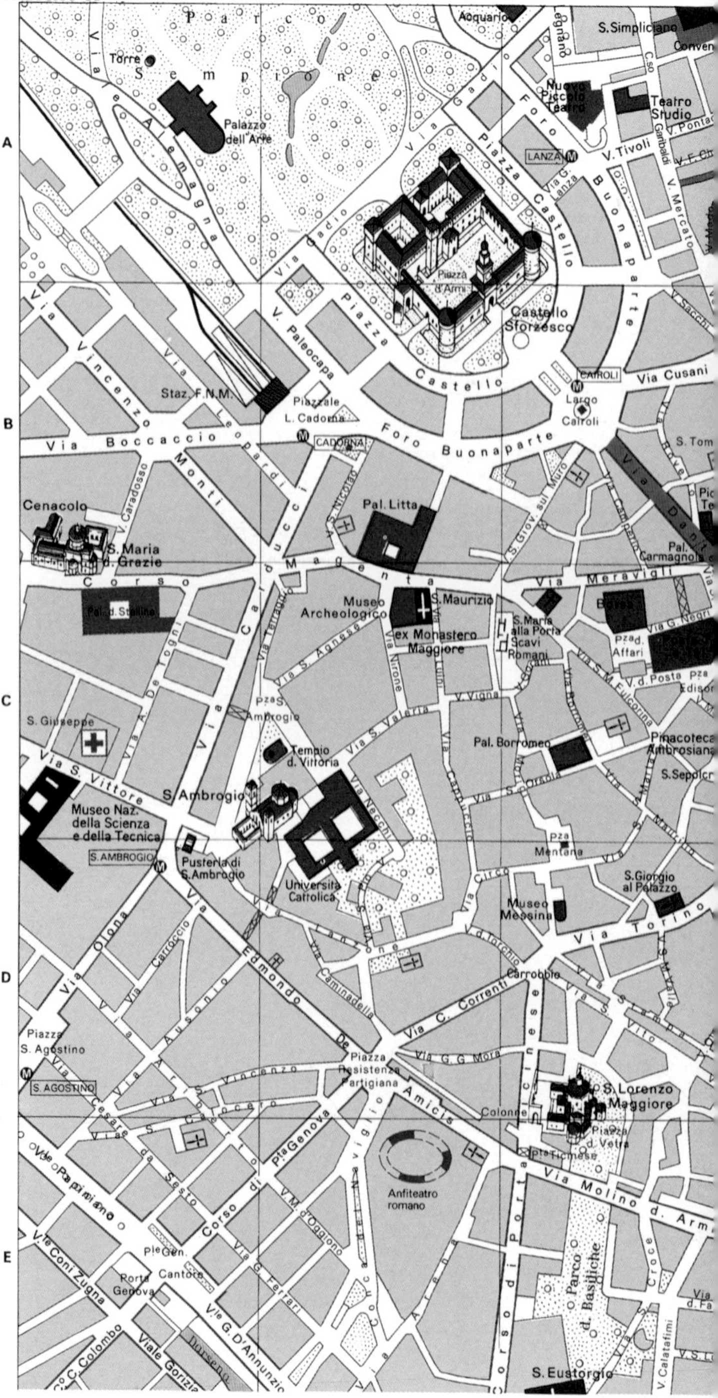
Parco Sempione
Torre
Palazzo dell'Arte
Acquario
S. Simpliciano
Nuovo Piccolo Teatro
Teatro Studio
Castello Sforzesco
Piazza d'Armi
Staz. F.N.M.
Piazzale L. Cadorna
Largo Cairoli
Via Boccaccio
Foro Buonaparte
Via Cusani
Cenacolo
S. Maria d. Grazie
Pal. Litta
Corso Magenta
Museo Archeologico
S. Maurizio
ex Monastero Maggiore
Via Meravigli
Borsa
S. Maria alla Porta Scavi Romani
Pal. Borromeo
Pinacoteca Ambrosiana
S. Giuseppe
Tempio d. Vittoria
S. Ambrogio
Museo Naz. della Scienza e della Tecnica
Pusterla di S. Ambrogio
Università Cattolica
Museo Messina
S. Giorgio al Palazzo
Via Torino
Carrobbio
Via C. Correnti
Via Edmondo De Amicis
Piazza S. Agostino
Piazza Resistenza Partigiana
S. Lorenzo Maggiore
Colonne
Piazza d. Vetra
Anfiteatro romano
Via Molino d. Armi
Corso di Porta Genova
Corso di Porta Ticinese
Parco d. Basiliche
S. Eustorgio
Porta Genova
Viale Gorizia
Viale Coni Zugna
A
B
C
D
E

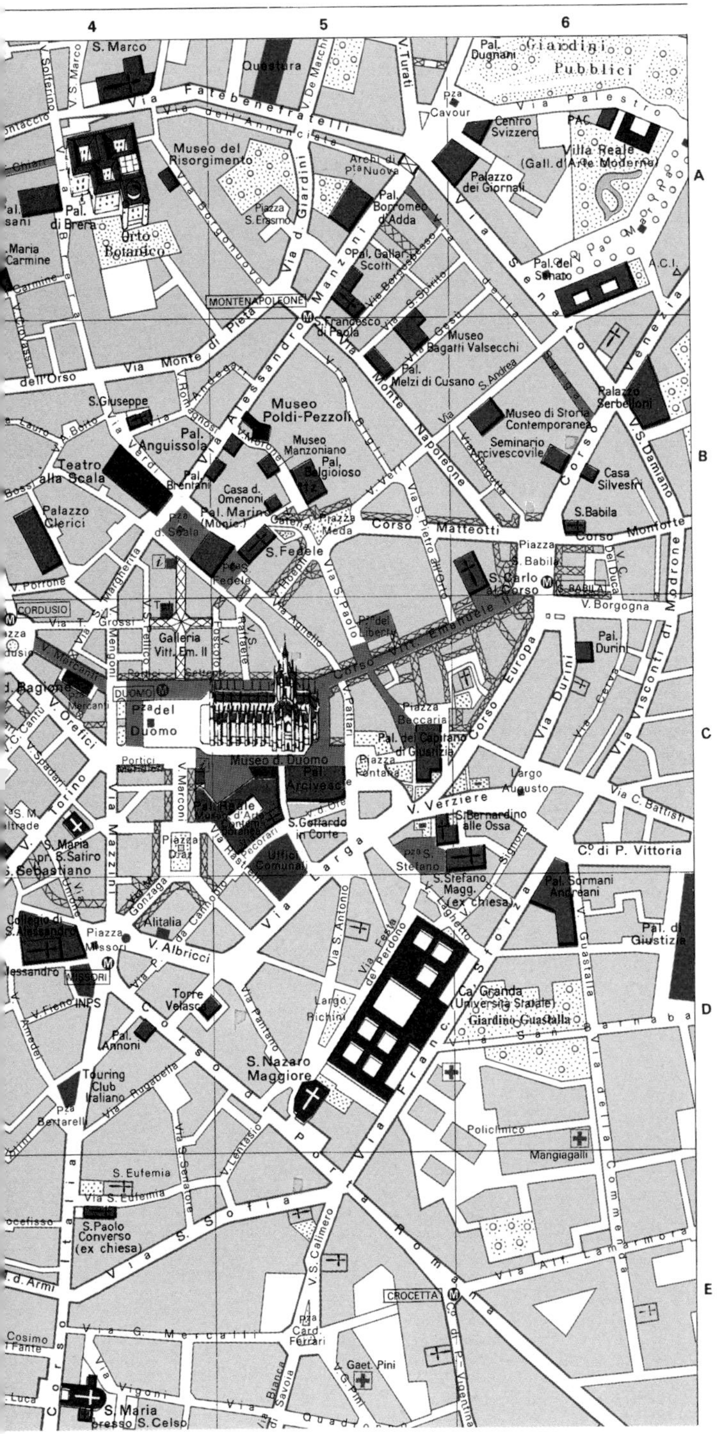

4
5
6
A
B
C
D
E
S. Marco
Questura
Giardini Pubblici
Pal. Dugnani
Cavour
Centro Svizzero
PAC
Villa Reale (Gall. d'Arte Moderna)
Museo del Risorgimento
Archi di Pta Nuova
Palazzo dei Giornali
Pal. di Brera
Orto Botanico
Piazza S. Erasmo
Pal. Borromeo d'Adda
Pal. Gallarati Scotti
Pal. del Senato
A.C.I.
S. Maria Carmine
MONTENAPOLEONE
S. Francesco di Paola
Museo Bagatti Valsecchi
Pal. Melzi di Cusano
S. Andrea
Palazzo Serbelloni
S. Giuseppe
Museo Poldi-Pezzoli
Museo di Storia Contemporanea
Pal. Anguissola
Museo Manzoniano
Seminario Arcivescovile
Teatro alla Scala
Pal. Brentani
Pal. Belgioioso
Casa Silvestri
Casa d. Omenoni
Palazzo Clerici
Pal. Marino (Munic.)
Piazza Meda
S. Babila
Corso Matteotti
Corso Monforte
S. Fedele
Piazza S. Babila
S. Carlo al Corso
S. BABILA
CORDUSIO
V. Borgogna
Galleria Vitt. Em. II
Pal. Durini
Corso Vitt. Emanuele
DUOMO
Pza del Duomo
Piazza Beccaria
Corso Europa
Via Durini
Via Visconti di Modrone
Museo d. Duomo
Pal. del Capitano di Giustizia
Pal. Arcivescovile
Piazza Fontana
Largo Augusto
Pal. Reale
S. Gottardo in Corte
V. Verziere
S. Bernardino alle Ossa
Via C. Battisti
S. Maria pr. S. Satiro
S. Sebastiano
Piazza Diaz
Uffici Comunali
Pza S. Stefano
Co di P. Vittoria
S. Stefano Magg. (ex chiesa)
Pal. Sormani Andreani
Collegio di S. Alessandro
Alitalia
Piazza Missori
V. Albricci
Pal. di Giustizia
MISSORI
Torre Velasca
Ca' Granda (Università Statale)
Giardino Guastalla
Largo Richini
INPS
Pal. Annoni
S. Nazaro Maggiore
Touring Club Italiano
Pza Bertarelli
Via Rugabella
Policlinico
Mangiagalli
S. Eufemia
Via S. Eufemia
S. Paolo Converso (ex chiesa)
Via S. Sofia
Corso di Porta Romana
Via Francesco Sforza
Via della Commenda
Via Lamarmora
CROCETTA
Pza Card. Ferrari
Gaet. Pini
S. Maria presso S. Celso
Corso Italia
Via Larga
Via Torino
Via Mazzini
Via Manzoni
Via Alessandro Manzoni
Via Monte Napoleone
Via Senato
Corso Venezia
Via Fatebenefratelli
Via Borgonuovo
Via Monte di Pietà
Via Verri
Via Palestro

La metrópoli a contraluz: una belleza discreta

Para conocer una ciudad hay que apreciar su lado artístico y sus monumentos. Primero hay que desterrar el mito de que Milán es una «ciudad poco interesante para los turistas». Es verdad que la capital económica de Italia es menos grandiosa que Roma, tiene menos tesoros que Florencia y no es tan deslumbrante como Venecia, pero aun así es rica en cultura, arte e historia. Las bellezas de Milán a veces son muy notorias, como el Duomo, el Castello Sforzesco o la Ca' Granda, y otras veces son más discretas, como la basílica de Sant' Ambrogio y el teatro de la Scala. Otras veces las bellezas están totalmente escondidas, como las iglesias de Santa Maria, en San Satiro, Santa Maria delle Grazie o San Maurizio. Pero lo que hace que la visita a la ciudad sea fascinante y emocionante es esta especie de búsqueda del tesoro.

Este capítulo está dividido en cuatro secciones. Primero las plazas más importantes, para que se puedan orientar los que no conocen la ciudad (las calles más conocidas y concurridas se describen en los capítulos *De compras por Milán* y *Milán y la moda*). Luego se habla de las iglesias principales, los grandes edificios civiles y los edificios históricos más significativos.

• **PARARSE A COMER**
Si tiene hambre y busca un sitio para tomar algo rápido, de buena calidad, en un lugar céntrico y acogedor, encontrará algunas buenas propuestas en el capítulo *Comer en Milán*.

Las plazas

La piazza degli Affari

Es el barrio financiero de la ciudad (mapa II, C3), como se puede ver por algunos de los nombres de las calles adyacentes (la via Zecca Vecchia, la via Moneta y la via del Bollo). En esta plaza, restaurada hace poco, se puede ver el **palazzo della Borsa**, construido en 1931. Piazza Affari, como se la conoce en la jerga financiera y periodística, quiere decir Bolsa de Milán. En las cercanías hay edificios residenciales y señoriales. Entre las calles que están más de moda se pueden citar la via Santa Maria Fulcorina y la via San Maurilio.

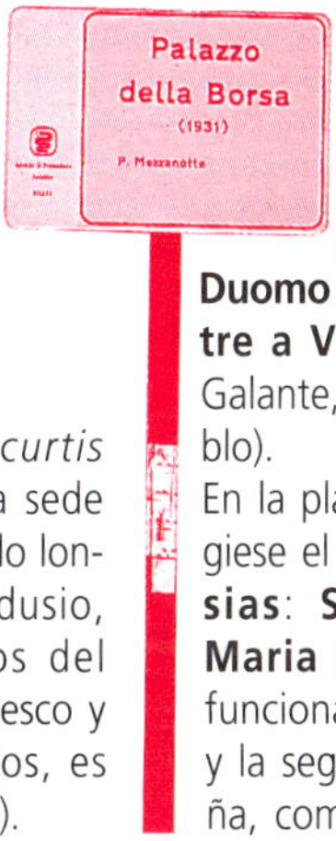

La piazza Cordusio

El nombre procede de *curtis ducis*, que quiere decir la sede del duque. Data del periodo longobardo. La piazza Cordusio, que está a pocos pasos del Duomo, del Castello Sforzesco y del barrio de los negocios, es muy populosa (mapa II, C4).
Los imponentes edificios de Assicurazioni Generali, del Banco de Credito Italiano y de Correos son de principios del siglo XX.

La piazza Diaz

Está muy cerca del Duomo (mapa II, C4). Esta plaza se recuperó en 1939 tras importantes trabajos de demolición de edificios viejos. Está un poco encajonada y no resulta particularmente atractiva. El rascacielos de la **Terrazza Martini** fue construido en 1956; el **monumento al *carabiniere*** está representado por la llama, que es el emblema de este cuerpo, y fue inaugurado en 1980.

★ Los romanos milaneses

Bajo los pies de los milaneses, e invisibles a los ojos de los turistas, se hallan las ruinas de la antigua *Mediolanum*, floreciente ciudad en el periodo romano tardío (siglos III-IV d.C.). La zona más alta de vestigios romanos es la comprendida entre la via Torino y el corso Magenta. Se pueden ver restos de las murallas en el jardín del Civico Museo Archeologico (*v. pág. 83*) o en la cercana via Brisa.

La piazza del Duomo

Es el corazón, el centro, el símbolo y el punto neurálgico de la ciudad (mapa II, C4-5). En esta plaza están el grandioso **Duomo** y el **monumento ecuestre a Víctor Manuel II** (el rey Galante, como le llamaba el pueblo).
En la plaza, antes de que se erigiese el Duomo, había dos **iglesias**: **Santa Tecla** y **Santa Maria Maggiore**. La primera funcionaba como iglesia estival, y la segunda, al ser más pequeña, como iglesia invernal. Hasta

Arriba, *el monumento al carabiniere en la piazza Diaz.* A la izquierda, abajo, *vista del centro de Milán con el Duomo en una fotografía antigua.*

La plaza del Duomo. **Abajo,** *el Palacio Real.* **Más abajo,** *la galería Víctor Manuel II.* **A la derecha, arriba,** *la piazza Sant'Ambrogio.* **A la derecha, abajo,** *la piazza Fontana.*

el siglo XVIII, la plaza, que era mucho más pequeña, albergaba tenderetes de todo tipo, carnicerías, pollerías, fruterías y pescaderías. La configuración actual data de 1877 y es obra del arquitecto Giuseppe Menegoni, quien, tras diecisiete años de trabajos derruyendo casas y edificios, se cayó de un andamio al que se había subido para admirar su obra.

Mirando al Duomo, a la derecha, está el **Palazzo Reale** (1771-1778; *v. pág. 43*) en el que se puede visitar el **Museo del Duomo** y el **Civico Museo di Arte Contemporanea**. En el lado derecho está también el **Arengario**, construido en la época fascista y hoy sede de exposiciones de arte actual. También en el lado derecho se puede ver el **Arcivescovado**, unido a la catedral por un pasadizo subterráneo. Los pórticos del lado izquierdo de la piazza del Duomo están interrumpidos por la majestuosa entrada de la **galleria Vittorio Emanuele II**, y luego continúan hasta los grandes almacenes **La Rinascente**, uno de los símbolos de la ciudad. Enfrente de la catedral se levanta el **palazzo Carminati**: es más impresionante de noche que de día, con sus carteles publicitarios luminosos. Puede resultar de interés saber que debajo de la plaza se construyó, en 1942, un enorme refugio antiaéreo que ahora es un espacio inutilizado.

La piazza Fontana

Está detrás del Duomo (mapa II, C5). Lleva el nombre de la fuente diseñada por Piermarini en 1782. El nombre de piazza Fontana recuerda a los italianos el atentado terrorista contra la sede de la Banca dell'Agricoltura. La bomba explotó a las 16.37 del 12 de diciembre de 1969, y hubo muchas víctimas. La desgracia y los nombres relacionados con ella (el anarquista Giuseppe Pinelli, que salió despedido al patio de esta comisaría, y el comisario Calabresi, responsable de las investigaciones y asesinado poco después) forman ya parte de la historia triste de Milán. Los autores del atentado aún no han sido identificados con certeza.

Junto a la piazza Fontana está la **piazza Beccaria**, en la que se encuentra la comandancia de la policía municipal, instalada en el antiguo palazzo del Capitano di Giustizia.

La piazza Sant'Ambrogio

Lleva el nombre de la **basílica de Sant'Ambrogio** (mapa II, C1-2).

Mirando a la iglesia, a la izquierda, se puede ver la **columna del Diablo**, llamada así por los dos agujeros que la caracterizan; se dice que los hizo Belcebú en persona en una ocasión que estaba de muy mal humor porque no había logrado corromper a san Ambrosio, obispo de Milán. La plaza alberga también lo que queda de una antigua puerta, que en la actualidad forma parte del **postillo de san Ambrosio.** Todos los 7 de diciembre, con ocasión de la festividad del patrón de Milán, esta plaza se llena de tenderetes y visi-

★ JUEGOS DE AGUA EN LA CIUDAD

En Milán hay unas cincuenta fuentes. La primera fue la de la piazza Fontana (1782). La más moderna, inaugurada recientemente, es la de la piazza San Babila. Por desgracia, los escasos trabajos de mantenimiento y los actos de vandalismo hacen que sea difícil apreciar los juegos de agua de Milán. En una fuente de la piazza Giulio Cesare han llegado a convivir durante algún tiempo dos tortugas y algunos sapos.

Arriba, *el postillo de Sant'Ambrogio.* Abajo, *la piazza San Babila.* Más abajo, *el Teatro alla Scala.*

tantes de la feria del *O bei o bei*, que en dialecto milanés quiere decir «¡Oh, qué bonitos, oh qué bonitos!». En medio del frío invernal y del ambiente prenavideño se pueden comprar objetos antiguos y modernos, ropa, chucherías y muchas cosas más. Es una fiesta que agrada mucho a los milaneses, salvo a los que viven en la zona, que se sienten invadidos.

La piazza Sant'Ambrogio linda con el largo Gemelli, donde se encuentra la sede de la **Università Cattolica del Sacro Cuore** y el **monumento a los caídos**, realizado por Giovanni Muzio en 1928.

La piazza San Babila

Esta plaza no es particularmente bonita ni interesante desde el punto de vista artístico, pero, sin embargo, es uno de los puntos neurálgicos de la ciudad (mapa II, B6). Los edificios datan, como mucho, de los años cuarenta, cincuenta y sesenta. La única excepción es la **basílica de San Babila**, de origen antiguo, pero restaurada de manera recargada en los primeros años del siglo XX. Hace poco, con el fin de embellecer la plaza, se ha construido una fuente que recuerda la peculiaridad del paisaje lombardo, en el que se pueden encontrar montes, llanuras y lagos.

Al mirar un plano de la ciudad se observa que San Babila parece el cuerpo de una araña con ocho patas. De hecho son ocho las calles que convergen en la plaza (y en el adyacente largo Toscanini): el *corso*

★ **COMIDA RÁPIDA EN LA PLAZA**

En los ochenta llegaron a la plaza los míticos *paninari*, nombre que deriva del término *panino*, bocadillo. Se conocía como *paninari* a los clientes del primer bar de comida rápida que hubo en Milán, el Burghy, que hoy ha cedido su puesto a la gran M de McDonald's.

Europa, el corso *Matteotti*, el *corso Vittorio Emanuele II*, el *corso Venezia*, el *corso Monforte*, la *via Bagutta*, la *via Durini* y la *via Borgogna*. Todas estas calles tienen edificios señoriales y tiendas sofisticadas. Estamos en el corazón de la Milán más rica.

La piazza della Scala

La plaza lleva el nombre del celebérrimo **Teatro alla Scala**, considerado como el templo mundial de la música lírica (mapa II, B4). Se construyó entre los años 1776 y 1778, bajo la dirección del arquitecto Giuseppe Piermarini. Delante del teatro se alza el **Palazzo Marino**, donde se halla la sede del Ayuntamiento y los despachos del alcalde. Es obra de Galeazzo Alessi (s. XVI). La fachada es del siglo XIX. En esta plaza hay una entrada de la **galleria Vittorio Emanuele II** y, enfrente, se puede ver el imponente edificio de la Banca Commerciale Italiana. En el centro se erige majestuosamente el **monumento a Leonardo da Vinci**, que vivió y trabajó mucho tiempo en Milán.

En los alrededores está la **piazza San Fedele**, con la iglesia del mismo nombre, que fue proyectada en el siglo XVI, pero finalizada en el XIX.

Un poco más allá, en la via Omenoni, se puede ver la originalísima **casa degli Omenoni**; fue construida en 1565 y se caracteriza por las ocho cariátides que decoran la fachada. En esta casa vivió el escultor del siglo XIX Leone Leoni.

Arriba, *el palazzo dei Giureconsulti*. Abajo, *la basílica de San Lorenzo*.

La piazza Meda

En esta plaza (mapa II, B5), está la sede de la Banca Popolare di Milano, construida por Giovanni Greppi entre 1928 y 1931. En 1980 se colocó una escultura de Arnaldo Pomodoro: se trata de un gran disco de bronce de cuatro metros de diámetro que representa el sol.

La piazza Mercanti

En tiempos antiguos, la plaza llegaba hasta la actual via Mercanti, que hoy es zona peatonal (mapa II, C4). A esta calle da el **palazzo dei Giureconsulti**. Fue erigido en 1561 y ha sido restaurado muchas veces con el transcurso de los años. Este palacio fue la sede de la Bolsa y hoy lo es de la representación de la Cámara de Comercio. Enfrente se encuentra el **palazzo della Ragione**, que separa la via Mercanti de la piazza Mercanti. Se construyó en 1233 y fue modificado en el siglo XVIII. Se llama así porque albergaba la magistratura de la ciudad, cuya tarea era llevar la justicia (o la razón, *ragione* en italiano) en las controversias judiciales. Entre el segundo y tercer arcos, contando desde la izquierda, está representada la *scrofa mediolanea*, es decir, la cerda mediolanuda. En la piazza Mercanti están también la **loggia degli Osii** (un edificio del siglo XIV reconstruido según su estilo en 1903) y el **palazzo delle Scuole Palatine** (edificado en el siglo XVII y modificado en el XIX).

La piazza della Vetra

Detrás de la basílica de San Lorenzo Maggiore se puede ver una de las pocas plazas verdes de la ciudad (mapa II, E3).

Antiguamente, ésta era la zona de los curtidores de piel y por ella discurría un riachuelo de aguas fétidas. Desde el siglo XV hasta el XIX se llevaban a cabo aquí las ejecuciones (incluso las de algunas mujeres acusadas de brujería). La sugestión del pasado parece seguir presente: la piazza della Vetra es uno de los lugares más fotografiados de Milán. Se desaconseja, por desgracia, la visita a la plaza por la noche: a la débil luz de las farolas, este espa-

En tiempos de la peste

La via Gian Giacomo Mora, que une el corso di Porta Ticinese con la piazza della Resistenza Partigiana, rinde homenaje al barbero que en 1630 fue acusado por ser «untor». Los «untores» eran los que en la época de la peste untaban las puertas de las casas para que se propagase la enfermedad. En aquellos tiempos se creía que algunas enfermedades se propagaban no por contagio sino por culpa de individuos que, arrastrados por el demonio, iban de casa en casa untando las puertas con pociones maléficas. Gian Giacomo Mora, en su barbería de la via della Vetra, vendía ungüentos para combatir las enfermedades. Quizá por este motivo fue señalado como untor y asesinado después de innumerables sufrimientos. Su familia se alejó de la ciudad, se demolió la casa y en su lugar se erigió una columna que sirviese de advertencia a los ciudadanos. Este caso lo recuerda Manzoni en el capítulo 34 de *Los novios* y es relatado en la *Storia della Colonna Infame*.

cio se convierte a menudo en lugar de reunión de drogadictos y maleantes. El Ayuntamiento de Milán tiene la intención de acordonar la plaza para impedir la entrada a los indeseados visitantes nocturnos. El proyecto ha provocado acaloradas polémicas.

El largo Augusto

Aquí estaba el Verziere, el antiguo y gran mercado de frutas y verduras (mapa II, C6). Hoy, como recordatorio de aquellos tiempos, queda la **columna del Verziere**, que sirve para separarlo del tráfico. Del largo Augusto sale la **via Cerva**, una de las calles de trazado más antiguo de la ciudad.

Las iglesias, las basílicas y sus tesoros

El Duomo

(piazza del Duomo; líneas 1 y 3 de metro, estación de Duomo; mapa II, C5)

Es el símbolo de la ciudad y, seguramente, representa el corazón de la misma. La construcción, iniciada en el siglo XIV, se prolongó durante medio milenio, siendo compañera de la evolución de la ciudad.

Hoy el Duomo muestra toda su grandiosidad y belleza. Poco importa que la fachada fuese construida a principios del siglo XIX, ni que tres cuartas partes de los innumerables pináculos que le dan al edificio un aire de castillo de arena se colocasen a partir del siglo XVIII. Ni siquiera parece relevante que a la catedral le falte un elemento típico de las iglesias: el campanario. Este edificio es indudablemente uno de los más bellos ejemplos del estilo gótico tardío. El Duomo nació en 1386 por voluntad de Gian Galeazzo Visconti, un poderoso señor de Milán.

Para la colecta de los fondos necesarios destinados a la construcción, el papa Bonifacio IX promulgó un jubileo especial. Sin embargo, la inmensa obra no podría haber seguido adelante sin la generosidad y laboriosidad de los ciudadanos de todos los estratos sociales. Al principio se pensó que la iglesia fuese de ladrillo, pero, posteriormente, se decidió que el mármol rosa proce-

Arriba, *el candelabro Trivulzio, en el interior del Duomo.* A la derecha, *el Duomo en todo su esplendor.*

dente de las canteras de Candoglia era un material más acorde con la grandiosidad del edificio.
La construcción fue lenta, entre otras cosas porque el proyecto era inmenso y los costes excesivos (el tejado del templo no se pudo finalizar hasta la segunda mitad del siglo XVIII). La majestuosidad del interior, con sus altas columnas y los juegos de luces y sombras, hace que resulte difícil apreciar los detalles.
Las magníficas vidrieras son dignas de admiración. Datan de varias épocas. En el transepto, a la derecha, hay que ver el **monumento fúnebre de Gian Giacomo Medici**, conocido como Medeghino (1555), y la **estatua de san Bartolomé**,

La Veneranda Fabbrica

Se dice que la Veneranda Fabbrica es la institución más querida por los milaneses. Se creó en 1387 con el fin de proyectar, organizar y gestionar el inmenso trabajo de la catedral naciente. A ella le aguardaba la tarea de discutir los proyectos y controlar la complicada vida de la obra. La Veneranda Fabbrica se ocupaba de que llegase el material de construcción, organizaba la mano de obra y gestionaba el trabajo de artesanos y artistas. El preciado mármol rosa se extraía de las canteras de Candoglia (en el lago Maggiore), se transportaba en forma de grandes lajas por la red de canales navegables y luego se descargaba cerca del Duomo, donde está la actual via Laghetto, cuyo nombre recuerda al espejo de agua que había entonces. En cada una de las lajas se inscribían las siglas AUF, que significaban *ad usum fabricae*, y, por tanto, estaban exentas de impuestos. Todavía en la actualidad, la expresión *a ufo* en italiano quiere decir gratis. La Veneranda Fabbrica era también la encargada de conseguir la financiación necesaria para la empresa. En su primer siglo de vida logró que los ciudadanos se implicasen en el proyecto solicitando la generosidad de todas las clases sociales, incluso las más humildes. Los ricos donaban dinero, casas o terrenos, y los pobres ofrecían obsequios en especie o incluso su propio trabajo. Hasta algunas mujeres de la calle hicieron su donativo, debidamente registrado en los archivos. La Veneranda Fabbrica sabía corresponder a la generosidad de los ciudadanos. Las viudas de obreros fallecidos en el trabajo, por ejemplo, percibían una mensualidad, y a los hijos se les garantizaba la asistencia médica.
Es una obra que dura ya seis siglos (los últimos grandes trabajos son de 1994). Por ello, nació la expresión típica milanesa «largo como la fábrica del Duomo», para indicar algo que no se acaba nunca.

desollado en 1562. Son especialmente notables la sillería del coro, realizada en nogal labrado, el altar mayor, que data de finales del siglo XVI, y la portada de la sacristía (a la derecha del altar). El **ábside** es la parte más antigua del templo y se finalizó a principios del siglo XV. En la cripta se hallan los ***restos de san Carlos Borromeo***, que fue una legendaria figura milanesa (*v. pág. 43*), y el **tesoro** del Duomo. Por último, aconsejamos la visita a las **excavaciones arqueológicas paleocristianas**, a las que se accede por una escalerilla interior cerca de la entrada; aquí se pueden ver los restos de un antiguo baptisterio. Se dice que el obispo Ambrosio bautizó aquí, en el año 378, al futuro san Agustín.

En la cúpula del Duomo se conserva, en una urna de cristal, una reliquia importante: un clavo procedente, dicen, de la cruz de Jesús. Desde hace siglos, con ocasión de la fiesta de la exaltación de la Santa Cruz (14 de septiembre), cinco prelados suben por una especie de ascensor llamado *nivola* hasta la reliquia. Antiguamente, la *nivola* se subía a mano. En el exterior de la iglesia, al lado izquierdo del transepto se sitúan los ascensores que llevan hasta el tejado del Duomo. Desde aquí se puede admirar de cerca ese pueblo de piedra (la definición es de un

★ Las cifras del Duomo

El Duomo mide 158 metros de largo y 93 metros de ancho en el transepto. Tiene una superficie de 11.700 metros cuadrados.
La fachada mide 67,9 metros de ancho por 56 metros de alto.
La altura máxima (donde está la Virgencita) es de 108,5 metros.
Las estatuas del tejado suman 3.400, a las que hay que añadir los 96 gigantes de los canalones (para desalojar el agua de lluvia) y los numerosos bajorrelieves y altorrelieves. Hay unos 145 pináculos y agujas.
En el interior, la altura de las bóvedas es de 45 metros en la nave mayor y 65 metros en el cimborrio. Los pilares suman 52. Las estupendas vidrieras representan a 3.600 personajes en una superficie de 1.700 m ^{2}.

La *iglesia de San Alejandro.* Abajo, *el tabernáculo de San Ambrosio.* A la derecha, abajo, *San Eustorgio.*

autor alemán) formado por unas 3.400 estatuas. La preferida de los milaneses, situada en la aguja más alta de la catedral, es la **estatua de la Virgencita**. Está recubierta de láminas de cobre dorado y mide 4,16 metros de altura. Está con los brazos abiertos, como si estuviese protegiendo la ciudad. Los milaneses son muy devotos de esta imagen y le tienen mucho cariño. En 1935 Giovanni D'Anzi le dedicó una canción, *La Madonnina*, también conocida con el título *O mia bela Madunina*, este último en dialecto milanés. La canción forma ya parte de la tradición popular de la ciudad. La historia de la catedral se puede ver en el **Museo del Duomo** (Palazzo Reale, piazza del Duomo 14, tfno. 860358; abierto de 9.30 a 12.30 y de 15.00 a 18.00. Cierra los lunes no festivos).

Sant'Alessandro

(piazza Sant'Alessandro, línea 3 de metro, estación de Missori; mapa II, D4)

Se halla oculta en un laberinto de callejuelas entre la via Torino y la piazza Missori. Se construyó en el siglo XVII.

Sant'Ambrogio

(piazza Sant'Ambrogio, línea 2 de metro, estación de Sant'Ambrogio, mapa II, C-D 1-2)

Desde el punto de vista histórico y religioso, la basílica de San Ambrosio es uno de los monumentos más importantes de la ciudad. Cuando se fundó, en el siglo IV, se llamó *basílica Martyrium*, para que albergase la tumba de los mártires Gervasio y Protasio. Veinte años después se convirtió en el mausoleo de San Ambrosio. Se considera que es el prototipo del románico del siglo III, pero, en realidad, con el transcurso de los siglos ha sufrido algunas remodelaciones. En el siglo XIX fue restaurada para volver a darle su forma original. Antes de entrar en la iglesia propiamente dicha hay que atravesar el llamado **atrio de Ansperto**, construido entre los años 1088 y 1099. Después aparece la fachada a dos aguas, el **campanario de los Canónigos** (s. XII) y, a la izquierda, la **torre de los Monjes**.

En el interior merece la pena ver el **tabernáculo** (s. X) y, debajo de éste, el **altar de oro**, una impor-

San Ambrosio, el amado patrón

San Ambrosio, el patrón de Milán, dejó una impronta indeleble en la ciudad. Pero ¿quién era y de dónde procedía este santo? Ambrosio nació en Treviri, Alemania, en el año 339. Se dedicó a la carrera administrativa y en el año 370 fue nombrado gobernador con sede en Milán. Como era el gobernador, y por tanto el responsable del orden público, un buen día del año 374 tuvo que aplacar un tumulto porque el pueblo se oponía a los clérigos de raza aria. Según la leyenda, se oyó la voz de un niño que proponía a san Ambrosio para obispo. El gobernador, que hasta entonces había sido un simple catecúmeno, fue bautizado, y le nombraron obispo el 7 de diciembre del año 374. En los veintitrés años sucesivos, Ambrosio fue un gran predicador e insigne teólogo. Guió a san Agustín hacia la conversión (el cual narra el episodio en sus *Confesiones*), reorganizó la liturgia tradicional (el rito ambrosiano sigue en vigor en la actualidad en la diócesis de Milán), combatió el paganismo y el sectarismo y construyó varias iglesias. Murió en el año 397 y se le dedicó la basílica que guarda sus restos.

tante obra de arte realizada por el maestro orfebre Volvino en el año 835. Tiene cerca de 4.379 incrustaciones entre perlas, corales y piedras preciosas. En la cripta, guiados por el vigilante, se puede acceder al **oratorio**, donde reposan los restos, cubiertos con el paludamento, de san Ambrosio, san Gervasio y san Protasio. También es interesante el **museo de la basílica de San Ambrosio** (al que se puede acceder por la nave izquierda de la iglesia; abierto de 10.00 a 12.00 y de 15.00 a 17.00; cerrado los martes, y los sábados y días festivos abierto sólo por la tarde). En el museo se pueden ver restos de la anterior basílica paleocristiana. En la actualidad los claustros de la iglesia forman parte del complejo de la Università Cattolica del Sacro Cuore.

San Babila

(piazza San Babila, línea 1 de metro, estación de San Babila; mapa II, B6)

El 8 de marzo de 1785 bautizaron a Alessandro Manzoni en esta iglesia. Entre los siglos XI y XIII esta basílica se amplió y modificó en exceso. En la época de los Visconti y de los Sforza fue enriquecida con capillas dedicadas a la nobleza. La fachada, de estilo neorrománico, fue alzada entre 1852 y 1865. La leyenda que rodea a la basílica es fascinante. Se dice que fue

san Eustorgio el que quiso que la erigiesen entre los años 315 y 331. El santo tenía en su poder las reliquias de los Reyes Magos, que habían llegado directamente de Constantinopla contenidas en un pesado sarcófago tirado por bueyes. En los tiempos de Barbarroja, las reliquias fueron robadas y llevadas a Colonia. No fueron devueltas (en parte) hasta 1903. En el interior, la **capilla Portinari** se considera una de las mejores obras renacentistas de la ciudad y está decorada con frescos de Vincenzo Foppa, realizados en 1468.

En los claustros de la basílica se puede visitar el **Museo Diocesano** (corso di Porta Ticinese 95, tfno. 89404728), que recientemente ha inaugurado su actividad con una exposición sobre san Ambrosio.

Detrás de San Eustorgio se abre el **parque de las basílicas**, un amplio espacio creado tras las destrucciones producidas por los bombardeos de la segunda guerra mundial.

San Gottardo in Corte

(via Pecorari, línea 1 de metro, estación de Duomo)

Esta iglesia está detrás del Duomo y su origen es medieval (mapa II, C5). Del periodo de su construcción queda el campanario, que los milaneses conocen con el nombre de campanario del Duomo, pues la catedral no tiene.

San Lorenzo Maggiore

(corso di Porta Ticinese, tranvía 3)

Esta iglesia fue construida en el siglo XVII y se respetó con bastante fidelidad el proyecto de planta central de una antigua basílica paleocristiana (mapa II, D-E3). El interior es austero y grandioso. Por la derecha se accede, tras adquirir la entrada, a la **capilla de San Aquilino**, que conserva restos de decoraciones con mosaicos del siglo IV. En el exterior, delante de la entrada, está la **estatua de Constantino**. Es una copia del original y fue colocada en este lugar como recordatorio del edicto de Milán, que daba libertad de culto a los cristianos, promulgado por el emperador en el año 313. Delante de la iglesia se alzan las **columnas de San Lorenzo**. Son dieciséis, miden 8,5 metros de altura y proceden de un templo de los siglos II-III. Se trasladaron aquí en el siglo IV para que se integrasen en un pórtico cuádruple, hoy desaparecido, que estaría situado delante de la fachada de San Lorenzo el Mayor.

Santa Maria delle Grazie

(corso Magenta, tranvía 24)

Esta iglesia fue fundada en 1463 cuando en esta zona

(que estaba fuera de la cerchia dei Navigli) no había más que campos y cuarteles (mapa II, B-C1). Buena parte del edificio fue construido entre 1466 y 1490, bajo la dirección de Guiniforte Solari. El imponente **ábside** (o tribuna) se atribuye a Donato Bramante, aunque la autoría es incierta. Data de 1492. Merece la pena visitar el **chiostrino** (claustrito) y la **sacristía vieja**, a la que se accede por el ábside; ambos son dos joyas de finales del siglo XV y es posible que también sean obra de Bramante. Aquí normalmente se puede ver una cola de turistas que va desde el recinto sagrado de la iglesia hasta el **refectorio** (según se mira a la iglesia, a mano izquierda). El motivo es que aquí está el **Cenacolo Vinciano** (tfno. 4987588; abierto de 8.00 a 13.45 y de 19.00 a 22.00; cerrado los lunes), en el que se puede admirar la famosísima ***Última Cena***, de Leonardo da Vinci. Este gran artista estuvo trabajando en esta obra durante dos años, de 1495 a 1497. Por desgracia, la humedad del ambiente, la unión de los ladrillos y el tipo de pintura experimental que utilizó el artista, además de la contaminación de la ciudad, amenazan este gran fresco que, desde hace años, está expuesto a continuos trabajos de restauración.

Enfrente de la *Cena* está la ***Crucifixión***, un fresco de Giovanni Donato Montorfano, coetáneo de Leonardo.

Santa Maria della Passione

(via Conservatorio, autobús 54)

Es la iglesia más grande de Milán después del Duomo (mapa II C6, fuera del mapa). La imponente fachada barroca, realizada entre 1692 y 1729, esconde un edificio

La* Última Cena, *de Leonardo.* Arriba, *Santa Maria delle Grazie.* A la izquierda, arriba, *San Lorenzo.* A la izquierda, abajo, *el campanario de San Gottardo.

construido en el siglo XV, de cruz griega y modificado un siglo después (en la actualidad, la planta es de cruz latina). La cúpula es del siglo XVI. En el interior hay numerosas pinturas de autores lombardos de los siglos XVI y XVII. Merece la pena visitar el pequeño **museo** de la basílica (via Bellini 2, tfno. 7602137; abierto de 10.00 a 12.00 y de 15.00 a 17.00; cerrado los domingos por la mañana). Desde 1808, el **conservatorio de música Giuseppe Verdi** ocupa el claustro adyacente.

Arriba, *Santa Maria presso San Satiro*. Abajo, *Santa María de la Pasión.*

Santa Maria presso San Celso

(corso Italia, tranvía 15)

Está al otro lado de la cerchia dei Navigli (mapa II, E4). La bella fachada realizada a partir de 1572 está oculta detrás de un **pórtico cuádruple**, uno de los ejemplos más interesantes de la arquitectura milanesa del siglo XVI. El nombre de la iglesia procede de la cercana iglesia de San Celso, de planta románica en origen pero de fachada decimonónica.

Santa Maria presso San Satiro

(via Torino, líneas 1 y 3 de metro, estación de Duomo)

Escondida entre los edificios de la via Torino, es una de las iglesias renacentistas más notables de Milán (mapa II, C4). A su nombre va unido el de Donato Bramante, que trabajó en el templo hacia el año 1482. El falso **presbiterio** lo diseñó el gran arquitecto para proporcionar una ilusión óptica de profundidad. El **baptisterio**, que también es obra de Bramante, se recuperó en el siglo XIX. La parte trasera de la iglesia se puede ver desde la via Mazzini.

San Maurizio al Monastero Maggiore

(corso Magenta, autobús 50, tranvía 24; abierta de 16.00 a 18.00; mapa II, C2)
Se encuentra justo al lado del Museo Arqueológico. Es una joya del siglo XVI (la fachada es del XIX). Los frescos del interior son obra de artistas insignes como Bernardino Luini y sus dos hijos. En esta iglesia se celebran con regularidad conciertos y encuentros con poetas.

Arriba, *la antigua iglesia de San Esteban.* Abajo, *fresco de B. Luini en la iglesia de San Mauricio.*

San Nazaro Maggiore

(corso di Porta Romana, tranvía 24)
La parte del ábside de esta iglesia se halla junto a la Università Statale (Ca' Granda). La fachada da al corso di Porta Romana (mapa II, D5). La iglesia fue fundada por el obispo Ambrosio, pero, posteriormente, fue modificada por Carlos Borromeo en 1571. Antes de acceder a la iglesia está la **capilla Trivulzio**, del siglo XVI, obra de Bartolomeo Bramantino. Esta capilla se construyó por encargo para que sirviese de mausoleo a la familia del caudillo Gian Giacomo Trivulzio (1441-1518), cuyo sarcófago se puede ver enfrente de la entrada.

San Pietro in Gessate

(corso di Porta Vittoria, tranvía 12, mapa II, C6)
La fachada de 1912 esconde una iglesia de 1475. En el interior hay importantes frescos de la escuela renacentista lombarda (capilla Grifi).

Santo Stefano Maggiore

(piazza Santo Stefano, tranvía 12, autobús 54, mapa II, C-D5-6)
La construcción de esta iglesia comenzó en 1584 y en la actualidad es la sede del **Archivo Histórico Diocesano**.

Edificios y monumentos históricos

Ca' Granda

(via Festa del Perdono, autobús 60, tranvía 12, mapa II, D5)
Es uno de los mayores edificios históricos de Milán, y durante muchos siglos fue el Hospital Mayor.
Desde 1958 es la sede de la **Università degli Studi di Milano**.
La construcción de la Ca' Granda se inició en 1456 por voluntad de Francisco Sforza con el fin de dar cobijo y asistencia a los pobres enfermos de la ciudad. La tarea le fue confiada a Antonio Averlino, conocido como el Filarete.
Durante casi cinco siglos, el Hospital Mayor realizó su cometido, aunque si prestamos atención

★ VISITAS A MONUMENTOS Y MUSEOS CON LA APT

Los lunes de 9.30 a 12.30 la Azienda di Promozione Turistica del Milanese (APT), en colaboración con el Centro Guide di Milano, organiza visitas guiadas a algunos monumentos de la ciudad, y los sábados a algunos museos.
La reserva, obligatoria, se puede realizar en la sede de la APT, en la via Marconi 1 (en la esquina con la piazza Duomo). Información: tfno. 72524303.

a la poca información que ha podido llegar hasta nosotros, no se sabe cómo podían curarse los enfermos: las camas estaban pegadas las unas a las otras, no existían secciones diferentes para las distintas enfermedades y las gallinas escarbaban por los pasillos, en los que también había vendedores ambulantes. Las enfermedades más corrientes eran la tiña, las hernias, los cálculos renales y la sífilis. Las condiciones del hospital mejoraron notablemente en el siglo XVIII; de hecho, se dice que Napoleón Bonaparte estaba satisfecho de cómo habían sido curados sus soldados heridos en el campo de batalla.
El hospital se trasladó en 1938 al sanatorio de Niguarda. La Ca' Granda sufrió graves daños durante los bombardeos de 1943. Los trabajos de reconstrucción y restauración fueron lentos y laboriosos.
El edificio es la sede de las facultades de letras de la **Università**

La Universidad Estatal. **Arriba,** *el claustro central.*

degli Studi. Los enfermos han dejado espacio a los estudiantes, que aparcan las bicicletas y los ciclomotores a lo largo de la acera de la entrada y llenan con su presencia claustros y aulas. La universidad se convirtió en el centro del inconformismo juvenil y de las protestas estudiantiles entre 1968 y finales de los setenta. En la actualidad es uno de los pilares de la cultura milanesa.

Castello Sforzesco

(piazza Castello, línea 1 de metro, estaciones de Duomo y Cairoli, mapa II, A-B2-3)

Se construyó una primera fortaleza con fines defensivos por voluntad de Galeazzo II Visconti en 1368. El edificio se alzaba nada más atravesar la muralla medieval. Después de un siglo aproximadamente, Francisco Sforza quiso ampliar la fortaleza. Su hijo, Galeazzo Maria, instaló allí su residencia. Sin embargo, la impronta más duradera se la dio Ludovico el Moro, que fue duque entre los años 1494 y 1499. Ludovico llamó a Antonio Averlino, conocido como el Filarete, a Donato Bramante y a Leonardo da Vinci para que fuesen a trabajar al castillo. La antigua fortaleza se convirtió en un fastuoso castillo, el marco espléndido para una vida llena de lujos, animada con banquetes, fiestas, conversaciones mundanas y filosóficas. Tenían mucha aceptación los juegos de sociedad, sobre todo las cartas y el ajedrez.

El siglo XVI trajo consigo la dominación española de Milán y el

El Castillo Sforzesco. **Arriba,** *la torre del Filarete.*

Una de las puertas de acceso al castillo. **Abajo,** *el panteón del cementerio Monumental.* **A la derecha,** *la galería Víctor Manuel II.*

castillo se transformó en una fortaleza inexpugnable con murallas imponentes. En 1733 el asedio de las tropas francesas dejó al castillo en mal estado (Napoleón llegó incluso a pensar en su demolición). Permaneció así hasta que a finales del siglo XIX se decidió que volviese al esplendor de la época sforzesca. Los trabajos se confiaron al arquitecto Luca Beltrami y finalizaron en 1905. Los bombardeos de la segunda guerra mundial hicieron mella en el edificio.
La fachada que se puede entrever en la via Dante es obra de este siglo. La torre central es conocida como la **torre del Filarete**, en memoria del gran arquitecto. De los dos torreones laterales, el de la derecha se construyó como depósito de agua.

El primer patio que se atraviesa se llama **piazza d'Armi** (o patio mayor). En la actualidad es un lugar en el que los milaneses se dan cita para alejarse de los ruidos de la ciudad. Mirando al castillo, a la izquierda, se puede ver la **Rocchetta**, que es el núcleo original del edificio. Dejando atrás la piazza d'Armi se atraviesa la porta Giovia para llegar hasta el **patio Ducal**. El **pórtico del Elefante** hace de telón de fondo. Data de 1473 y en él se halla la placa conmemorativa de la «columna infame».
Cruzando la puerta del Barco se accede al gran **parque Sempione** (*v. pág. 84*).

El cementerio Monumental

(piazza Cimitero Monumentale, tranvías 29, 30 y 11, mapa I, B3)
El cementerio Monumental forma parte, sin lugar a dudas, de los grandes monumentos de la ciudad. Lo proyectó y construyó Carlo Maciachini entre 1863 y 1866 en una zona periférica, fuera de las fortificaciones. Nació como camposanto de la burguesía milanesa naciente. Tiene un sello más laico que religioso para que tuviesen cabida también los no católicos.
La parte central del cementerio es el **panteón**, que contiene los restos de personajes que han construido la historia de Milán. Fue inaugurado en 1883 con el traslado de los restos de Alessandro Manzoni. El cementerio está repleto de monumentos funerarios esculpidos por notables artistas.

Un genio en la ciudad

Leonardo da Vinci (1452-1519) llegó a Milán en 1482, a la edad de treinta años. Para poder ir en calidad de invitado a la corte de la familia Sforza, el artista había escrito a Ludovico el Moro una larga carta de presentación en la que decía ser un hábil ingeniero capaz de construir maquinaria militar, calles y puentes. Al llegar a Milán, Leonardo se consolidó como constructor militar, pero también realizó obras de arte, como por ejemplo frescos, pinturas y esculturas. Estudió ciencias, física y matemáticas, y nos ha dejado documentos fundamentales y apuntes de trabajo, recogidos en parte en el *Codice Atlantico*. También se aprovechaba su genio en la preparación de escenografías para fiestas y banquetes. Leonardo abandonó Milán en 1499, en el declive del poder de la dinastía Sforza. Posteriormente, volvió durante algunos años, entre 1506 y 1513.

Galería Víctor Manuel II

(piazza del Duomo/piazza della Scala, líneas 1 y 3 de metro, estación de Duomo)

Fue construida entre 1865 y 1878. Une la plaza del Duomo con la plaza de la Scala (mapa II, C4). Se puede considerar el primer centro comercial de la historia. Tiendas elegantes, librerías importantes, restaurantes de renombre y bares de moda se suceden bajo una estructura de hierro y cristal. Antiguamente, de noche, la galería se iluminaba con seiscientas lámparas de gas. El encendido se realizaba gracias al *ratin* (ratón), un pequeño artefacto de vapor con dos mechas encendidas que, enganchado a dos raíles suspendidos en el aire, recorría la galería encendiendo de este modo las llamas de las lamparillas. La elegancia del edificio y el espacio disponible hace que la galería pueda ser utilizada en la actualidad para acontecimientos culturales y comerciales, así como para desfiles de moda. Los milaneses supersticiosos acuden a la galería en busca de buena suerte. Se dice que el que gira el tacón sobre la imagen del toro que está junto al octágono central tendrá un futuro de color de rosa.

Rotonda di via Besana

(via Besana, autobús 84, tranvías 29 y 30)

El gran Hospital Mayor o Ca' Gran-

★ DE APERITIVO

En Milán, tomar el aperitivo es una tradición muy arraigada. Algunos lugares destacados:

Bar Zucca (antiguo bar Camparino; piazza Duomo 1). Bar clásico donde nació el famoso vermú Campari.

Pastelería S. Ambroeus (corso Matteotti 7). En Milán no es raro encontrar pastelerías que sirven también aperitivos.

Pastelería Taveggia (via Visconti di Modrone 2).

da carecía de un cementerio en el que enterrar a los muertos. Por este motivo nació a principios del siglo XVIII este singular edificio, formado por un recinto a modo de muralla en el centro del cual surge una iglesia, en la actualidad secularizada. A finales de siglo la rotonda della Besana se convirtió en un lugar de aislamiento para enfermos contagiosos. En 1870, tras una fuerte epidemia de viruela, se llegaron a contabilizar 5.000 enfermos.

Posteriormente, el edificio fue transformado en la lavandería del Hospital Mayor (hasta los años cuarenta). Hoy día, después de haber estado inutilizado durante mucho tiempo, el recinto de la antigua lavandería es un espacio verde para los niños y se utiliza también como cine de verano. La iglesia se utiliza para exposiciones y congresos.

La estación Central

(piazza Duca d'Aosta; líneas 2 y 3 de metro, estación Central, mapa I, B-C4)

La estación Central, blanca y majestuosa (la fachada mide 207 metros de ancho y 50 metros de alto, y el revestimiento es de piedra), no deja de asombrar a los viajeros, sobre todo a los extranjeros. El proyecto data de principios de siglo, pero se concluyó en el periodo fascista (1931). Mientras se sube por las escaleras (mecánicas y nor-

Vista de la estación Central en una fotografía antigua.

Arriba, *la estructura de metal de la estación Central.* A la derecha, *la torre Velasca.* A la izquierda, en el centro, *un dibujo de la rotonda della Besana.*

males), si se alza la mirada uno se queda sorprendido por la profusión de la decoración del techo. La estructura de hierro y cristal que cubre la zona de andenes está considerada como una de las obras técnicas industriales más importantes de aquel tiempo. Para ella se utilizaron 9.200 toneladas de hierro homogéneo, 262 de acero, 91 de hierro fundido y 150 de hierro galvanizado.

Hace poco se reestructuró la **sala presidencial** (la antigua sala real junto al andén 21), rica en mármol, columnas y frisos decorados. Aquí, antiguamente, la familia real esperaba la hora de salida del tren. La entrada reservada daba a la piazza Luigi di Savoia. Se podía acceder a la planta superior por una escalinata o en ascensor. El parqué, que pisaron los pies de Mussolini y Hitler (el *duce* vino aquí a dar la bienvenida a Hitler, que llegaba a Italia), tiene todavía incrustaciones en forma de esvástica. Es una pena que estas salas no estén abiertas al público salvo en ocasiones en las que hay una exposición o solicitándolo por escrito al responsable de la oficina de asistencia al cliente. Son muy pocas las estaciones que se pueden jactar de contar con unos lugares tan sugerentes y llenos de historia. Como en todas las estaciones, también por la Central (y en sus cercanías) merodea una tribu urbana poco recomendable. Así que hay que tener cuidado.

Torre Velasca

(piazza Velasca, línea 3 de metro, estación de Missori)

Es un extraño rascacielos que, desde la planta 18 hacia arriba, se vuelve más ancho, con lo que recuerda a las torres de antaño (mapa II, D4). La torre es una original obra nacida en el estudio de arquitectura BBPR (Banfi, Belgiojoso, Peressuti y Rogers) y fue construida entre 1956 y 1960. Es una de las obras más importantes de la posguerra. El nombre procede de la plaza del mismo nombre en que se encuentra, abierta en los tiempos del gobernador español Juan de Velasco, en 1651.

■ Palacios y villas

Palazzo Clerici

(via Clerici 5, línea 1 de metro, estación de Cordusio, mapa II, B4)

Es un suntuoso palacio de principios del siglo XVIII que hoy alberga el **ISPI** (Centro de Estudios de Política Internacional). Es espléndida la galería Arazzi, que alberga un fresco de Tiépolo de 1740. La visita al interior sólo se puede realizar previa autorización del ISPI.

Palazzo Belgioioso

(piazza Belgioioso, tranvías 1 y 2, mapa II, B5)

Su construcción fue encargada a Giuseppe Piermarini en 1772. Es uno de los mejores ejemplos del neoclasicismo lombardo.

Palazzo Borromeo

(piazza Borromeo, línea 1 de metro, estación de Cordusio, mapa II, C3)

Este palacio fue mandado construir en el siglo XV por un miembro de la ilustre familia Borromeo. El edificio sufrió daños durante los bombardeos de 1943, y posteriormente fue reconstruido. La fachada de ladrillo es típica del siglo XVII. La portada es de dos siglos antes y sobre ella hay un dromedario sentado, que es el símbolo del linaje de la familia. En el interior hay frescos de la primera mitad del siglo XV. No se pueden visitar.

El palazzo Belgioioso.
Arriba, *el fresco de Tiépolo en el palazzo Clerici.* En el centro, *el palazzo Berri Meregalli.* A la derecha, arriba, *el palacio del Senado.* A la derecha, en el centro, *la Villa Reale.*

★ MODERNISMO Y FLAMENCOS

La via Vivaio, la via Serbelloni y la via Mozart (cerca de la piazza San Babila y el corso Venezia) figuran entre las calles más prestigiosas de la ciudad, con edificios residenciales bellos y elegantes. En el número 8 de la via Cappuccini se halla el palazzo Berri Meregalli, de 1914, una fascinante construcción que mezcla el modernismo con otros estilos arquitectónicos. En el número 9 de la misma calle, un florido jardín privado es la morada de algunos ejemplares de flamencos y otras aves. En el número 11 de la via Bellini se encuentra la casa Campanini, edificada entre 1904 y 1906.

Palazzo Dugnani

(via Manin 2, tranvías 1 y 2, mapa II, A6)

Fue construido a finales del siglo XVII y remodelado en el XVIII. Conserva un fresco de Gian Battista Tiépolo que data de 1731. Su espacio se utiliza en la actualidad para exposiciones y conferencias. Alberga también el **Museo del Cine** (*v. pág. 165*).

Palacio Real

(piazza Duomo, líneas 1 y 3 de metro, estación de Duomo, mapa II, C5)
Este edificio, de estilo neoclásico, es obra de Giuseppe Piermarini. Parte del proyecto, que se realizó entre los años 1771 y 1778, está basado en un palacio preexistente mandado construir en 1330 por Azzone Visconti.

El edificio fue ampliado en el siglo XIX. En 1936 se amputó el ala derecha (donde se localiza hoy el pabellón del Arengario). En 1943 sufrió graves daños por los bombardeos y, posteriormente, fue restaurado.

Hoy es la sede del **Museo del Duomo** y del **Civico Museo di Arte Contemporanea**, con importantes exposiciones.

Palazzo del Senato

(via Senato, autobús 94)
Da a la cerchia dei Navigli. Enfrente se puede contemplar una escultura de Joan Miró (mapa II, A6). El palacio se construyó entre 1608 y 1630. La fachada es obra de Francesco Maria Ricchino. Desde 1872 alberga el **Archivo del Estado**.

Villa Reale

(via Palestro, línea 1 de metro, mapa II, A6)
Esta imponente construcción data de 1790 y es obra del arquitecto austriaco Pollak, contratado por el conde Barbiano di Belgioioso. Fue

residencia oficial de Napoleón y del mariscal Radetzky.

La fachada principal da a los jardines, que fueron los primeros diseñados según el gusto romántico. Hoy este palacio es la **Galería de Arte Moderno**.

Carlos Borromeo, humildad y Contrarreforma

San Carlos Borromeo fue uno de los personajes más importantes de la historia de Milán. Nació en Arona en 1538. Veintidós años después fue elegido cardenal arzobispo de Milán. Era la época de la Contrarreforma, cuando la Iglesia católica de Roma libraba una batalla contra los reformistas y al mismo tiempo ponía en marcha su propia reforma. Carlos Borromeo desempeñó un importante papel como contrarreformista: fundó nuevas órdenes religiosas y combatió a los que eran considerados disidentes y herejes. Pero los milaneses le apreciaban sobre todo por su inagotable actividad asistiendo a pobres y enfermos. La terrible peste de 1576 y 1577 y la carestía subsiguiente contribuyó a su fama de hombre humilde y caritativo. San Carlos Borromeo murió en 1584. Sus restos se conservan en la cripta del Duomo.

De todo y mucho más: el vademécum de las compras

No hay duda: en cuestión de compras, Milán se puede comparar con las mayores ciudades europeas. Pertenece al pasado la época en que Londres y París eran para los italianos un mito inalcanzable. Milán se ha puesto a la misma altura. Esta ciudad, para ir de compras, ofrece realmente muchas cosas. Se pueden comprar tanto productos nacionales como importados, objetos de artesanía y también alta tecnología. Normalmente los que van a Milán por primera vez acaban recorriendo las calles más conocidas: el corso Vittorio Emanuele II y la via Montenapoleone. Y uno se pregunta: ¿es posible que los milaneses gasten tanto dinero en ropa y objetos para la casa? La verdad es que no. Por ello, a continuación, intentaremos revelar algunos de los secretos de esta ciudad.

Hemos dedicado la primera parte de este capítulo a la descripción de las zonas comerciales más famosas y concurridas (se reserva un capítulo aparte al «cuadrilátero de oro», que es el barrio de la via Montenapoleone y alrededores; *v. pág. 91*). Hemos intentado ofrecer un panorama de las características de cada zona detallando los recorridos por calles y plazas e indicando las tiendas más famosas e interesantes. En las páginas siguientes se puede encontrar información sobre mercados y mercadillos, grandes almacenes y tiendas de fábrica, sin descuidar, naturalmente, la Milán del buen gusto, donde las tiendas son tan bonitas y sofisticadas que le dejarán boquiabierto.

• HORARIOS
Las tiendas en Milán abren entre las 9.00 y las 10.00 y cierran hacia las 19.30. Algunos comercios del centro y muchos grandes almacenes y supermercados tienen horario continuado, pero algunos cierran para comer (entre 12.30 y 13.00 y 15.00 y 15.30). Todas las tiendas permanecen cerradas los domingos, con excepción del periodo navideño. Atención a los lunes: por la mañana están abiertas sólo las tiendas de alimentación, y por la tarde, sólo los establecimientos comerciales de otro tipo. Se habla de liberalizar los horarios de apertura y cierre de las tiendas, para que puedan permanecer abiertas algunas de ellas también los domingos. Ésta es una iniciativa que ha tenido éxito en otros países, como Estados Unidos y Gran Bretaña.

Grandes firmas y escaparates tentadores

El corso y la galería de Víctor Manuel II

(líneas 1 y 3 de metro, estación de Duomo y línea 1 de metro, estación de San Babila, mapa II, C 5-6) Hay tiendas para jóvenes y para la clientela adulta, cines y bares. Por ello la calle está siempre llena de gente, de día y de noche.

Al corso Vittorio Emanuele II se va principalmente a comprar ropa y complementos. Para los más jóvenes hay tiendas de **Benetton, Stefanel, Emanuel Schvili** y **Onyx Store**. Merece la pena pasarse por el gran centro comercial **Fiorucci** (galleria Passerella 1): aquí se encuentra de todo, desde las típicas camisetas con angelitos hasta objetos de papelería, pasando por artículos de belleza. Siempre suena música de fondo y se puede encontrar fácilmente un bar para tomar un *cappuccino*.

Son muy elegantes las tiendas de ropa para adultos de las firmas **Max Mara, Max & Co.** y **Larusmiani**; los zapatos se compran en **Spadafora, Magli** y **Pollini**; los artículos para el deporte, en **Footlockers, Cisalfa** y **Germani** (en la via Beccaria). Una parada en la gran librería **Mondadori** (largo Corsia de Servi 11) es una buena ocasión para echar un vistazo a la cultura. El reino de las plumas estilográficas es **Ercolessi** (n.° 15), lleno de grafómanos milaneses. A los que buscan oportunidades, les aconsejamos el número 6 de la galleria San Carlo. Aquí encontrará **Diffusione Tessile**, un mayorista de ropa, bolsos y calzado de las mismas líneas que Max Mara. Para probar los dulces napolitanos y sicilianos hay que ir a **Freni** (n.° 4). Para tomar algo rápido aconsejamos los *panzerotti* (empanadillas rellenas de queso, jamón y huevo) de **Luini**, en el número 16 de la via Santa Redegonda. **Brunch**, en la séptima planta de los grandes almace-

Al lado, ***la tienda de música Ricordi, en el interior de la galería Víctor Manuel II.***
A la izquierda, ***el mercado, una atracción irresistible.***

La Rinascente, casi una institución

Para los milaneses, La Rinascente no son sólo unos grandes almacenes, lo mismo que para los londinenses Harrods no es sólo un *department store*. Ambos contribuyen al prestigio de sus respectivas ciudades, y de alguna forma comparten su historia. La Rinascente fue fundada en 1889. El nombre primitivo era Alle città d'Italia y se creó por iniciativa de los hermanos Bocconi, los mismos a los que está dedicada la prestigiosa universidad milanesa. Fue el poeta Gabriele d'Annunzio, que no desdeñaba la posibilidad de consolidarse como creativo publicitario, el que le dio el nombre definitivo. Un incendio la noche de Navidad de 1918 y los bombardeos de 1943 obligaron a La Rinascente a cambiar de local. Los almacenes sólo llevan en la actual dirección de la piazza Duomo desde 1950. Ha tenido varios propietarios. En la actualidad pertenece al grupo Fiat. Milaneses y turistas van a La Rinascente a desayunar, a almorzar (en la última planta hay un restaurante con vistas al Duomo y también un bar que sirve aperitivos) o simplemente a dar una vuelta (o a calentarse durante los largos días de las compras navideñas). La gama de productos es amplia y de muy buena calidad. Se encuentran las firmas más prestigiosas y, en cuestión de ropa, La Rinascente tiene su propia marca. La sección de menaje del hogar, en el semisótano, es excelente. En cuanto a los precios, están a la altura del renombre de estos almacenes.

Una sugerencia: en el semisótano hay un servicio de guardarropa gratuito; aprovéchelo, ya que ir de compras con el abrigo puesto en un lugar con la temperatura alta como en La Rinascente es bastante incómodo.

nes La Rinascente, es una buena elección para el que quiera contemplar de cerca los pináculos del Duomo.

La **galería Víctor Manuel II** es el «salón de Milán». Aquí hay bares como el mítico **Camparino-Zucca** y restaurantes tan famosos como el clásico **Savini**. También hay tiendas célebres como **Bernasconi, Prada** y **Brigatti,** y algunas librerías, entre las que citamos **Rizzoli. Ricordi Mediastore** es una tienda muy grande dedicada a la música clásica y al pop. A la salida de la galería, en la piazza della Scala, está el quiosco **Algani**, surtidísimo de prensa extranjera.

Del Duomo al Castello

(líneas 1 y 3 de metro, estación de Duomo y línea 1 de metro, estación de Cordusio, mapa II, B-C 3-4)
En la plaza del Duomo se pueden visitar tres establecimientos principales a la hora de ir de compras: los grandes almacenes **La Rinascente** (*v. arriba*), el *megastore* **Vir-**

Arriba, *Galtrucco, un clásico en cuestión de telas.* Abajo, *un surtido bar en la via Dante.*

gin, que está siempre lleno de jóvenes en busca de discos compactos, elepés y casetes de todo tipo, y la tradicional y enorme tienda de telas **Galtrucco**, bajo los pórticos que dan al sur (la otra tienda clásica de este gremio es

Ghidoli, en la cercana piazza Fontana).

En la **via Orefici** el tráfico es caótico, pero aconsejamos esta calle a los que estén interesados en comprar zapatos o bolsos (**Magli, Bata, Furla** y **Spadafora**). En el número 13, la **Città del Sole** vende juegos educativos para niños. La *via Dante*, desde que se ha convertido en zona verde, parece haber adquirido importancia. Tiene tiendas interesantes, como **Boggi** y **J. H. Clerici**, para ropa clásica, y **Balloon**, para los más jóvenes. En *via Camperio* 16 está el **American Bookstore**, donde se pueden comprar libros ingleses y americanos. Para los que tengan ganas de tomarse un helado, la **Cremeria** (via Dante 6) ofrece una gran variedad de sabo-

res. Cerca de aquí está **Viel** (Foro Buonaparte 71), el reino de los batidos naturales.

Para los que deseen hacer una parada rápida para comer, en esta zona hay numerosos bares y establecimientos de comida rápida a la italiana (**Marché**, en via Orefici 1, **Ciao**, en la via Dante, **Spizzico**, en la piazza Duomo) y también, cómo no, el **McDonald's** de la piazza Cordusio.

Arriba, la editorial FMR, en la elegante via Durini. Abajo, Calvin Klein, una gran marca en el campo de la moda.

El corso Europa y alrededores

(línea 1 de metro, estación de San Babila, mapa II, C6)

El corso Europa dirige el tráfico procedente de la Porta Venezia hacia la via Larga. Aquí se encuentran algunas tiendas interesantes: **Pineider** (n.° 13), para los que valoran las papelerías elegantes; **Koivu** (n.° 12), para regalos; **Paul & Shark**, para ropa; **Libero** (n.° 18) es un *outlet store* (venta directa de ropa de marca); **Mandarina Duck**, en la esquina de la galleria San Carlo, y sus atractivos bolsos y maletas italianos. En **Dimensione Donna** (n.° 2) se puede comprar ropa, zapatos y complementos para el baile y para el entrenamiento en el gimnasio. También en la *piazza San Babila* merece la pena hacer algunas compras. Está el tradicional **Picowa** (n.° 4/d), que es el punto de referencia donde adquirir objetos para el hogar y electrodomésticos; es un clásico para listas de boda. En cuanto a ropa, destacan **Benetton**, **Eddi Monetti** y **Nautica Chic**. No faltan las zapaterías ni las tiendas de complementos bajo los arcos que dan a la fuente. Para comer rápidamente y sin pretensiones se puede ir a **Brek**, en la via Cino del Duca.

En la *via Durini* hay algunas tiendas de grandes firmas como **Emporio Armani, Armani Junior, Moschino y CK Calvin Klein**. En

★ Una fachada como un violonchelo

Una curiosidad: a la iglesia de Santa Maria della Sanità, en la piazza San Babila (construida en 1708 y restaurada recientemente), los milaneses la llaman cariñosamente el *viulun* (violón, en dialecto milanés) por la forma de la fachada, que recuerda a un violonchelo.

el número 3 está **Invicta**, para los deportistas. **Nimius** (n.° 23) tiene una clientela mayoritariamente japonesa; aquí se puede encontrar ropa, peletería y objetos de regalo.

El nombre de *corso Monforte* viene de que en esta zona se establecieron algunos habitantes que procedían de Monforte d'Alba, en la región del Piamonte. La calle es de dirección única y va hacia el centro. Son interesantes las tiendas de lámparas **Floss**, en el número 9, y **Artemide**, en el 19. También en este número está **Boffi**, de muebles de cocina, donde se puede apreciar lo mejor del diseño italiano. Los aficionados al golf acuden a **Polo's** (n.° 16), muy surtido.

Corso Matteotti

(línea 1 de metro, estaciones de Duomo y San Babila, mapa II, B 5-6)
Este corso se abrió durante la década de los treinta. Anteriormente se llamaba corso del Littorio y es más interesante desde el punto de vista comercial que desde el histórico, si bien constituye un interesante testimonio de la arquitectura fascista. En esta calle se suceden las tiendas de diseño y regalos como **Moroni Gomma**, **Elam**, **Alessi**, **Rosenthal**, **Richard Ginori** y **Geneviève Lethu.** Los arcos albergan algunos bares a los que acuden empleados de las oficinas de la zona; también la pastelería **Sant'Ambroeus** (n.° 7), ideal para hacer un alto y tomar un buen aperitivo.

La perpendicular *via San Pietro all'Orto* es interesante. Por un lado está **Pomellato**, el joyero que se preocupa por la protección de las especies en vías de extinción; por otro, hacia el corso Vittorio Emanuele II, se hallan un gran punto de venta de **Chicco** (en la esquina con Matteotti), los grandes escaparates de **Superga** (n.° 11, ropa y calzado deportivo) y **Versus** (n.° 10).

La surtida **libreria Francese** (n.° 10) satisfará a los que sienten curiosidad por la cultura del otro lado de los Alpes.

Regalos y diseño en Moroni Gomma. Arriba, el gran disco de Pomodoro en la piazza Meda.

Corso Venezia

(línea 1 de metro, estaciones de San Babila y Palestro, mapa II, B6)
Este corso es una de las calles representativas de Milán, a la que dan palacios majestuosos y elegantes. Algunas firmas de moda lucen aquí sus creaciones: **Dolce e Gabbana, Gianfranco Ferrè, Missoni** y **Romeo Gigli**. En el número 3, donde hace algún tiempo estaba el renombrado restaurante **Santini**, ahora han abierto el *megastore* **Miu Miu**, la línea joven de Prada. Es interesante la tienda **Timberland** (n.° 9), especializada en ropa para actividades al aire libre. Tradición y buen gusto son las palabras que describen a **Raimondi di Pettinaroli** (n.° 6), que realiza tarjetas de visita, membretes e invitaciones de boda para la gente bien de Milán. **Brigatti** (n.° 15) es el templo de los deportistas que no renuncian a la moda.

★ EDIFICIOS CARGADOS DE HISTORIA

Algunos edificios del corso Venezia cautivan la mirada. En el n.° 11 está el **Seminario Arcivescovile** (1652); en el n.° 10, la casa **Fontana Silvestri**, ejemplo de la arquitectura civil del Renacimiento. El **palazzo Serbelloni** (1793), en el n.° 16, es la sede del *Circolo della Stampa*; en el n.° 47 se puede contemplar el **palazzo Castiglioni**, con su fachada modernista. También son dignos de mención el **palazzo Bovara** (1787), y, enfrente, en el n.° 40, el **palazzo Rocca Saporiti** (1812). Al otro lado de la via Palestro se pueden ver los **jardines públicos**, el **Museo de Historia Natural** y, un poco más allá, el **Planetario**.

Raimondi di Pettinaroli, todo un clásico. A la derecha, abajo, la via Manzoni.

De Padova (n.° 14) es una parada obligada para los que buscan diseño de vanguardia. **Christofle** (n.° 6) vende jarrones, objetos de cristal y porcelana y cuberterías. La **rosticceria Leoni** (n.° 7) es conocida sobre todo por sus bolas de arroz. Merece la pena hacer un alto aquí.

Via Manzoni

(líneas 1 y 3 de metro, estación de Duomo y línea 3, estación de Montenapoleone, mapa II, A-B 5)
La via Manzoni es el resultado de una acertada mezcla de tradición, cultura y comercio. A lo largo de esta calle se suceden museos importantes como el Poldi Pezzoli, el teatro Manzoni, el British Council, el Circolo dell'Unione, que es un tradicional club de Milán, así como la prestigiosa librería Feltrinelli. Las tiendas de antigüedades y muebles, las joyerías y las boutiques se concentran sobre todo en el cruce con la via Montenapoleone, en el llamado «cuadrilátero de oro».

La casa de «Don Lisander»

En la **via Morone**, una calle pequeña que cruza la via Manzoni, está la entrada de la casa museo de Alessandro Manzoni (tfno. 86460403; abierta de martes a viernes de 9.00 a 12.00 y de 14.00 a 16.00). Este gran escritor italiano nació en Milán el 7 de marzo de 1785 en el n.° 16 de la actual via Visconti di Modrone. Su madre era doña Giulia Beccaria y su padre Pietro Manzoni. Al pequeño Alessandro lo bautizaron en la iglesia de San Babila. Recibió una educación ilustrada. De 1805 a 1810 vivió en París, donde conoció y se relacionó con los intelectuales de la época. En 1808 se casó con Enrichetta Blondel y regresó a Milán. Después de algunos años de la muerte de su primera esposa se volvió a casar con Teresa Borri Stampa. «Don Lisander» (como se le conocía en la ciudad) vivía y escribía en la casa que da a la piazza Belgioioso. En el estudio, que ha sido reformado para devolverle su aspecto original, escribió *Los novios*, una descripción insuperable de la Milán del siglo XVII que sufría bajo el yugo de la dominación extranjera y se veía azotada por una de las peores epidemias de peste de la historia.

El joyero **Schreiber** (n.° 40) es un clásico. En **Donatella Pellini** (n.° 20) se pueden adquirir joyas originales realizadas con materiales diversos. Si quiere comprar relojes, le aconsejamos **Fiumi** (n.° 39), conocido en Milán desde hace generaciones. **Barovier & Toso** (n.° 40) es la tienda ideal para los que coleccionan objetos de cristal. **Driade** (n.° 30) es una parada obligatoria para los aficionados al diseño y los muebles de vanguardia, lo mismo que **Sawaya e Moroni** (n.° 11), que vende muebles, lámparas y objetos varios diseñados por grandes firmas tanto italianas como extranjeras. **Poltrona Frau** (n.° 20) es sinónimo de comodidad y elegancia en piel y es conocida en Italia y en el extranjero. En el número 45 se puede ver el genio ecléctico de **Fornasetti** (telas, regalos, muebles y ropa). **Mercatores** (n.° 38) es el lugar en el que la burguesía de Milán adquiere los uniformes de trabajo para las empleadas domésticas. **Davide Cenci** (n.° 7) y **Fabio Inghirami** (n.° 16) son boutiques de ropa. El toque étnico lo pone **Sentieri del Vento** (n.° 16): ropa, calzado, joyas, música y libros sobre la cultura de los amerindios.

En el número 25 está la peluquería de **Aldo Coppola**, para los que quieran llevar el pelo a la última. En la transversal ***via Bigli*** hay tiendas de antigüedades de renombre y también se encuentra la gran tienda galería de **Nella Longari** (n.° 15), que vende objetos de cristal, porcelana, esculturas, muebles, objetos de adorno, marfil, alfombras y tapices, todo de gran calidad. En el número 24 se puede hacer un alto en **Principessa Hortensia** y tomar un desayuno con clase.

★ Una obra controvertida
En la via Croce Rossa, perpendicular a la via Manzoni, se alza el monumento de Aldo Rossi a Sandro Pertini, un monolito que ha suscitado una gran polémica en Milán.

El barrio de Brera

(línea 2 de metro, estaciones Lanza/Moscova, autobús 61, mapa II, A 3-4)

Este barrio es un pequeño paraíso metropolitano para los amantes de las compras. En este lugar el gusto milanés se encuentra muy bien expresado: refinado pero sin llegar al esnobismo. En las calles de este barrio todo parece único, especial y también caro. Aquí hay galerías de arte y plateros, anticuarios y muestrarios de mobiliario ultramoderno, boutiques de moda y tiendas de regalos con clase. No faltan los establecimientos que tienen que responder a las necesidades diarias: panaderías, pescaderías, ultramarinos, pastelerías y heladerías capaces de satisfacer los paladares de los más exigentes. El problema ya lo hemos mencionado: Brera no es un barrio apto para todos los bolsillos, aunque es verdad que si se busca con un poco de paciencia, también los que están dispuestos a gastar menos podrán encontrar su rincón. De todas formas, ya sea para ir de compras o simplemente de visita, merece la pena pasarse por aquí. Renunciar a conocer Brera sería imperdonable.

La via Brera

Comenzamos justamente por la calle que da nombre al barrio y que alberga la conocidísima **Academia** y el imponente **palazzo Cusani**, de 1719. En esta calle se hallan algunas galerías de arte prestigiosas, así como tiendas de arte especializadas. Entre las más famosas hay que mencionar **Cesare Crespi** (n.° 28/a), el reino del color: tubos de témpera y pintura al óleo, lápices, tizas, carboncillos...

Al lado, la recoleta plaza cerca de la Academia de Brera. **Abajo,** *el caballo emplumado de A. Sassu y, al fondo, el palazzo Cusani.* **A la izquierda, arriba,** *el bar Jamaica.*

NAJ-OLEARI

También están **Laura Ashley** con sus tejidos estilo provenzal, el joyero **James Riviere**, **Naj-Oleari**, que se nutre de una clientela muy joven, **Atelier Rosenthal**, de regalos sofisticados, y **Profumo**, para los que buscan fragancias insólitas y originales.

En el cruce con la via Fiori Chiari está el «signor Michele», toda una institución en Brera. Llega todos los días con una chistera en la cabeza y un carrito para vender objetos antiguos y modernos. Una vez en la zona, no se puede olvidar el **bar Jamaica**, punto de encuentro de artistas en los años cincuenta y sesenta (desde Dario Fo hasta Piero Manzoni), cuando Brera era el barrio bohemio por excelencia. Las mesas de las terrazas se pueden disfrutar también en invierno, con las correspondientes estufas para calentarse.

Otro local tradicional es el **bar Brera**. Para tomar un capuchino con cruasán o un helado, una buena elección es **Häagen Dasz**. No muy lejos de allí, la pequeña galería **Microbrera** expone objetos de arte realizados en cristal firmados por sus autores.

La via Fiori Chiari y las calles adyacentes

La via Fiori Chiari está repleta de tiendas elegantes. Es difícil que esta zona fuese, no hace tanto, un barrio popular conocido en la ciudad por sus casas de citas. Las casas con patios que había antiguamente son ahora lujosos apartamentos. Vale la pena echar un vistazo por las verjas (cerradas a cal y canto): las galerías largas y estrechas, con sus barandillas de hierro, se asoman a los patios como si fuesen los palcos de una ópera.

Una curiosidad: justamente en una de estas casas, la del número 16, vivió y trabajó el controvertido

★ Las rebajas

Los milaneses esperan con impaciencia la época de rebajas. En enero y julio las tiendas se llenan de carteles que anuncian las liquidaciones de temporada. Como en todos los sitios, también en Milán se pueden encontrar cosas que merecen la pena si se busca con un poco de paciencia.

artista Piero Manzoni (1934-1963). Este autor, que realizó obras provocativas como *los cuerpos de aire* (pequeños globos inflados con el *aire* del artista), es recordado aquí con una lápida.

Esta calle pretende perpetuar lo antiguo y elegante, lo cual se ve por la presencia de anticuarios como **Franco Sabatelli** (n.° 5), renombrado coleccionista y restaurador, especializado en marcos antiguos. Aquí tiene lugar el tercer sábado de cada mes el *mercadillo de antigüedades*, que cuenta con numerosos expositores. El escaparate de **Candela Mum** (n.° 16) siempre tiene interés: los cirios de origen turco son enormes, pesados y sus formas son de lo más variado.

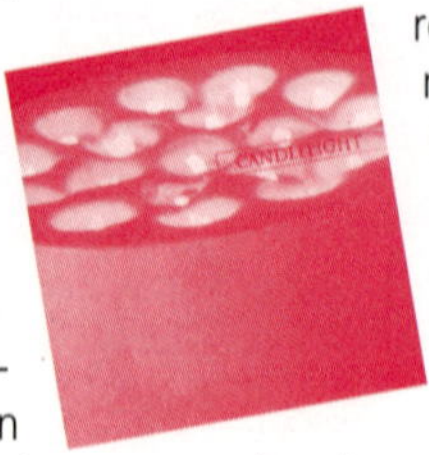

La *via Formentini* tiene una de las boutiques para ropa de señora más prestigiosas de esta zona: **Luisa Beccaria**. Vende ropa de señora y para niños, además de vestidos de novia.

En la *via Madonnina* hay una tienda singular: **Oro dei Farlocchi** (n.° 5). Aquí se pueden comprar todo tipo de cosas extrañas, curiosas y antiguas.

Se suceden los escaparates de las boutiques elegantes: **Bisonte**, para bolsos y chaquetones de piel; **Church's**, para los zapatos (siempre ingleses); **Meroni Si**, para comprar

Al lado, ***una droguería atípica que vende ropa actual.*** **A la izquierda, abajo,** ***la iglesia de Santa Maria del Carmine, en Brera.***

ropa de niño; **Martino Mildali** está especializado en prendas de punto clásicas. La calle termina con las dos tiendas de **Garlando** (una frente a la otra), que venden zapatos de todas las formas y de todos los colores posibles. Sin embargo, las señoras de Brera prefieren los modelos de **Philippe Model** (n.º 7), más elegante y de capricho.

La *piazzetta del Carmine* es acogedora sobre todo en verano, cuando se tiene la posibilidad de sentarse en las terrazas de los bares y restaurantes. La **pastelería L'Angolo di San Marco** es conocida por sus dulces artesanos.

En las tranquilas *via Ciovasso* y *via Ciovassino* hay edificios residenciales elegantes y algunas galerías de arte. En un patio de la via Ciovasso, en el número 8, **Calegari** restaura objetos de marfil y porcelana. En el número 4, escondido a los ojos del visitante apresurado, está **Slobs**, una exposición de objetos de mobiliario situada en una casa galería. En el número 6 tiene su local **Anna Maria Orizzi**, la mejor embajadora del estilo *shabby chic*: vende ropa, sombreros, bolsos y neceseres de décadas pasadas. En la via Ciovassino, en el número 3/a, está **Fashion Discount** (abre sólo por las tardes), un mayorista que vende ropa de firma muy rebajada.

La via Solferino

Es la continuación de la via Brera: aquí los artistas ceden su puesto a las compras. Podemos empezar con **Spelta** (en la esquina con la via Pontaccio), una pequeña tienda de zapatos artesanos especializada en bailarinas. Enfrente, **Emmanuel Schvili** muestra en su escaparate ropa de las firmas **Warner Bros** y **Walt Disney**. Al lado, en **Dilmos**, se pueden comprar fascinantes muebles de diseño: sofás de formas raras, marcos sorprendentes y lámparas futuristas.

La **droguería Solferino** (n.º 1) es una tienda de toda la vida. A pesar de su nombre, aquí se puede comprar ropa de caballero y de señora. La explicación de su extraño nombre es que en este mismo lugar, hace tiempo, se vendían solamente perfumes y especias. Generaciones de milaneses han comprado joyas para sus

★ SUGERENCIAS PARA COMER

La Latteria di via San Marco (via San Marco 24, tfno. 6597653). Cocina casera, pocas mesas, cuadros de rosas en las paredes y ambiente familiar.

Bar Jamaica (via Brera 32, tfno. 876723). Este local mantiene la esencia de lo que fue Brera en el pasado. Primeros platos, bocadillos y *focaccie*.

Il Fondaco dei Mori (via Solferino 33, tfno. 653711). Cocina africana para el almuerzo: una agradable sorpresa.

novias en **Merù** (n.° 3). En la esquina con la via Ancona está la mítica **Pattini e Marinoni**. Aquí se elabora no solamente el tradicional panecillo, sino también muchos otros tipos de pan. Además de pizzas y *focaccie* (torta de aceite), también se puede comprar una gran variedad de pasteles salados; desde las doce de la noche hasta las dos de la mañana hay cruasanes calientes y pizzas para los noctámbulos; además, una máquina de autoservicio ofrece pan las 24 horas del día. Los escaparates de **Penelopi 3**, enfrente, muestran objetos para la casa de lo más dispar, con los diseños más modernos y originales y los colores más variados. Siguiendo por la via Solferino (n.° 9), se llega hasta una tienda con un letrero viejo que dice: **Parasoli Paracqua**. El nombre verdadero es **Guardaroba** y es una tienda de ropa para chicas jóvenes a las que les gusta ir a la última. Ropa muy rebajada se puede adquirir en **Firme** (n.° 11) y en **Libero**. **Haas** y **Ann Taybol** venden ropa de casa. **Controbuffet** (n.° 14) es una de las tiendas principales de este gremio: desde finales de los años setenta sigue con su cuidadosa selección de objetos «de uso probable», una mezcla entre artesanía y diseño italiano y europeo. La **heladería Solferino** es un buen reclamo para los golosos. Está en el número 18 y ofrece helados artesanos.

Un poco más allá del largo Treves está la sede del *Corriere della Sera*.

Los que estén interesados en los zapatos de última moda pueden probar en la *via Statuto*, en la zapate-

Arriba, *la excelente heladería Solferino*. A la derecha, arriba, *el cuartel general de Gianfranco Ferrè*.

ría **Vetrina di Beryl** (n.° 4), sólo apta para los muy atrevidos.

En la *via Montebello* hay dos tiendas clásicas: **Dabbene** (en la esquina con el largo Treves) es uno de los plateros más conocidos de Milán; los siete escaparates que dan a la calle son dignos de contemplación. **Mirabello** (en la esquina con la via San Marco) vende colchas, sábanas y mantas acolchadas para los clientes más exquisitos del barrio.

En la *via San Marco*, los lunes y los jueves ponen el **mercado** de la fruta, la verdura y el pescado (el lunes es el día más idóneo para comprar ropa de marca).

La via Pontaccio y alrededores

La via Pontaccio une la via Solferino con el corso Garibaldi. Aquí encontrará una sucursal de la cadena española especializada en telas **KA** (Kilo Americano, n.° 3) y los escaparates de **Etro**, en la esquina con Fiori Chiari, que tiene telas elegantes para la casa, perfumes y ropa. El último edificio antes del corso Garibaldi, a la izquierda, es el cuartel general del estilista **Gianfranco Ferrè**.

La *via Porte Vetero* y la via Mercato delimitan la frontera occidental de Brera. Para los amantes del té y todo lo que va unido a este ritual inglés, aconsejamos **Gourmet House** (n.° 6). Aquí se puede encontrar lo más insospechado, desde azúcar cristalizado hasta teteras en forma de verduras, desde chocolate troceado hasta galletas, además de, naturalmente, una amplísima gama de tés.

La Salle à Manger (n.° 14) ofrece a los clientes que no se preocupan demasiado por los precios todo lo necesario para hacer que un comedor sea original, desde candelabros hasta vasos y servilletas de cuadros.

Una tienda clásica de la *via Mercato* es **Torriani**, donde se puede comprar todo lo necesario para disfrazarse. Mirar los escaparates en cualquier época del año es como estar en carnaval. Sin embargo, el verdadero encanto de esta tienda es de otra índole. Torriani es un establecimiento a la antigua usanza, de los que quedan muy pocos en Milán: los grandes escaparates están llenos de artículos polvorientos: caretas de vampiros y brujas, disfraces de diablos y del conde Drácula, trompetillas y todo tipo de artículos de broma.

Un ligero desvío nos lleva hasta la *via Tivoli*: en el número 6, **Maria Grazia Baldan** vende joyas originales de reminiscencias orientales.

El corso Garibaldi

Esta calle es paralela a la via Solferino, pero ambas son mundos distintos. Si allí se gasta tanto, aquí hay formas para ahorrar. Si allí se compran cosas rigurosamente nuevas, aquí se encuentran también cosas usadas. Si la via Solferino tiene el encanto de las calles con solera, el corso Garibaldi parece estar en medio de un proceso de transformación. Aquí se alternan las grandes tiendas con los pequeños establecimientos comerciales y boutiques modernas, originales e innovadoras. Entre éstas se puede mencionar **Eclectica** (n.° 3), que tiene objetos de decoración artesanales, muebles de diseño moderno y tejidos procedentes de los países más dispares, que encuentran su lugar en un ambiente rústico y elegante a la vez. Al lado está **Surplus** (n.° 7). La clientela de esta tienda la forman jóvenes que buscan ropa de segunda mano. En la piazzetta de San Simpliciano lucen los enormes escaparates de **Voglia di Casa** (colchas, edredones, etc.). Un poco más lejos está **Gipponi**, el reino del papel, el cartón y todo lo necesario para embalar y empaquetar. **Rossignoli** (n.° 71) es la tienda en la que los milaneses compran las bicicletas. La tradición también está representada en **Moscatelli** (n.° 93), la enoteca más vieja de Milán –sigue en manos de su extravertido propietario–. Volvemos a encontrar objetos usados en **Saltami Addosso** (n.° 55) y en **Docks Dora** (n.° 127); esta última es en la actualidad la mejor tienda de ropa usada. Para regalos ecológicos hay que ir a **Natura e...** (n.° 73).

Para comer en esta zona, **Le Trottoir** (n.° 1), con un ambiente artístico, servicio rápido y una gran variedad de

En High Tech hay de todo, desde cazuelas hasta telas. A la izquierda, arriba, *una tienda del corso Garibaldi.*

En el norte de Brera

Las *fortificaciones de Porta Nuova* marcan la frontera norte de Brera. Justo al otro lado está la **piazza** *XXV Aprile*. En el número 12 está el bellísimo centro comercial **High Tech**. Hay de todo, desde cazuelas hasta objetos sofisticados para regalo y tejidos. Cerca de allí se encuentra **10 Corso Como**, una tienda elegante y original a la vez. Tiene ropa, zapatos, joyas étnicas y no étnicas, muebles y objetos procedentes de todo el mundo. Al lado, la **galleria Sozzani** organiza exposiciones, sobre todo fotográficas. En el viale Pasubio, en el número 13/23, el vivero **Ingegnoli** vende plantas, flores, semillas, pinchos. Además alquilan bicicletas para dar una vuelta por el barrio. El **bar Radeztky** (n.º 105) se suele llenar sobre todo a la hora del aperitivo. Il **Panino Giusto** (n.º 125) prepara sándwiches con mucha imaginación.

Las iglesias de Brera

Además de los escaparates, en Brera hay iglesias dignas de ser visitadas.

San Simpliciano, en la piazza delle Crociate, fue fundada por el obispo Ambrosio en el siglo IV y reformada en parte en el siglo XII. La fachada fue remodelada por Maciachini en 1870, que intentó acercarse al modelo original.

Santa Maria del Carmine, en la piazza del Carmine, data del siglo XV; sin embargo, la fachada es mucho más tardía, de 1880, y está inspirada en el estilo gótico lombardo.

San Marco, en la piazza San Marco, fue fundada en 1254, al otro lado de las murallas de la ciudad. Con el tiempo, este edificio ha sido excesivamente reestructurado y de la construcción original sólo queda el pórtico de piedra, las estatuillas de santos en los nichos de la fachada y el campanario, salvo la cúspide de éste, que es del siglo XIX. Una curiosidad: el ensanche que delimita la iglesia está más bajo en relación a la calle ya que corresponde al nivel de la pavimentación de los siglos XIII y XIV.

Al lado, *la via Torino y la iglesia de San Sebastiano.* Abajo, *un tramo de la calle que va hacia la plaza del Duomo.* A la derecha, abajo, *Gallery-A, una de las tiendas más concurridas.*

bulbos y todo lo necesario para la jardinería.

■ Via Torino

(líneas 1 y 3 de metro, estación de Duomo; mapa II, C-D 3-4)

La céntrica via Torino es bastante camaleónica. Si se recorre esta calle por la mañana en los días laborables (salvo los lunes), se pueden admirar las tiendas tradicionales, de buena calidad pero no demasiado elegantes.

Si la visita tiene lugar por la tarde de un sábado cualquiera, la calle cambia de aspecto y el visitante se ve sorprendido por las tiendas de última moda, un poco descuidadas. Las compras se acompañan de rock duro, creado por el sonido de fondo de esta calle que sustituye al ruido del deslizamiento del tranvía y a los cláxones de los coches. Dicho esto, cada uno podrá decidir cuándo ir de compras por esta calle. Para los jóvenes poco amantes de lo clásico, se pueden encontrar algunas sugerencias en la página 104.

De día, la via Torino abastece a una clientela variada. Para comprar ropa a precios competitivos, uno se puede dirigir a **Standa**, **Uba Uba** y **All'Onestà**. **Vergelio** (n.° 13) y **Gusella** (n.° 19) tienen calzado para adultos y niños, respectivamente; entre sus marcas hay varias de primera calidad. La tienda **Champion** (n.° 23) está muy surtida. La **Compagnia Coloniale** (n.° 68) ofrece a sus clientes todo lo necesario para unas vacaciones en busca de aventura. Para comprar ropa informal e interesante, recomendamos **Marlboro Classics**, que está en la esquina con la via Lupetta. En el número 23 de la *via Unione*, en un semisótano, está la **Libreria dei Ragazzi**, muy grande. En la *via San Maurilio* señalamos dos elegantes tiendas. **Papier** (n.° 4) dispone de un gran

★ TRES IGLESIAS EN LA CALLE

Escondida entre los edificios, al principio de la via Torino, se halla la iglesia de Santa Maria presso San Satiro, un bello ejemplo de la arquitectura renacentista (*v. pág. 34*). A la derecha, se alza la iglesia de San Sebastiano, erigida en 1576 tras un violento brote de peste en la ciudad. La iglesia de San Giorgio al Palazzo, de origen altomedieval y reconstruida en 1623, tiene frescos de Bernardino Luini.

surtido de papeles exóticos, entre los que destacan el papel de arroz y el papel tailandés con incrustaciones vegetales.

En **Erbavoglio** (n.° 11) se pueden encontrar originales complementos para la casa, como centros de mesa hechos con guindillas y marcos hechos con flores secas. La **Compagnia dei Giardini** (n.° 4) es el lugar ideal para los amantes de la jardinería de capricho. En el número 2 de la *piazza Mentana* (a pocos metros a pie por la via San Sisto) está **Blonde**, especializada en productos americanos para el cuidado del pelo. Es aconsejable una parada en el número 9 de la *via Morigi* para admirar las creaciones originales de **Donatella Pellini**: hierro, cobre, vidrio, piedras semipreciosas y plata son algunos de los materiales que utiliza para crear sus joyas.

Para desayunar, se puede ir al número 7 de San Maurilio, donde está **Ronchi 78**, un lugar acogedor que sirve platos de comida casera. En la **Vecchia Latteria**, en el número 6 de la via Unione (siempre llena de gente), se come exclusivamente cocina vegetariana en mesas pequeñas.

Corso di Porta Ticinese

(tranvía 3; mapa II, D-E 3)

Joven, alternativo, étnico, de moda, innovador y al mismo tiempo cargado de historia: todo esto representa para los milaneses **el** *Ticinese*.

El corso di Porta Ticinese empieza en el largo Carrobbio, cruza las columnas de San Lorenzo y la antigua Porta Ticinese y sigue hasta la zona de los Navigli. En esta calle hay monumentos históricos (las **basílicas de San Lorenzo** y **de Sant'Eustorgio**), comercios especializados y locales de moda.

Al igual que la via Torino, el sábado por la tarde esta calle se llena

ofrece objetos étnicos. En **Modi Atipici** (n.° 66) se compra ropa de influencia oriental. Telas indias de colores vivos se encuentran en **Tessuti**, en el número 21 de la via Santa Croce. La pasión multiétnica de esta calle se hace patente en la **Libreria Azalai** (n.° 46).

de jóvenes en continua peregrinación de la plaza del Duomo a la fiera di Senigallia. A ellos y a los curiosos les remitimos a la página 101. En el número 40 hay una **heladería ecológica** de larga tradición. A lo largo de esta calle hay tiendas interesantes de carácter étnico, como la **Foresta di Lorien**, en el 59, especializada en ropa confeccionada con tejidos procedentes de África. **Controtempo**, en el 53, vende bolsos, cinturones y joyas de Suramérica y Asia. En **Fatto a Mano** (n.° 82) se vende ropa exclusivamente hecha a mano realizada en Tailandia, India y Perú. En el número 83 hay otra tienda que

SUPPORTI★FONOGRAFICI

El corso Italia

(línea 3 de metro, estación de Missori; mapa II, D-E 4)

El corso Italia va desde la piazza Missori hasta la Porta Ludovica (de la que sólo queda el nombre). En el número 10 se localiza la sede del **Touring Club Italiano** y su surtidísima librería. Aquí se puede encontrar, además de la agencia de viajes del TCI, todo en materia de literatura de viajes. Enfrente, **Ye Olde England** (n.° 11) dispone de unas 150 variedades de té, además de galletas, whiskys y muchas otras cosas; todo de Inglaterra. Continuando, se encuentra la **iglesia de Sant' Eufemia**, documentada a partir del siglo IX. Aunque ha sido remodelada varias veces, los últimos trabajos de restauración, ejecutados por E. Terzaghi en 1870, le devolvieron su aspecto gótico lombardo. Al otro lado de la calle se halla la **antigua iglesia de San Paolo Converso**, iniciada en 1580 y finalizada en 1613; está espléndidamente decorada con frescos, pero sólo abre con ocasión de exposiciones. Más allá se alza la **iglesia de Santa Maria presso San Celso** (s. XVI).

Arriba, ***dos tiendas de renombre en el corso di Porta Ticinese.*** **A la derecha, abajo,** ***el edificio del Touring Club Italiano.***

El corso di Porta Romana

(línea 3 de metro, estaciones de Porta Romana, Crocetta, Missori; mapa II, D-E 4-5-6)

Es una de las arterias más importantes y también más antiguas de la ciudad. Va desde el arco de la Puerta Romana (1598) hasta la piazza Missori. Durante muchos siglos fue la calle por excelencia, a través de la que entraban en la ciudad (o salían) desfiles triunfales, ejércitos y otros tipos de cortejos en los días de fiesta. En cuanto a las compras, hay tiendas discretas y variadas. La gran **Libreria Porta Romana** (n.° 51) está muy bien surtida; la tienda de música **Mariposa** (n.° 117) es una parada obligada para los amantes del rock, la música dance y el heavy metal; **Guffanti** (n.° 7) es toda una institución en mercería; para las listas de boda el lugar más indicado es **Sinigaglia** (en el mismo número). Esta calle cuenta también con una carnicería egipcia llamada **El Cairo**, en la esquina con la via Orti; además de carne también se pueden comprar perfumes y especias de Oriente Medio. Hay varias tiendas de ropa, zapaterías y peleterías. En **Maga Mau** se puede comprar ropa original; está en el número 1 de la via Orti, una calle perpendicular al corso. Para tomar un café o un pastel (los *cannoncini*, canutillos, son legendarios) se puede ir a la **pasticceria Panarello**, en la piazza San Nazaro.

★ El diablo en la ciudad

El corso di Porta Romana luce casas señoriales y elegantes palacios. En el n.° 3, el palazzo Acerbi (1615), hoy Volpi-Bassani; en el n.° 6, el palazzo Annoni (1631), hoy Cicogna. Del primero se decía, desde la epidemia de peste que lo asoló, que en él vivía el diablo. Hubo quienes afirmaron haberlo visto y lo describían con barba larga y rala, ni alto ni bajo, ni gordo ni flaco, ni blanco ni negro. Aparecía todos los días en una carroza tirada por seis caballos y acompañado de dieciséis lacayos.

Al lado,** la* ***Porta Venezia. ***Abajo,** el* ***corso Buenos Aires en una imagen antigua.*** ***A la derecha, arriba,** un* ***puesto en la piazza Lima.***

■ El corso Buenos Aires

(línea 1 de metro, estaciones de Porta Venezia, Lima, Loreto, mapa I, C4)

Los residentes del corso Buenos Aires dicen que es un pedazo de Nueva York en Milán. Es una calle larga, caótica y llena de gente como muchas calles de Manhattan. Es multiétnica, intensa, activa y, a veces, un tanto incierta. De día son las tiendas las que atraen a los milaneses, pero es sobre todo por la noche cuando reina una atmósfera especial en el corso Buenos Aires: tráfico intenso, aparcamiento imposible y una población que es el resumen de toda la originalidad y muchos de los problemas de las metrópolis. Quizá por todo ello (la energía y el aire de gran ciudad) el corso Buenos Aires gusta tanto a un amplio colectivo de milaneses entre los 20 y los 40 años propensos a la vida nocturna y a las ciudades que no duermen.

Veamos lo que ofrece el corso para ir de compras. Antes de nada hay que precisar que es la calle comercial más larga de Milán. Desde la Porta Venezia hasta el piazzale Loreto (son los dos extremos) se pueden contar más de 350 tiendas de todo tipo y para todos los bolsillos.

Aquí hay sitio tanto para los grandes almacenes como para los comercios de barrio; se alternan las tiendas tradicionales con los escaparates dedicados a los jóvenes; también los puestos abusivos y los vendedores ambulantes que ofrecen imitaciones de marcas conocidas encuentran aquí su lugar, en las aceras, delante de las boutiques de alta costura. No faltan los puntos de alta fidelidad, zapaterías, tiendas de deporte, de menaje, de regalos y de jardinería. Aquí se puede encontrar de todo si lo que se quiere es reformar la casa o renovar el vestuario.

Una sugerencia: mientras se miran los escaparates, acuérdese de echar un vistazo a los edificios (en el corso Buenos Aires los hay muy bonitos). Merece la pena, entre tienda y tienda, entrar en algún patio interior, ya que algunos son una maravilla.

La visita se puede iniciar en la Porta Venezia e ir bajando hacia el piazzale Loreto por el lado izquierdo (el de los números impares) y luego subir por el otro lado. **Richard Ginori** (en la esquina con la via Panfilo Castaldi) es un clásico de los regalos de firma. **Mutinelli** (n.º 5) es una de las tiendas más antiguas de

La leprosería de Lucia

No muy lejos del corso Buenos Aires, en la **via San Gregorio**, se puede ver lo que queda del antiguo recinto de la leprosería. En esta zona, en 1488, decidieron construir una especie de isla para separar a los enfermos contagiosos del resto de la ciudad. La leprosería era un espacio de 14.000 metros cuadrados. En sus alas había 288 habitaciones separadas para los enfermos contagiosos. En el centro estaba la iglesia para la celebración de las misas. Dicha iglesia sigue en pie, en el cruce del viale Tunisia con la via Lecco. Un foso rodeaba el edificio.

Alessandro Manzoni ofrece una descripción de cómo podría ser la vida de los enfermos de peste en los últimos capítulos de *Los novios*. Lucia Mondella, afectada por la enfermedad, fue trasladada a la leprosería, donde llegó a curarse. Cuando se acabaron las epidemias, el edificio se utilizó como almacén de víveres. Posteriormente se transformó en un complejo de viviendas modestas y fue derruido en 1881.

El corso Buenos Aires, la calle comercial más larga de Milán.

Milán y confirma el hecho de que las sombrererías resisten (la tienda abrió en 1888). **Vergelio** (n.° 9) es un clásico de los zapatos: tiene su propia línea, aunque ofrece calzado de otras marcas; de hecho, desde hace algún tiempo también se pueden ver en sus escaparates productos **Timberland**. A pocos metros de allí se puede ver una tienda de regalos de capricho: **Carpe Diem** (n.° 1). También la via Felice Casati tiene cosas interesantes: la **Borsa del Fumetto**, en la esquina con la via Lecco, es una librería especializada en cómics. Cerca de allí está el mayorista de calzado **Servitevi da Soli** (*v. pág. sig.*). Volviendo al corso Buenos Aires, encontramos un **Happy Office**, que vende objetos de escritorio pensados para los niños. En **Viel** (n.° 15) se puede hacer un alto para tomar un helado o un batido natural. Un poco más adelante unos escalones llevan hasta un centro comercial subterráneo. Se llama **Le Firme di Milano** (n.° 35) y en él hay tiendas sobre todo para la gente joven. Entre éstas se puede citar **The Space Brother Philosophy**, un punto de referencia para jóvenes sin prejuicios a la hora de vestirse; también es una tienda afro, para los que se atreven con las trencitas en todo el pelo. Siguiendo por el corso nos encontramos con los clásicos **Benetton** y **Stefanel**. Sólo encontraremos zapatos en **Docksteps** (n.° 43), para todos los pies, y en **Teras** (n.° 45), para jóvenes.

Un poco más allá hay un centro comercial al estilo americano, **Le Corty di Bayres**, aislado del tráfico. Algunos patios, decorados con fuentes o quioscos, están rodeados de bares y tiendas. Entre estas últimas se puede mencionar **Dieci Decimi**, en la cual, tras adquirir un bono, se puede comprar ropa de marca a precios rebajados.

En el número 75 del corso Buenos Aires, la gran tienda **Bimbus**

Le Corti di Bayres es una buena opción para descansar o hacer compras.

vende ropa y calzado para bebés y niños menores de 12 años.

Más allá se abre una galería: en el número 77 se halla **Diffusione Firme**, un mayorista interesante para los amantes de la ropa de marca (*v. arriba*).

Vayamos ahora al otro lado del corso. Para empezar, merece la pena hacer un alto en **Spontini**, en el número 4 de la via Spontini, perpendicular al corso Buenos Aires, donde, según se dice, se hace la mejor pizza en porciones de toda la ciudad. En la via Plinio, en el número 5, destaca la estupenda **Focaccerie Genovesi**, que tiene una amplia gama de productos ligures. La **gelateria Wally**, en el cercano piazzale Lavater, en la esquina con la via Morgagni, abre únicamente en primavera y verano.

Las zapaterías parecen ser las dueñas en este lado del corso Buenos Aires: **Calzature**

A la caza del mayorista

Los alrededores del corso Buenos Aires están llenos de mayoristas y almacenes. Los primeros no están abiertos al público, pues sólo venden a tiendas. Para los segundos, en cambio, cualquier ocasión de vender es buena. A continuación se ofrece una lista de direcciones (estos puntos de venta cierran a la hora de comer).

Zapaterías: **Servitevi da Soli** (via F. Casati 120); **Stravaganze** (via Lazzaretto 17); **Rufus** (via Vitruvio 35). Boutiques de ropa: **Firme** (corso Buenos Aires 77, galería); **Vestimoda Stock** (via Mauro Macchi 28); **Stock House** (via da Palestrina 1, en la esquina con la piazza Argentina). Peleterías: **RV Furs** (via Lazzaretto 14). Tiendas de decoración: **I Mercanti** (via Mauro Macchi 32). Boutiques infantiles: **Piccolo Lord** (via Plinio 60); **Il Salvagente Bimbi** (via Balzaretti 28, en el interior). Accesorios para el hogar y ropa de vestir: Art **China** (via San Gregorio 28).

Parabiago (n.° 52) y **Pollini** (n.° 10) son para gente clásica; **Tanagra** y **Bolero**, para jóvenes sin complejos. **Metà Prezzo** es una especie de almacén de ropa para jóvenes que visten de manera informal: aquí hay sobre todo vaqueros y chaquetones, aunque también se puede encontrar ropa de segunda mano. Hay dos grandes tiendas especializadas en prendas de piel: la **Pellicceria del Corso** (n.° 88) y **Conbipel** (n.° 62). Accesorios para la casa se pueden adquirir en la tienda inglesa **Habitat** (n.° 56), cuyas líneas depuradas y originales tienen mucho éxito en todo el mundo; también se puede acudir a **Frette** (n.° 82) y a **Bassetti** (n.° 52), con su amplia gama de telas. Para equipar el jardín hay que ir a **Ingegnoli** (n.° 54), una tienda muy conocida por los milaneses. La galería Buenos Aires alberga la **Paninoteca** y el **Emporio del Libro**. Hablando de libros, en el número 20 de esta calle hay una filial de la editorial milanesa **Feltrinelli**. Para comprar joyas y relojes: un clásico para los jóvenes es **Swatch** (n.° 64); otra joyería clásica, pero de lujo, es **Cartier**, en la esquina con la via Omboni.

El corso Magenta

(tranvía 24; mapa II, B-C 1-2)
Normalmente no se va al corso Magenta de compras. Esta calle la recorren tranvías y autobuses que, desde la piazza Cordusio, se dirigen hacia la piazza Sant'Ambrogio y la Università Cattolica, o bien hacia el corso Vercelli y la Fiera. Aun así, esta calle cuenta con algunas de las tiendas más renombradas y elegantes de la ciudad, anticuarios y joyeros, así como iglesias y edificios de gran belleza. También aquí se pueden ver restos arqueológicos de la Milán romana.

Una elegante boutique del corso Magenta.* Arriba, *una buena dirección para comprar libros.* A la derecha, arriba, *el palazzo Litta.

Antes de comenzar este recorrido, vale la pena dedicarle tiempo a la **libreria Milanese** (via Meravigli 18). Es un clásico para los amantes de Milán: todo lo que se publica sobre esta ciudad se puede encontrar aquí. Justo enfrente acaba de abrir sus puertas **Madina**, una perfumería interesante y con mucho género. En el número 13 de la via Santa Maria alla Porta está la **pasticceria Marchesi**, una de las más tradicionales de Milán. A partir de aquí comienza el corso Magenta.

La **drogheria** (ultramarinos) **Soana**, en el número 1, ofrece una gran variedad de tés.

Los golosos se encontrarán muy a gusto en la heladería **Häagen Dazs**, en el número 7, un poco más allá de **Suzuki**, en el número 9, especializada en plantas y flores artificiales. En la misma acera encontramos **Bardelli**, en el número 13, conocido por su ropa clásica, de hombre y de mujer. También está **Rancé**, en el 15/a, una antigua fábrica de perfumes de la que se dice que fue la predilecta de Napoleón Bonaparte. Los que vayan al corso Magenta entre las cuatro y las seis de la tarde, no pueden dejar de visitar la **iglesia de San Maurizio al Monastero Maggiore**, totalmente cubierta de frescos en el interior (*ver pág. 35*). Otra visita obligada es la zapatería **Fratelli Rossetti** (en la esquina con la via Nirone). Los que buscan un toque de distinción se pueden desviar del itinerario principal por la via Nirone: en el número 19 se halla el anticuario **Blanchaert**, especialista en cristal de Murano antiguo y muebles Biedermeier. No lejos de allí está **L'Affiche**: aquí se pueden adquirir carteles y dibujos firmados por sus autores. **House of Cachemire** vende punto escocés. Sin duda es más barato el punto de **Curiosità Esotiche**, muy cerca de la anterior. Enfrente se alza el **palazzo Litta**, cuya fachada es de 1763. **Buscemi**, en el 31, es una de las tiendas de música más surtidas y más concurridas de Milán. En la via Terraggio, en el 11, se puede visitar la **Libreria dello Spettacolo**, que dispone de

★ UN SALTO AL PASADO

La via Brisa, perpendicular al corso Magenta, lleva hasta las ruinas de una construcción romana tardía (lo que queda de las salas oficiales del antiguo palacio imperial del siglo IV d.C.). Hay una verja pero ningún cartel informativo, y algunas pintadas a lo lejos: éste es uno de los muchos casos de la escasa atención que los italianos a veces prestan a su propio patrimonio histórico.

volúmenes descatalogados. Los numismáticos se dan cita en la fábrica de medallas de **Stefano Johnson**, en el 15, que se dedica a este arte desde hace 160 años.

Merece la pena visitar el **bar Magenta**, en la esquina con la via Carducci: es de estilo *art nouveau*, su interior es cálido y acogedor y a él acude una clientela joven y marchosa. Es un lugar idóneo para almorzar o tomar el aperitivo. Siguiendo por el corso Magenta encontramos **Dimorae** (n.° 69), enfrente de la **iglesia de Santa Maria delle Grazie** y del **Cenacolo Vinciano** (*v. pág. 33*). Dimorae es una tienda de decoración que parece una casa privada. La última parada que aconsejamos es la pastelería y salón de té **Biffi** (n.° 87): es un clásico de la ciudad y lleva en funcionamiento desde 1925.

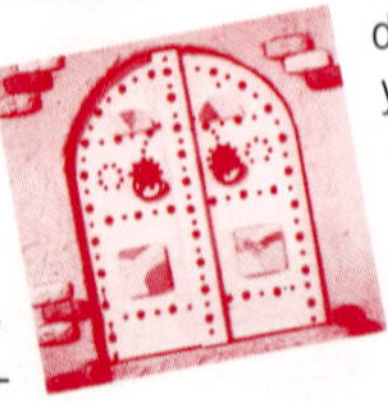

Corso Vercelli y alrededores

(línea 1 de metro, estaciones de Wagner y Conciliazione; tranvía 24; mapa II, B-C 1, fuera de mapa)

El corso Vercelli une el piazzale Baracca con la piazza Piemonte. Es una calle bastante caótica a causa del tráfico (la Fiera queda cerca) y tiene muchas tiendas. Su tradición comercial data del siglo XIX, cuando esta zona estaba fuera de los límites de la ciudad y gozaba de privilegios aduaneros y fiscales.

Aquí hay dos grandes almacenes (**Standa** y **Coin**). Por el número de joyerías y boutiques queda patente que la clientela es bastante exigente (también hay una sucursal de **Cartier** en el número 2). Los que busquen zapatos pueden pasarse por **Vergelio**, en la esquina con el piazzale Baracca, o bien ir a **Luca**, en la esquina con el largo Settimio Severo. Los escaparates de **Superga**, en el número 8, muestran ropa informal. Los deportistas acuden a **Germani** (en el interior del número 3), una tienda que todo milanés conoce. Para los que buscan un toque de distinción, **Gemelli** (n.° 16) es ideal. Este tipo de clientela llevará a sus hijos a **Gemellino**, que es la tienda de enfrente. Hablando de niños, en esta calle se halla, desde los años veinte, la juguetería **Cagnoni**, en el número 38. En el **bar Bagi**, en el 23, preparan buenos bocadillos. Para comprar pan, tartas y *focaccia* hay que ir a **El prestin del Cantun**, en el 2 de la via Cherubini. La pizza en porciones de **Gino**, en el núme-

La pastelería El prestin del Cantun, cerca del corso Vercelli. **A la izquierda, arriba,** *los almacenes Coin, en el corso Vercelli.* **A la izquierda, abajo,** *el bar Magenta.*

ro 9, es riquísima. Para el café se va a la **torrefazione Vercelli**, también en el número 2.

Sin duda es muy interesante en materia de compras la cercana *via Marghera*. **Sogaro**, en el número 28, es muy reciente: es una antigua fábrica en la que a principios de siglo se producían las espoletas de las bombas de mano utilizadas en la guerra; posteriormente se transformó en un gran centro comercial especializado en mobiliario y decoración. Dispone de objetos de marca, bordados, mantas, telas, velas perfumadas y flores artificiales que parecen de verdad. **Intorcia**, en el 10, ofrece a los peluqueros productos para el pelo, pero también vende al público. Hablando de pelo: para los que quieran ir a la última, la dirección adecuada es **Orea Malià**, en el interior del número 18, un peluquero que gusta mucho a los jóvenes.

En **La Fungheria**, en el número 14, se pueden comprar setas y trufas. La via Marghera es famosa porque en ella está la heladería más famosa de Milán (**Marghera**, en el 33). La variedad de sabores es asombrosa y la calidad excelente. Otro comercio importante en esta zona es el mercado municipal, en la **piazza Wagner**; para muchos milaneses es el mejor de la ciudad. Aquí se venden sólo productos de alimentación y flores.

El corso Genova

(tranvías 2 y 14; mapa II, D-E 1-2)
Esta calle une la cerchia dei Navigli con las grandes avenidas. Tiene mucho tráfico pero las cómodas aceras (a lo largo de las cuales se puede aparcar) facilitan las compras. Estas tiendas abastecen a una clientela exigente. Hay muchas boutiques de ropa: **Max Mara** y **Max & Co**, **Trevisan & C.** y **Biffi**.

En **Bassetti** y en los almacenes **Magazzini del Cotone** se pueden comprar telas para la casa; la **drogheria Coloniale**, en el número 19, es también una enoteca; en la tienda homónima se venden setas y trufas. El lugar ideal para comer algo o tomar un dulce es **Cucchi**, en el número 1 del corso Genova.

★ Helados y pizzas

La zona de la via Marghera es famosa por sus heladerías y pizzerías, a las que acude una clientela joven y noctámbula. Además de la mítica **heladería Marghera** (via Marghera 33), también se puede visitar **Il Gelato Ecologico & Frozen Yogurt** (via Ravizza 5). En cuanto a pizzerías, las más recomendables son **Play Off** (via Buonarroti 8) y **Play Time** (via Ravizza 2). Es obligatorio tomar un capuchino con bollos y pasteles en la **Cremeria Buonarroti** (via Buonarroti 9).

Conviene recordar que una vez pasado el piazzale General Cantore está uno de los cuatro puntos de venta de los grandes almacenes **Coin**, que gozan de prestigio en la ciudad.

La via Paolo Sarpi y su distrito

(tranvía 14; mapa I, C 3)

También Milán se jacta de tener un barrio chino. No tiene nada que ver con los grandes barrios de San Francisco, Nueva York o Londres. Aquí no hay fachadas decoradas con dragones ni cabinas telefónicas en forma de pagoda. En los alrededores de la estrecha via Paolo Sarpi, siempre atascada (es de dirección única), quedan algunas tiendas y restaurantes de los primeros chinos que llegaron a Milán en el periodo de entreguerras. En esta zona no es raro ver a orientales, y basta con adentrarse en las callejuelas para encontrar supermercados, establecimientos de comida rápida, videoclubes..., todos ellos dirigidos por chinos que a su vez venden productos chinos a los residentes, también chinos, de este barrio. Un buen ejemplo es la via Rosmini. A continuación ofrece-

TIMBERLAND STORE

mos dos direcciones para los que estén interesados en esta zona: **Fll. Hu Trading SRL** (via Niccolini 10, tfno. 336607003) y el **Supermercato da Zhou** (via Canonica 54, tfno. 312371).

En la via Paolo Sarpi hay tiendas que venden de todo y para todos los bolsillos: peleterías, joyerías, ropa informal y también de vestir. Tampoco faltan las tiendas de muebles, como **Loft** y **Segreti**, ni las de regalos, como **Geneviève Lethu**. Otras tiendas interesantes son **Chicco**, **Gusella** y **Kickers** para ropa de niño, **Armonie Naturali** y **Kelemata** para perfumes; en cuanto a librerías se pueden nombrar **Feltrinelli** y **Remainder**. También hay carnicerías y panaderías. En suma, es una calle llena de actividad y sumamente ecléctica.

Para los que quieran ahorrar en ropa, hay dos almacenes en esta zona: **La Rivendita Autorizzata n. 23** (n.º 23) y **Emporio Isola** (via Prina 11). Este último se considera uno de los mejores de Milán: es una gran tienda llena de trajes, cha-

Tradición y folclor en la via Paolo Sarpi. **A la derecha, abajo,** ***la iglesia de San Cristoforo, en el Naviglio Grande.***

quetas y abrigos, todo de marca, a precios bastante asequibles. Un dato curioso: esta dirección debe de aparecer en alguna guía turística japonesa, porque diariamente llegan comitivas de chicas jóvenes japonesas decididas a renovar su vestuario.

Objetos de artesanía china se pueden encontrar en **Lo Mei Hing**, en la piazza Morselli, y también en **Oriente Store**, en la via Paolo Sarpi, en la esquina con la via Bramante. Una original tienda taller artesanal de joyas fabricadas con los materiales más dispares tiene su sede en via Lomazzo 11: se llama **Grani e Vaghi**. Una dirección interesante para comer es el **New York Cafè** (via Rosmini 2), con su típica cocina norteamericana: hamburguesas con patatas fritas, grandes boles de ensaladas y postres tradicionales de ultramar. Este restaurante cierra los martes y los miércoles por la mañana. Como estamos en el barrio chino, conviene probar el **China Snack Bar** (via Rosmini 9); es una especie de lechería con pocas mesas, clientes orientales y comida típica china.

El corso San Gottardo y la zona de los Navigli

(tranvías 3 y 15; mapa I, E 3)

Antiguamente esta calle era conocida con el nombre de *el borgh d'i formaggiatt*, que en dialecto milanés quiere decir «el barrio del queso». En el siglo XIX en las grandes queserías (hoy transformadas en almacenes o tiendas de artesanía) curaban los productos lácteos. El aroma a queso impregnaba el aire y era tan fuerte que, según se decía, los vecinos se reconocían unos a otros por el olor.

Hoy la situación ha cambiado. A juicio de muchos, el prestigio de esta calle va en aumento y dentro de algunos años podrá competir con las calles céntricas de la ciudad. Los portales conducen a viejas casas

con patio, algunas de las cuales aún no han sido reformadas. Las tiendas ofrecen de todo un poco: ropa informal, accesorios para la casa, productos de alimentación y libros. Algunas tiendas han evolucionado con el tiempo y en otras los escaparates tienen un aire añejo.

El portal del número 18 conduce hasta el patio de una corrala. Aquí hay dos tiendas interesantes: **Antichità il Borgo**, que vende muebles y accesorios para la casa tanto

antiguos como modernos (se puede encontrar un poco de todo: centros de mesa, muebles, marcos, cuadros, candelabros...), y **Nature Art & Candles**, un taller en el que se trabaja la cera para crear velas de todos los tipos y tamaños. En el n.° 6 de la via Conchetta, perpendicular al corso, está **Lisa Corti**, tienda especializada en telas para la casa. En la zona de los Navigli se suceden las tiendas de artesanía, los mesones, las casas de comidas, los locales nocturnos y los estudios de artistas. Entre las primeras no podemos dejar de nombrar la **Fornace Curti** (via Tobagi 8), donde desde hace más de cinco siglos trabajan los «artesanos del jamón cocido».

A orillas del Naviglio Grande hay un supermercado del papel, muy surtido (n.° 98), en el que se pueden comprar manteles, vasos, bandejas y objetos de papelería. En la perpendicular via Corsico está la librería **Il Libraccio**, que también vende libros usados. Justo enfrente de la dársena, en el 30 de la via Gorizia, se ha inaugurado hace poco **Cultmovie**, una tienda para los apasionados del cine que vende libros, revistas y objetos alusivos al séptimo arte.

La Darsena.* Arriba, *interiores de la via San Gottardo y el vicolo Lavandai.* A la derecha, arriba, *un pub de los Navigli.* Abajo, *el escaparate de Peck.

Delicatessen, antigüedades, mercados, mercadillos y tiendas de fábrica

★ Para paladares exigentes

Quesos: Baita del Formaggio (via California 22, tfno. 4817892).
Ultramarinos: Gaboardi (piazza Tricolore 2), Formaggia (via Larga 6, tfno. 876295).
Pescado: Claudio (via Ponte Vetero 16, tfno. 8056857), en el mercado municipal de la piazza Wagner.
Setas y trufas: Nuova Casa del fungo e del tartufo (via Anfossi 12, tfno. 5465666).
Pastelerías: Ranieri (via Moscova 7, tfno. 6595308), Piave (viale Premuda 42, tfno. 799435), San Carlo (via Bandello 1, tfno. 4812227), Neuhaus (via San Vittore 6, tfno. 72000096).

El «cuadrilátero de oro»

En una guía de Milán no puede faltar una sección dedicada a la gastronomía. Algunas tiendas de alimentación (este vocablo quizá es restrictivo; el término *delicatessen* expresaría mejor la idea) son realmente sorprendentes. La variedad de la mercancía, la calidad de los productos y los olores de todo tipo activan la fantasía y estimulan el apetito.

La primera sugerencia es dirigirse hacia lo que algunos han definido como el «cuadrilátero de oro». Entre las vias Spadari, Victor Hugo, Cantù y Speronari (línea 1 de metro, estaciones de Duomo y Cordusio) se pueden ver algunas de las tiendas más prestigiosas de Milán. Se puede empezar por **Peck** (via Spadari 9), un nombre que para los milaneses es sinónimo de calidad. Todo lo que es exquisito, raro y de buen gusto se puede encontrar en Peck. La tienda ha inaugurado hace poco un salón de té en la primera planta (también aquí la selección es grande: 120 tipos de té y 21 mezclas de café). La **pescadería Spadari** (n.° 4) lleva el mar hasta Milán. En el número 3 de la via Cantù hay un **Peck Rosticceria** para aquellos a quienes no les gusta cocinar o que no tienen tiempo para hacerlo. Definir a **Garbagnati** (via Victor Hugo 3) como una panadería, quizá sea algo limitado, por la gran selección de productos que ofrece; aquí se pueden encargar

★ ***OUTLETS*, CENTROS PARA GASTAR MENOS**
De influencia norteamericana, los outlets son en la práctica centros comerciales que dan salida a artículos de todo tipo de algunas empresas. He aquí algunas direcciones para los que estén interesados –tienen el inconveniente de que están a las afueras de Milán–: Free Port, via Tintoretto 15 - Cassano Magnago, tfno. 0031/280904 (autopista Milano-laghi, salida Gallarate); Fifty Factory Store, via Lazzaroni 25 - Saronno, tfno. 96008777 (autopista Milano-laghi, salida Saronno).

dulces *kasher* y pan sin levadura. La **pasticceria Galli** (via Victor Hugo 21) está especializada en *marrons glacés* y repostería fina, pero también tiene fruta confitada, pralinés y *fondants*.

En **Panarello** (via Speronari 3) hay que probar el sabroso *kranz*, un bollo con uvas pasas y fruta confitada. Al lado han abierto hace poco **Ikos**, una tienda de productos biológicos.

■ Macrobiótica y productos naturales

También Milán se muestra sensible al tema de lo *biológicamente correcto*. De hecho, cada vez son más los que se decantan por comprar productos naturales, envasados sin utilizar conservantes, fruta madurada sin pesticidas y verdura cultivada sólo con fertilizantes naturales.

Hay numerosas direcciones en la ciudad a las que dirigirse: **Biocrescere** (via Petrarca 6, tfno. 460886), **Biosville** (via Giovanni da Procida 37, tfno. 33603825), **Girasole** (via V. Monti 32, tfno. 4816559), **Il Naviglio** (via Casale 5, tfno. 8323693), **Il Più Naturale Possibile** (via Mosè Bianchi 2, tfno. 4813002), **I Sapori dell'Orto** (via Spartaco 35, tfno. 5466853), **Ikos** (via Boccaccio 4, tfno. 460616; via Speronari, tfno. 86455074), **Pratogentile** (via Alfieri 17, tfno. 3319608), **Vita** (corso Como 15, tfno. 29000120), **NaturaSi** (supermercado) (via G. Fara 35, tfno. 66984281).

■ Gangas para los que saben buscar en los mercados

La tradición de los mercados al aire libre sigue muy viva en Milán, y todos los barrios tienen el suyo. La calidad de la mercancía, tanto de alimentación como de ropa, es buena por lo general y excelente en

Esselunga, un fenómeno milanés

Los carteles publicitarios cubren Milán: muestran kiwis que parecen conejos, melones como balones de baloncesto y rábanos con aspecto de ratones. Es la publicidad de Esselunga, la cadena de supermercados más conocida de la ciudad, cuyos clientes más fieles son los burgueses de Milán. Lo mismo que Sainsbury en Londres y Fresh Fields en Washington, el reflejo de Milán es Esselunga.
La variedad y calidad de los productos de alimentación parece ser la clave del éxito de estos supermercados. Desde hace algunos años también se pueden comprar especialidades extranjeras, y tiene una buena selección de vinos. Naturalmente, no todos los Esselunga son iguales. El de la via Washington es el más espacioso. El más elegante, según los clientes, es el del viale Piave (cerca de la via Vivaio y alrededores). El más tradicional está en el viale Papiniano, al que acuden clientes de la zona de Magenta y San Vittore. Dicho esto, la elección es personal.

muchas ocasiones, ya que los milaneses son muy exigentes.
A veces hay ofertas especiales, como restos de serie de zapatos procedentes de una tienda conocida, fulares y ropa de marca de otras temporadas. Para sugerencias sobre las ofertas de los mercados milaneses se puede consultar **ViviMilano**, el suplemento del *Corriere della Sera* en la sección *bancarelle da non perdere* (puestos que no hay que perderse). Un consejo: para conseguir gangas hay que ir por la mañana temprano. El mercado al aire libre más conocido de Milán es el del **viale Papiniano** (lo instalan los martes y sábados; línea 2 de metro, estación de S. Agostino): se pueden comprar productos de alimentación, principalmente fruta y verdura, pero los mejores precios se ven en los puestos de ropa y calzado. Pero este mercado tiene también sus enemigos: los vecinos se quejan de que el tráfico es más lento y caótico. También los mercados de la **via B. Marcello** (martes y sábados; línea 2 de metro, estación de Lima) y del **piazzale Martini** (miércoles; autobuses 37 y 66) son interesantes por sus ofertas; se encuentra de todo, desde peletería hasta menaje y ropa de firma de temporadas pasadas.
En el mercado de la **via San Marco** (lunes y jueves; línea 2 de metro, estación de Moscova) acuden a comprar las señoras de Brera.

La fiera di Senigallia es el mercadillo más conocido. Hay de todo, desde bisutería hasta ropa de segunda mano. A la izquierda, arriba, *la pastelería Galli.*

Arriba y abajo, ***puestos de la fiera di Senigallia, una tentación para comprar.***

Si lo que busca son productos alimenticios, también los mercados municipales, en edificios cerrados y que abren diariamente, por lo general son buenos.

La atmósfera especial de los puestos

Como en todas las grandes ciudades, también en Milán hay varios mercadillos. Algunos se han especializado en un género en particular (antigüedades, coleccionismo); otros venden objetos modernos y ropa de segunda mano. Una advertencia: los mercadillos no siempre están abiertos en el mes de agosto.

El más conocido, por la calidad de la mercancía y el ambiente, es la **fiera di Senigallia**. Se instala los sábados, de la mañana a la noche, en la dársena de los Navigli (viale G. Dannunzio; tranvías 2, 14, 29 y 30). Desde hace algún tiempo, además de los puestos típicos con discos de vinilo, antigüedades, objetos modernos, ropa de segunda mano y nueva, hay también algunos puestos de venta étnicos en los que se puede comprar artesanía africana y perfumes orientales. La fiera di Senigallia es también un punto de encuentro de las tribus jóvenes: hay que venir aquí para ver pelos de colores fluorescentes, peinados punkis, *piercing* y tatuajes, chupas de cuero y camisetas con calaveras.

En la **via Lorenzini** (tranvía 24), los domingos se monta un rastrillo. En él se compra y se vende mercancía de segunda mano, desde muebles y frigoríficos hasta ropa; tampoco es raro encontrar objetos modernos y antigüedades, todo ello en un ambiente exótico debido a los expositores de vendedores de fuera de la Unión Europea.

★ COMPRAR POR INTERNET
La rete civica di Milano tiene una sección para los que buscan oportunidades. Tras teclear la dirección (http://wrcm.usr.dsi.unimi.it/) se accede al icono «Uno sguardo in RCM» y después a la sección «Vendo/offro».
Radio Popolare (101.5, 107.6) pone en contacto a vendedores con compradores en el programa ***Passatel*** los sábados de 15.30 a 17.30 (en verano todos los días; tfno. 29524141).
Tuttomilano, el suplemento del periódico *La Repubblica*, incluye desde hace poco una sección de mensajes de compraventa (fax 0248098236).

Los precios son bajos y siempre se puede regatear. Es probable que se traslade a San Donato.
Para los amantes de las plantas, los domingos por la mañana, de marzo a junio y de septiembre a diciembre, tiene lugar el **mercado de plantas y flores** en la piazzetta Reale (líneas 1 y 3 de metro, estación de Duomo). Unos cien puestos se reúnen en el **borsino della filatelia** todos los domingos por la mañana en la galería Cordusio (líneas 1 y 3 de metro, estación de Duomo).

Aquí se dan cita, además de los apasionados de la numismática y la filatelia, los coleccionistas de tarjetas telefónicas. Para estos últimos está naciendo los días festivos una especie de punto de encuentro para los intercambios en la piazza degli Affari.

■ Antigüedades, libros antiguos y discos viejos

A los buscadores de antigüedades les agradará saber que la mayor concentración de anticuarios está en el «cuadrilátero de oro» (formado por las calles Montenapoleone, della Spiga, Sant'Andrea y Borgospesso), y también en el barrio de Brera, que siempre ha estado ligado al arte. También hay otras zonas curiosas en los alrededores de la piazza Sant'Ambrogio, en la via Lanzone y cerca del corso Magenta (en la via S. Giovanni sul Muro). En el barrio de los Navigli abundan las tiendas de objetos viejos y nuevos.

Los **mercadillos** especializados atraen a muchísimos aficionados y curiosos. El tercer sábado de cada mes, en la **via Brera** (línea 2 de metro, estación de Lanza; autobús 61) y en la via Fiori Chiari, se instalan unos 50 puestos. Se venden muebles, cubiertos, objetos de cristal, lámparas, muñecas antiguas y muchas cosas más. La atmósfera reinante es muy sugerente.
El último domingo de cada mes, los coleccionistas y los amantes de

lo antiguo van al **Mercatone** (Alzaia Naviglio Grande/ Ripa di Porta Ticinese; línea 2 de metro, estación de Porta Genova; tranvías 29 y 30).

Cerca de 200 puestos con objetos antiguos y modernos ofrecen mercancía interesante. El segundo domingo de cada mes se celebra la **fiera de las antigüedades** en la via Dante (línea 1 de metro, estación de Cordusio), con unos 50 expositores. Todos los domingos, en la **via Santa Maria Segreta** (línea 1 de metro, estación de Cordusio), se instala otro mercadillo de antigüedades.

Para los que tengan interés en los libros antiguos y en las viejas ediciones, el segundo domingo del mes pueden acudir al **mercado de libros viejos** de la piazza Diaz (línea 1 de metro, estación de Duomo). Todos los años, con ocasión de la fiesta de San Ambrosio, se celebra la **fiera degli Oh Bej Oh Bej** (en dialecto milanés, la feria del ¡qué bello, qué bello!). La plaza, dedicada al santo, se llena de puestos de todo tipo y en muchas ocasiones se regatea hasta conseguir muy buenos precios. En el ***Parco Esposizioni di Novegro***, se celebra nueve veces al año la **fiera del Brocantage**, una feria dedicada a las antigüedades y objetos modernos (información en el tfno. 466916).

Para los que buscan discos viejos para completar sus colecciones, se enumeran a continuación algunas direcciones.

Vinilmagic (viale Tibaldi 29, tfno. 8375891), **il Discomane** (Alzaia Naviglio Grande 38, tfno. 8394860), **Metropolis** (via Padova 104, tfno. 2894942), **Fiera di Senigallia** (los sábados, en el muelle de los Navigli), **Jazz O'Brazil** (via Carpoforo 4, tfno. 864334).

Vendedores por un día

Los que tengan alma de vendedor y además quieran deshacerse de objetos que ya no les interesan, no pueden perder esta oportunidad. Casi todos los meses, en el **Parco Esposizioni di Novegro** (en la via Novegro, cerca del aeropuerto de Linate) se monta *Il Bagagliaio*, en el que cualquiera puede vender de todo menos joyas y armas. Es la fórmula anglosajona del *boot sale*, que quiere decir «venta del baúl». Lo único que hay que hacer es ir al Parco en coche, pagar el aparcamiento, abrir el baúl y esperar a que lleguen los compradores. Para más información se puede llamar a la **Comis Lombardia** (tfno. 466916).

Además hay que recordar una cita importante para los coleccionistas de discos: en octubre, febrero y junio, en el ***Parco Esposizioni di Novegro*** (información en el tfno. 466916), se celebra el mercado exposición **Vinilmania**, durante el que es posible adquirir los vinilos más preciados.

Tiendas de fábrica

Las tiendas de fábrica son puntos de venta abiertos al público en los que las empresas venden directamente sus productos (normalmente los restos del año anterior o los artículos con algún pequeño defecto). Es aconsejable llamar previamente por teléfono para saber los días y las horas de apertura. He aquí algunas direcciones.

A&C, via Marco d'Agrate 41, tfno. 57401040. Artículos de peletería.

Bindi, via della Liberazione, San Giuliano Milanese, tfno. 982941. Es el punto directo de venta de la conocida pastelería.

Bassetti, via Procaccini 32, tfno. 3450125; via Botta 7, tfno. 55183191. Telas.

Christofle, via Martignoni 10, tfno. 66801811. Complementos para el hogar.

Kartell, via delle Industrie 1, Noviglio/Binasco, tfno. 900121. Productos procedentes de ferias o que están fuera de catálogo.

Qui Standa, via Dei Missaglia, en la esquina con Boifava, tfno. 846551. Restos de serie de todos los productos Standa.

Richard Ginori, via della Pergola 11, tfno. 6887580. Complementos para el hogar.

Settimocielo, via Cesare da Sesto 1, Sesto San Giovanni, tfno. 26229931. Es la tienda de la empresa Rosenthal.

Spaccio Frette, via Visconti di Modrone 15, tfno. 777091. Telas.

Spaccio Haas, via Meda 52 (en el interior), tfno. 8466546. Telas principalmente, pero también mantas, cojines y alfombras.

Spaccio Maglieria, via Mantegna 1, tfno. 3490350. Prendas de punto.

Spaccio Siport, via Giotto 1, Centro Direzionale il Quadrato, Segrate. Es una empresa que fabrica calzado para diversas firmas.

Spaccio Zucchi, via Lorenzetti 4, tfno. 48705057. Retales y felpas.

Tissuteam, viale Tunisia 15, tfno. 29517883. Restos de telas y retales de la tienda Rubelli.

★ También los domingos

Los que estén en Milán un domingo pueden ir de compras a las siguientes tiendas.

Alimentación

Supercentrale, Stazione Centrale (primera planta, tfno. 66981277): un supermercado con carne, pescado y fiambres. Leoni, corso Venezia 7/1, tfno. 76000762: un ultramarinos; Galli, corso Vercelli 8 4, tfno. 48007894: otro ultramarinos.

Libros

Rizzoli (galleria Vittorio Emanuele 79, tfno. 86461071); Mondadori, largo corsia dei Servi 11, tfno. 76005833; Feltrinelli, via Manzoni 12, tfno. 76000386, via P. Sarpi 15, tfno. 3490241 y corso Buenos Aires 20, tfno. 20400731; Libraccio, piazza Duomo 8, tfno. 72004238.

Discos

Virgin Megastore, piazza Duomo 8, tfno. 72003354; Ricordi, corso Buenos Aires 33, tfno. 29526244; Messaggerie Musicali, corso Vittorio Emanuele 2, tfno. 760552.

• **Lunes artísticos**
Los lunes (día de descanso de museos y galerías), la *APT*, en colaboración con el *Centro Guide di Milano* (via Marconi 1, tfno. 725243000), organiza visitas guiadas a algunas iglesias y monumentos de la ciudad.

Descubrimientos científicos y obras de arte

Milán es conocida sobre todo por ser la capital económica y financiera de Italia, pero tiene tesoros artísticos notables y variados. La ciudad posee las extraordinarias colecciones de la Pinacoteca de Brera y de la Pinacoteca Ambrosiana, alberga el fresco más célebre de Leonardo da Vinci (la *Última Cena*). También posee colecciones históricas y científicas en el Museo del Risorgimento, el de la Ciencia y de la Técnica y el de Historia Natural. Algunas casas-museo ofrecen al visitante toda su riqueza y originalidad, como el Museo Poldi Pezzoli y el Bagatti Valsecchi.

Es cierto que no falta la polémica. La más reciente tiene que ver con la Galería de Arte Contemporáneo, ubicada en la Villa Reale (via Palestro); se acusa a la galería de albergar obras de arte en un ambiente poco adecuado. El Touring Club Italiano, todos los años redacta un informe sobre las condiciones de las colecciones de la ciudad.

Los museos más conocidos están en el centro. La mayor parte de ellos ha elegido el horario continuado y ha instituido el lunes como día de descanso. El Ministero dei Beni Culturali (Ministerio del Patrimonio Artístico) abre algunos museos italianos los lunes, hasta las 22.00. Esta iniciativa también se ha aplicado a dos museos milaneses: la Pinacoteca de Brera y el Cenacolo Vinciano.

Civica Galleria d'Arte Moderna

Villa Reale, via Palestro 16, tfno. 76002819; línea 1 de metro, estación de Palestro. Horario: de 9.30 a 17.30. Lunes cerrado.

El cuarto estado, *de Pellizza da Volpedo.*

Situada en la Villa Reale (*v. pág. 43, mapa II, A6*), esta colección tiene muchas obras de arte del periodo comprendido entre el neoclasicismo y el siglo xx. Aquí hay obras de, entre otros artistas, Canova, Hayez y Segantini. En 1956, con la adquisición de la colección Grassi, la galería se enriqueció con pinturas holandesas y otras pinturas francesas de los siglos xix y xx (Manet, Cézanne y Gauguin), además de otros objetos de arte, tapices y alfombras orientales.
Concluida la visita, no hay que perderse el sugerente jardín romántico de la Villa Reale, un agradable oasis verde dentro de la ciudad.

Civico Museo Archeologico

Corso Magenta 15, tfno. 867336; autobús 54, tranvía 24; mapa II, C2. Horario: de 9.30 a 17.30. Lunes cerrado.

Este museo, en al antiguo Monastero Maggiore, guarda en su interior el patrimonio arqueológico milanés, la mayor parte del cual procede del subsuelo de la ciudad. En el centro del patio de entrada se puede contemplar el «Masso di Borno», una gran piedra hallada en Valcamonica con incisiones que datan del tercer milenio a.C. En el jardín interior se halla un tramo de las murallas romanas edificadas por Maximiano Hercúleo entre los años 286 y 305 d.C.

Civico Museo d'Arte Contemporanea (CIMAC)

Piazza Duomo, Palazzo Reale, tfno. 62083914; líneas 1 y 3 de metro, estación de Duomo; mapa II, C5. Horario: de 9.30 a 17.30. Lunes cerrado.
En la planta superior del Palacio Real se halla el primer núcleo del Museo de Arte Contemporáneo.

Elasticidad, *de Boccioni, en el CIMAC.* A la izquierda, Carro rojo, *de Fattori, en la Pinacoteca de Brera.*

La colección contiene obras maestras del arte italiano del siglo XX (Balla, De Chirico, Carrà, Morandi, Mafai y Manzù).

La colección Jucker, de reciente adquisición, ha enriquecido el museo con cuarenta obras de artistas de la primera mitad del siglo XX (Klee, Kandinsky y Picasso).

Civici Musei del Castello

Piazza Castello, tfno. 62083947; línea 1 de metro, estación de Cairoli; mapa II, A-B2-3. Horario: de 9.30 a 17.30. Lunes cerrado.

El Castello Sforzesco alberga en sus grandes salas algunas colecciones importantes.

Museo Civico di Arte Antica: es una rica colección de obras realizadas entre el periodo tardorromano y el Renacimiento. La joya de esta colección es la *Piedad Rondanini*, considerada la última obra maestra de Miguel Ángel.

Civiche Raccolte Archeologiche: son las secciones prehistórica y egipcia del Museo Arqueológico.

Civiche Raccolte di Arte Applicata: muebles, esculturas, porcelana, tapices, telas y adornos de gran valor histórico.

Museo degli Strumenti Musicali: instrumentos de época de tecla, de cuerda, de arco y de viento.

Civico Gabinetto Numismatico: monedas griegas, romanas, medievales y renacentistas, que se pueden ver con cita concertada.

Civica Raccolta di Stampe Bertarelli: es una valiosa colección de láminas, aguafuertes y grabados.

Pinacoteca: pinturas de artistas lombardos de los siglos XV a XVIII (Foppa, Bergognone y Magnasco). Es interesante la sala de los retratos, con obras de Tiziano, Moroni y Van Dyck.

En el Castello Sforzesco están, además, las sedes del **Archivio Storico Civico** y la **Biblioteca Trivulziana**, que posee una extraordinaria colección de manuscritos, incunables y volúmenes impresos antiguos. La biblioteca custodia asimismo el valiosísimo *Codice Trivulziano* de Leonardo da Vinci.

Civico Museo di Criminologia e delle Armi Antiche

Pusterla di Sant'Ambrogio, piazza Sant'Ambrogio, tfno. 8053505; línea 2 de metro, estación de Sant'Ambrogio; mapa II, D1. Horario: de 10.00 a 13.00 y de 15.00 a 19.30, todos los días.

Este museo, construido justo después de la guerra y situado en las torres de la Pusterla (postigo), alberga armaduras y armas de todas las épocas. Es interesante la colección de instrumentos de tortura: la guillotina, la rueda del suplicio, el banco de estiramientos y la picota.

Civico Museo del Risorgimento

Via Borgonuovo 23, tfno. 8693549; línea 3 de metro, estación de Montenapoleone; mapa II, A4.

Horario: de 9.30 a 17.30. Lunes cerrado.

Este museo narra la historia de Italia, desde la primera

Arriba, ***una sala del Museo del Risorgimento.*** **Abajo,** ***animales disecados en el Museo de Historia Natural.*** **A la izquierda,** ***la*** **Piedad Rondanini** ***de Miguel Ángel.***

campaña de Napoleón Bonaparte (1796) hasta la época de la Unificación. A través de recuerdos históricos, documentos, esculturas, pinturas y láminas es posible reconstruir las principales etapas del Risorgimento (los Cinco Días de Milán, la expedición de los Mil, etcétera).

■ Civico Museo di Storia Naturale

Corso Venezia 55, tfno. 76022287; línea 1 de metro, estación de Palestro; mapa II, A6, fuera del mapa. Horario: de 9.30 a 17.30. Lunes cerrado.

Este museo fue fundado en 1838 y se fue enriqueciendo con los años hasta convertirse en uno de los más importantes de Europa. Se pueden admirar ejemplares de huevos de dinosaurio, esqueletos reconstruidos de alosaurios, cripo-

saurios, captosaurios, ejemplares de vertebrados extinguidos, además de las distintas colecciones de minerales, insectos, etc. La segunda planta está dedicada a los animales (disecados) procedentes de todo el mundo. Grande e interesante es la ***biblioteca*** del museo.

■ Museo d'Arte Estremo Orientale ed Etnografica

Via Mosè Bianchi 94, tfno. 48009191; línea 1 de metro, estación de Lotto; mapa I, C1-2. Horario: de 9.00 a 12.30 y de 14.00 a 18.00.

Objetos procedentes de China, Japón, Birmania e India.

■ Museo Bagatti Valsecchi

Via Santo Spirito 10, entrada por via Gesù 5, tfno. 76006132; línea 3 de metro, estación de Montenapoleone; mapa II, B 5-6. Horario: de 13.00 a 17.00. Lunes cerrado.

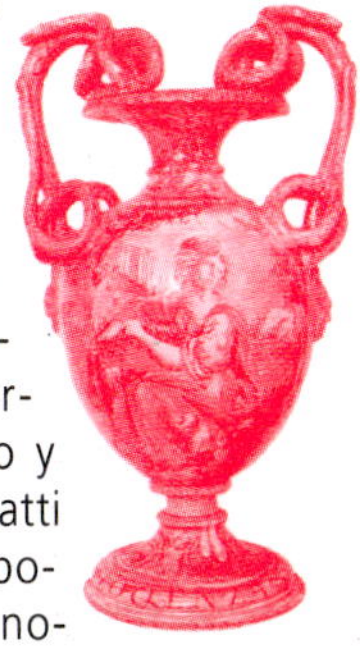

Este museo era la residencia de los hermanos Fausto y Giuseppe Bagatti Valsecchi, exponentes de la nobleza milanesa del siglo XIX; eran coleccionistas y expertos en arte. El palacio fue construido en estilo neomanierista entre 1878 y 1887. Los hermanos, hábiles arquitectos y profundos conocedores del Renacimiento, diseñaron cada ambiente de la casa personalmente. Siempre buscaban objetos originales del periodo renacentista (chimeneas, tapices, frisos), y cuando no los encontraban, los sustituían por copias perfectas. La visita a la casa incluye toda la planta noble, con aposentos privados y las salas oficiales. La casa-museo alberga importantes obras de arte, cuadros de Bellini, Zenale y Gianpietrino.

Museo di Milano

Via Sant'Andrea 6, tfno. 783797; línea 1 de metro, estación de San Babila; mapa II, B6.
Horario: de 9.30 a 17.30. Lunes cerrado.
Este museo, instalado en el palazzo Morando Attendolo Bolognini, narra la historia de Milán a través de recuerdos históricos y cuadros.

Museo Poldi Pezzoli

Via Manzoni 12, tfno. 794889; línea 3 de metro, estación de Montenapoleone; mapa II, B5.
Horario: de 9.30 a 12.30 y de 14.30 a 18.00 (sábados de 14.30 a 19.30). Lunes cerrado.
El aristócrata Gian Giacomo Poldi Pezzoli destinó en 1871 en su testamento su residencia y sus colecciones para uso público. En la actualidad, en las elegantes salas que fueron su morada están perfectamente expuestos elementos de mobiliario, pinturas de gran valor, esculturas, porcelana, terracota, objetos de cristal y relojes. Entre las joyas del museo cabe destacar el *Retrato de mujer* de Pollaiolo, la *Madonna* de Botticelli y la *Piedad* de Bellini.

Museo della Scienza e della Tecnica

Via San Vittore 31, tfno. 485551; autobús 54; mapa II, C1. Horario: de 9.30 a 17.00. Lunes cerrado.
Se considera el mejor museo técnico-científico de Italia. Son muy completas las secciones de física, informática, cronometría, instrumentos de precisión, artes gráficas, electricidad, telefonía y telecomunicaciones. Resultan interesantes las secciones dedicadas a la reconstrucción de modelos de máquinas ideadas y proyectadas por Leonardo da Vinci.

Pinacoteca Ambrosiana

Piazza Pio XI, tfno. 86451436; línea 1 de metro, estaciones de Cordusio y Duomo, y línea 3 de metro, estación de Duomo; mapa II, C3.
Horario: de 10.00 a 17.30. Lunes cerrado.
Fue inaugurada a principios del siglo XVII por el cardenal Federico Borromeo y ha vuelto a abrir sus

Retrato de mujer, ***de Pollaiolo.*** **A la derecha, El músico,** ***atribuido a Leonardo, y*** **Cesto** **de fruta,** ***de Caravaggio (Pinacoteca Ambrosiana).***

★ La Biblioteca Ambrosiana en cifras

5,5 kilómetros de estanterías; 400 pinturas expuestas; 35.000 manuscritos, 2.500 incunables, 10.000 pergaminos, 60.000 cartas y documentos, 10.000 libros editados en el siglo XVI. El número de volúmenes de obras publicadas supera los 750.000.

puertas recientemente, después de muchos años de trabajos de restauración. Es el museo más antiguo de Milán y sus colecciones de arte son de las más completas de Italia. Entre otras, contiene obras de Botticelli, Rafael, Tiépolo y Caravaggio.

La **Biblioteca Ambrosiana** conserva volúmenes de incalculable valor. Los cinco kilómetros y medio de estanterías contienen libros iluminados, incunables, papiros, palimpsestos y también el celebérrimo *Codice Atlantico*, la mayor colección de dibujos y apuntes de Leonardo da Vinci (más de 1.200 páginas).

Pinacoteca di Brera

Via Brera 28, tfno. 722631; línea 2 de metro, estación de Lanza, autobús 61; mapa II, A4. Horario: de 9.00 a 17.30; festivos de 9.00 a 12.30. Lunes cerrado.

La colección de arte de Brera es una de las más importantes del mundo. Fue fundada en 1776 por María Teresa de Austria con fines didácticos para la Academia de Bellas Artes. La pinacoteca se enriqueció en tiempos de Napoleón con obras de arte procedentes de iglesias, monasterios y colecciones privadas.

Esta pinacoteca contiene obras maestras de la pintura italiana de los siglos XIV a XX. Entre otras, hay obras de Mantegna, Tintoretto, Rafael, Veronese, Bellini, Caravaggio, Tiépolo y Hayez. En 1976 la colección Jesi favoreció que el museo se ampliase con obras de artistas italianos y extranjeros del siglo XX (Modigliani, Boccioni, Picasso y Braque). Es un patrimonio artístico formidable de obligada visita.

La **Biblioteca Braidense**, que está en el palacio, contiene un millón de volúmenes, 16.000 publicaciones, 2.000 manuscritos y 2.357 incunables. Además conserva la *Raccolta Manzionana*: manus-

Galerías de arte

Las galerías de arte son lugares en los que se descubren nuevos artistas y talentos. En Milán hay muchas. Entre las más conocidas se pueden mencionar: **Claudia Gian Ferrari Arte Contemporanea** (via Brera 30, tfno. 86461690), **Galleria Massimo de Carlo** (via Bocconi 7, tfno. 58316356), **Galleria Ponte Rosso** (via Brera 2, tfno. 86461053), **Studio d'Arte Cannaviello** (via Cusani 10, tfno. 86461254), **Via Farini** (via Farini 35, tfno. 66804473), **Christian Stein** (corso Monforte 23, tfno. 6704754), **Giò Marconi** (via Tadino 15, tfno. 29404373), **Studio Casoli** (corso Monforte 23, tfno. 76023238), **Fondazione Prada** (via Spartaco 8, tfno. 546702160).

critos, libros y todas las ediciones de las obras del gran escritor Manzoni. Esta biblioteca posee un ejemplar de todo lo que se publica en Milán y su provincia.

Espacios para exposiciones

En Milán son muchos los espacios en los que se organizan exposiciones temporales. Casi todos han unificado sus horarios de apertura con el de los museos, y también cierran los lunes.

Arengario

Via Marconi 1, tfno. 62083713; líneas 1 y 3 de metro, estación de Duomo. Horario: de 9.30 a 18.30. Lunes cerrado.

Programa exposiciones de arte contemporáneo. La sala de las cariátides era el salón de baile del Palacio Real, rescatado por Piermarini en un teatro de los siglos XVI a XVII que quedó destruido en un incendio.

Castello Sforzesco

Piazza Castello, tfno. 62083912; línea 1 de metro, estación de Cairoli. Horario: de 9.30 a 19.30. Lunes cerrado.

Artes aplicadas, fotografía y láminas de arte.

Fondazione Antonio Mazzotta

Foro Bonaparte 50, tfno. 878197; línea 1 de metro, estación de Cairoli.

Horario: de 10.00 a 19.30; martes y jueves de 10.00 a 22.30. Cierra los lunes.

★ ARTE Y CAPUCHINO

Después de pasear entre las obras maestras de la Pinacoteca Ambrosiana, apetece ir a las Tre Marie (via Spadari, en la esquina con la via Cantù), el primer restaurante que abrió en esta ciudad la histórica pastelería. Hay que probar el capuchino, hecho con el corazón (como se dice en Milán).

Cartel del Padiglione di Arte Contemporanea. A la izquierda, *el Arengario organiza interesantes exposiciones temporales.*

★ Para los amantes de la fotografía

Se organizan exposiciones de fotografía en los siguientes centros: **Diaframma-Kodak Cultura** (via Brera 16, tfno. 8056814), **Photology** (via della Moscova 25, tfno. 6595285), **Carla Sozzani** (corso Como 10, tfno. 653531) y en la galería **Grazia Neri** (via Maroncelli 14, tfno. 625271).

El espacio para exposiciones de esta fundación ocupa el área de un antiguo almacén de sedas del siglo XIX. Exposiciones de arte moderno y contemporáneo en colaboración con museos italianos y extranjeros.

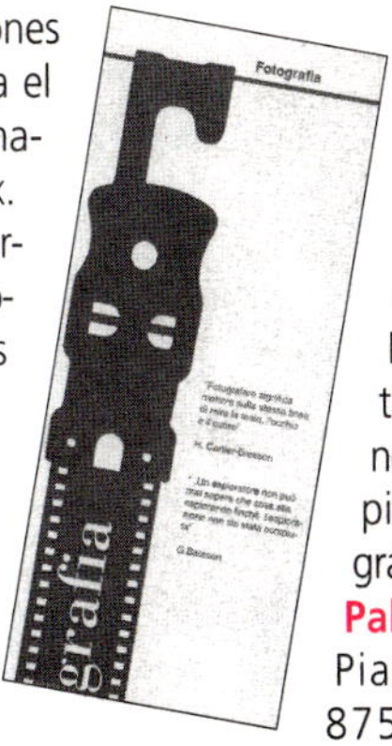

Fondazione Mudima

Via Tadino 26, tfno. 29409633; línea 2 de metro, estación de Lima.

Esta fundación cultural organiza exposiciones de arte visual, nacionales e internacionales.

Marino alla Scala Art Center

Piazza della Scala 5, tfno. 8068821; líneas 1 y 3 de metro, estación de Duomo.

Organiza exposiciones temporales de arte y fotografía, principalmente.

Padiglione d'Arte Contemporanea (PAC)

Via Palestro 14, tfno. 783330, línea 1 de metro, estación de Palestro.

Horario: de 9.30 a 18.30. Lunes cerrado.

Las exposiciones presentan a artistas italianos y extranjeros.

Palazzo della Permanente

Via Turati 34, tfno. 6599803; línea 3 de metro, estación de Turati.

Horario: de 10.00 a 13.00 y de 14.30 a 18.30; jueves de 14.30 a 22.00; sábados y domingos de 10.00 a 18.30. Lunes cerrado.

Exposiciones de arte moderno y contemporáneo, sobre todo italiano. Desde 1992 se puede visitar una colección permanente que recoge obras de pintura, escultura y artes gráficas de los siglos XIX y XX.

Palazzo Reale

Piazza Duomo, tfno. 875401; líneas 1 y 3 de metro, estación de Duomo.

Horario: de 9.30 a 19.30. Lunes cerrado.

Es el centro de exposiciones más importante de la ciudad. Puede albergar hasta cinco exposiciones a la vez.

Triennale di Milano

Via Alemagna 6, tfno. 724341, líneas 1 y 2 de metro, estación de Cadorna.

Horario: de 10.00 a 20.00. Lunes cerrado.

Las exposiciones de la Trienal, versan sobre arquitectura, diseño y urbanismo.

Refettorio delle Stelline

Corso Magenta 59, tfno. 48008015; tranvía 24.

Exposiciones de arte contemporáneo y de fotografía.

MILÁN Y LA MODA

Una visita al laboratorio del *made in Italy*

Si se le pregunta a un japonés o a un neoyorquino en qué piensa cuando oye pronunciar la palabra Milán, probablemente su mente discurrirá por escaparates atrayentes y la mano se le irá a la tarjeta de crédito. Las calles en las que los extranjeros hacen realidad sus sueños son las que forman el llamado «cuadrilátero de oro», el corazón de las compras de lujo y, naturalmente, las más caras. La via Montenapoleone, la via Sant'Andrea, la via Spiga y la via Borgospesso, junto con algunas calles perpendiculares proporcionan complementos elegantes, relojes y joyas tanto a hombres como a mujeres. Aquí uno puede salir bien peinado, se puede decorar la casa con muebles antiguos y modernos y alfombras exóticas, así como presentar una mesa de comedor con todo lujo de detalles. En este capítulo, además de describir este cuadrilátero con solera, intentaremos explicar también el funcionamiento de la moda milanesa. Se enumeran también las citas más importantes (la Feria de Milán y la presentación de las colecciones). Para los que no pueden o no quieren gastar cifras desorbitadas, se revelan algunos secretos y direcciones para comprar ropa de firma a precios asequibles y también para encontrar ropa de marca de segunda mano.

• NORMAS DE CONDUCTA
En teoría, el *dress code* (código de la vestimenta) no existe, pero es conveniente saber que en las boutiques del «cuadrilátero» observan con mucha atención el atuendo de cada cliente que entra. Las cámaras de fotos no están bien vistas: los dependientes pensarán que el cliente quiere copiar los modelos (muchos orientales lo hacen). Lo mejor es entrar en estas tiendas con resolución y no dejarse intimidar por las dependientas, guapas y sofisticadas, que tratan a la clientela con una mezcla de amabilidad y prepotencia. Nunca se debe discutir sobre el precio. En las tiendas de regalos se vigila mucho a los clientes: es mejor no hacer ningún movimiento brusco para evitar romper algo. El que rompe paga, y los precios son altos.

El «cuadrilátero de oro»

El «cuadrilátero de oro» está tomado por las boutiques de ropa, razón por la cual también se le conoce como el «cuadrilátero de la moda». De Armani a Versace, pasando por Krizia, Dolce & Gabbana, Valentino y Laura Biagiotti, todos los creadores de renombre tienen aquí un punto de venta. Incluso los que no siguen la moda y nunca han llevado nada de estas marcas admiten que a estos nombres va unido un gran éxito comercial. Hay que reconocer que los diseñadores son la prueba, como ha dicho la revista *Time*, de que los milaneses tienen muy buen gusto y saben venderlo.

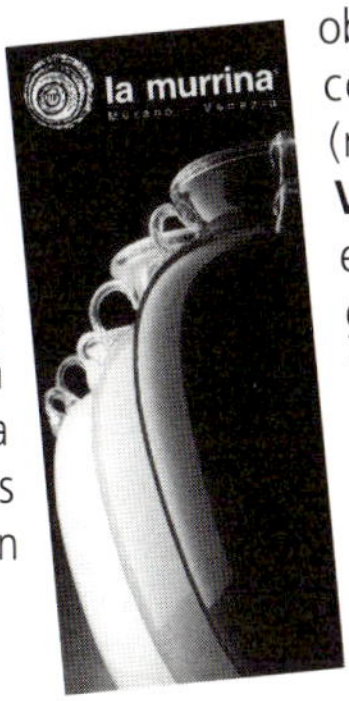

La via Montenapoleone

Esta calle es la más vistosa y llamativa del «cuadrilátero». Al *Montenapo* (como la llaman los milaneses) se va no sólo para admirar los escaparates o a comprar, sino para sumergirse en un ambiente de clase y refinamiento entre modelos esbeltas y hombres elegantes. Aquí se han forjado un nombre muchos joyeros famosos por su creatividad. Entre ellos se puede citar a **Buccellati**, **Faraone** (además de sus propias creaciones también vende joyas de Tiffany), **Cusi**, **Cartier** y **Marina B**.

El diseño de lujo (con precios acordes) se encuentra en las tiendas de decoración **Giorgetti** (n.° 18) y **Tecno** (n.° 27). Los objetos de cristal tallado se compran en **La Murrina** (n.° 18), **Venini** (n.° 9) y **Vetrerie di Empoli** (en la esquina con la via Borgospesso). Para las telas sofisticadas y la lencería fina, **Frette** (n.° 21) y **Pratesi** (n.° 27). **G. Lorenzi** (n.° 9) es una célebre tienda de cuchillos. **Vergottini** (n.° 15) era antiguamente el peluquero de Milán famoso por sus cortes cuadrados.

En un patio del número 12 se pueden ver escaparates aún más atractivos: el de **Salumaio di Montenapoleone** nos transporta al país de la abundancia: jamones, salamis, salmón, raviolis, caviar y quesos sabrosos. Hace poco han abierto un pequeño restaurante en la misma dirección, ideal para tomar un almuerzo exquisito y hacer un alto en el recorrido del «cuadrilátero de oro».

Los escaparates de Paul and Shark, en la via Montenapoleone. A la izquierda, arriba, una viñeta de la exposición «Reírse de la moda», en la Feria de Milán.

La pastelería **Cova** (n.° 8) es una parada obligada para los golosos exigentes.

Para comprar ropa o complementos, éstas son las firmas que se pueden encontrar en la via Montenapoleone: **Etro**, **Ferragamo**, **Nazareno Gabrielli**, **Gucci, Iceberg**, **Missoni**, **Prada, Mila Schön**, **Valentino**, **Gianni Versace**, **Louis Vuitton** y **Ungaro.**

La via Spiga

Esta calle, larga y estrecha, es una de las más prestigiosas de Milán. La mayoría de las tiendas son de ropa, y hacen la competencia a las de la via Montenapoleone; sin embargo, aquí no hay moda solamente. El joyero **Bulgari** (n.° 6) no necesita presentaciones. En el número 46, en el interior, está la tienda de decoración **L'Utile e il Dilettevole**, que resulta muy acogedora. Hace poco se ha inaugurado **Mac** (n.° 30), que es el primer punto de venta de productos de belleza canadienses.

He aquí algunas direcciones para comprar moda en la via Spiga: **Borsalino**, **Byblos**, **Cerruti**, **Dolce & Gabbana**, **Genny**, **Gianfranco Ferré**, **Krizia**, **Rena Lange**, **Prada**, **Rocco Barocco** y **Tod's & Hogan**.

La via Sant'Andrea

En esta calle, además de las tiendas que se indican a continuación, hay dos conocidas boutiques: **Marisa** (n.os 1 y 10/a) vende moda femenina, con marcas italianas y extranjeras; **Banner** (n.° 8/a) está especializada en jóvenes y es más de diseño. El **Baretto** (n.° 3), a pesar de su nombre, es también un restaurante al que acuden los asiduos del «cuadrilátero». En esta calle tienen su tienda los más prestigiosos diseñadores de moda: **Armani**, **Chanel**, **Fendi**, **Hermès**, **Kenzo**, **Helmut Lang**, **Missoni**, **Moschino**, **Piero Guidi** y **Trussardi**.

Escaparates del «cuadrilátero». Arriba, el patio que alberga el Salumaio di Montenapoleone.

★ ROPA DE GRANDES FIRMAS A PRECIOS ECONÓMICOS
También el «cuadrilátero de oro» dispone de un almacén, es decir, un punto de venta de ropa y complementos de marca (y también de no marca) a precios rebajados. Se llama Eldorado y está en via Montenapoleone 26 (tfno. 76006027).

La via Verri

Esta calle es la continuación de la via Sant'Andrea y vale la pena visitarla. En el número 4 está **Jesurum**, la casa veneciana de encajes y puntillas que también vende tejidos y telas para la casa. En el número 3, el ***show-room* di San Patrignano**: muebles, complementos de decoración, telas para la casa y cerámica, todo ello fabricado en los talleres artesanales de San Patrignano (comunidad de reinserción de los drogodependientes). En los escaparates de **Vetrerie di Empoli** (n.° 4), no sólo se compran vasos: hace ya algún tiempo que en la primera planta han instalado una especie de mercadillo de objetos de segunda mano en el que se venden vasos que son restos de cristalerías, bolsos y ropa usada. Para los perfumes hay que ir a **Etro**, en la esquina con la via Bigli. Las fragancias, cremas y lociones se compran en **Caswell-Massey** (n.° 1), que es la perfumería norteamericana más antigua, creadora de la conocida colonia *Number Six*, la favorita de George Washington. Los grafómanos disfrutarán en la sucursal de **Mont Blanc**. Para comprar ropa de vestir, aconsejamos **Ermenegildo Zegna** e **Yves Saint Laurent**.

La via Santo Spirito, la via Borgospesso y la via Gesù

Están especializadas en anticuarios y galerías de arte. Para hacer compras más de diario, aconsejamos, en la via Borgospesso, la boutique de **Laura Biagiotti** (n.° 9), la zapatería para niños **Mini Walker** (n.° 18) y el ultramarinos **Parini** (n.° 1), alojado en el semisótano de un edificio antiguo. En esta calle se encuentra también el restaurante **Bice**, un nombre conocido de Milán a Manhattan.

Las semanas de la moda

Dos veces al año Milán sufre un torbellino. No se trata de un cataclismo natural, sino de un fenómeno comercial con proyección internacional que afecta a toda la ciudad. El tráfico se vuelve intenso, y caótico el aparcamiento, los taxis son imposibles de encontrar, los hoteles están llenos y los medios de transporte rebosan de gente. Cuando sucede todo esto es que ha comenzado la semana de la moda.

A principios de octubre y a finales de febrero, durante una semana aproximadamente, **Momi-Modamilano** y **Milano Collezioni Donna** hacen que el ritmo de la ciudad se vuelva frenético. Son las dos citas más importantes de la moda y se celebran a la vez. Momi-

Imitaciones

Las primeras imitaciones fueron los bolsos de Louis Vuitton. Ahora los piratas de las firmas más clásicas han aumentado y mueven un mercado de diez mil millones de pesetas al año. El objeto más imitado parece ser la mochila de Prada; le siguen Armani, Cerruti y Versace. En Milán –al igual que en las grandes ciudades europeas–, cinturones, bolsos, carteras y gafas de imitación se venden por la calle o en las estaciones de metro. Por la noche, en la via Fiori Chiari, en el barrio de Brera, vendedores de países no comunitarios ofrecen su mercancía a los noctámbulos de la zona. Los diseñadores se quejan de este atropello, pero hay quien sostiene que la imitación es la prueba del éxito. Como dijo Chanel, «llora el día en que ya no te imiten».

Modamilano se desarrolla en los pabellones de la **Feria de Milán** (largo Domodossola 1, tfno. 167820029; línea 1 de metro, estación de Amendola Fiera) y Milano Collezioni Donna discurre en parte en la misma feria y en parte en otros recintos de la ciudad. La primera cuenta con unos 400 expositores, el peso pesado de la industria italiana. La segunda es la presentación de las colecciones propuestas por las grandes casas. Los desfiles se realizan en los locales habilitados al efecto de los estilistas o, en caso de que éstos no los tengan en la ciudad, en las cinco salas dispuestas para la ocasión en el interior de la Feria (en tres de ellas caben 1000 personas, en otra 700 y en una tercera 400) o incluso en los recintos que el Ayuntamiento pone a disposición de los organizadores (Pac, la Rotonda de la via Besana, el Palazzo Dugnani, el Parco Sempione y el Nuovo Piccolo Teatro). Esto en cuanto a la organización; después viene todo lo demás: citas más informales, cenas, conciertos, fiestas en discotecas con actores invitados, personajes de la *jet set*, intelectuales esnobs y, naturalmente, las modelos, protagonistas de esta *romería*.

Menos intensas desde el punto de vista internacional, pero importantes a nivel comercial, son las semanas de la moda masculina que se celebran en enero y julio.

Momi-Modamilano, una cita importante.

Cómo (no) colarse en un desfile

El Momi-Modamilano es una feria de ropa abierta solamente a los profesionales de este sector. La única forma de acceder a los pabellones es conseguir una entrada a través de amigos o conocidos que trabajen en el campo de la moda (vendedores, agentes comerciales, organizadores de la feria o similares). Hasta hace unos años se podía recurrir a la reventa, pero esta práctica ha desaparecido. Para atravesar los controles sin pases se requiere mucha astucia, unido a una gran cara dura. Tras una atenta observación, la autora de estas líneas se ha dado cuenta de lo siguiente: las mujeres que miden 1,80 y no pesan más de 50 kilos, que sean *sexys* y se sepan mover, si pasan delante de los vigilantes de los controles sin dirigirles la mirada, las toman por modelos y así tienen la vía libre (a la autora de esta guía, al no cumplir con los mencionados requisitos, la hicieron parar en los tres controles... aun teniendo la entrada). Asistir a la presentación de una colección de un gran diseñador es aún más difícil. Sólo es posible entrar con invitación, y ésta no se consigue fácilmente, a no ser que se tenga algún contacto con las agencias de relaciones públicas de las distintas firmas. Los que tengan muchas ganas de entrar pueden seguir el siguiente consejo: esperar a que, una vez comenzado el desfile, los controles dejen de ser tan estrictos y esté la entrada más libre. Pero esto tampoco es una garantía. Para que la ciudad se implique (y también los turistas) en el torbellino que supone la semana de la moda, se ponen en marcha iniciativas interesantes. Por ejemplo, se distribuye gratuitamente el plano de las calles de la moda (en las oficinas de información turística y en algunas estaciones de metro). En este plano, la ciudad está subdividida en zonas de compras, en el interior de las cuales están señaladas las tiendas monomarca de las grandes firmas, así como las boutiques que dedican sus escaparates a las colecciones de los expositores de Momi-Modamilano. También, en el interior de la Feria, se instala una exposición, abierta a todo el mundo, inspirada en el tema de la moda.

A la caza de las *top*

¿En qué locales se puede ver a los protagonistas de la moda? ¿Qué sitios frecuentan las esculturales modelos? De día, cuando están libres de los compromisos de la pasarela, se las puede ver en los lugares más obvios: andando por la plaza del Duomo, en la plaza de la Scala y en el «cuadrilátero de oro». Cuando hace bueno, también se las ve, como flechas, en coches descapotables que las agencias más conocidas ponen a su disposición. Los bares que más frecuentan son **ATM Bar** (bastioni di Porta Volta 15), **Il Baretto** (via S. Andrea 3), **Julien Café** (via Carlo Maria Maggi 6), **Old Fashion Café** (viale Alemagna 6), **Grand Café Fashion** (corso

★ UN BUEN CORTE (DE PELO)
Aldo Coppola, corso Garibaldi 110, tfno. 6552144/6572685; corso Vittorio Emanuele II 37, tfno. 76004074; via Manzoni 25, tfno. 861737/86462163; via Borsieri 29, tfno. 6081171.
Orea Malià, via P. Castaldi 43, tfno. 2046584; via Marghera 18, tfno. 4694976.
Rolando, via Manzoni 31, tfno. 6551527; piazza Duomo 27 (La Rinascente, 7.ª planta); corso Vercelli 38, tfno. 4690114.
Tony & Guy, via V. Monti 27, tfno. 48027137.

Porta Ticinese, en la esquina con la via Vetere) y **Louisiana Bistrot** (via Fiori Chiari 17). Por la noche, el barrio de Brera, con sus restaurantes y locales nocturnos, es uno de los favoritos de las modelos y sus acompañantes. Por lo que respecta a las discotecas, hay que recordar que las *top* trabajan mucho y tienen poco tiempo para divertirse. De todas formas, he aquí algunas direcciones: **Hollywood** (corso Como 15) es la discoteca por excelencia, pero **Plastic** (viale Umbria 120), **I Magazzini Generali** (via Pietrasanta 14) y **Shoking Club** son muy concurridas. En cuanto a restaurantes, el incombustible **Bice** (via Borgospesso 12), **Vecchio Porco** (via Messina 8), **Alla Cucina delle Langhe** (corso Como 6), **Santa Lucia** (via S. Pietro all'Orto) y **Café Atlantique** (viale Umbria 42) son algunos de los nombres más conocidos.

■ La moda asequible: los almacenes

Milán tiene fama de ser una de las ciudades más caras de Italia. Es cierto que los escaparates de las calles del «cuadrilátero» muestran precios que no son asequibles para todo el mundo. Sin embargo, la industria de la moda no está solamente aquí. Existe otro mundo, también muy interesante y definitivamente más económico: se trata del mundo de los almacenes.

Los almacenes son tiendas abiertas al público y casi siempre están fuera del centro, a menudo en semisótanos o escondidos en patios anónimos. Éstos reciben excedentes de las casas de moda y de las boutiques: ropa de muestrario, vestidos usados para los desfiles y restos de temporadas pasadas. De esta forma los precios se reducen hasta un 50%. La otra cara de la moneda es que la ropa no siempre es de última moda, pero sí de penúltima. No hay muchas tallas donde elegir, sobre todo en los almacenes cuya ropa procede de los desfiles y que la han lucido modelos delgadísimas. Para conseguir gangas hay que visitar la tienda con frecuencia. En cualquier caso, los precios no son equiparables a los de una boutique de barrio. A continuación se enumeran algunas direcciones interesantes. Casi todos estos almacenes cierran para comer. Una última puntualización: enero y julio son los meses de las rebajas, una ocasión que no hay que perderse.

L'Ancora, via Mosè Bianchi 25, tfno. 4694965; via Leopardi 2.

Diffusione Firme, corso Buenos Aires 77 (galería), tfno. 878092;

via Solferino 11, tfno. 878092.

Gastone Stockhouse, via Vanzetti 20, tfno. 716469.

Gruppo Italia Grandi Firme, via Montegani 7/a, tfno. 89513951.

Milano Soldati Emporio, via Ausonio 14 (interior), tfno. 8373965.

Moda a Metà, via Vasari 1, tfno. 59900414.

Il Salvagente, via F.lli Bronzetti 16, tfno. 76110328.

Vestimoda Stock, via Macchi 28, tfno. 67071486.

Vestistock, viale Romagna 19, tfno. 7490502.

Ropa usada en buen estado

Para los que no pueden permitirse pagar los precios de la alta costura, una solución podría ser visitar las tiendas de ropa usada. Hay dos modalidades: las tiendas de ropa de segunda mano desenfadada para los más jóvenes –que están sobre todo en la zona del corso di Porta Ticinese y el corso Garibaldi–, y las de ropa de segunda mano de marca, en buen estado y de temporada. A continuación se citan algunas direcciones para los que estén interesados en la segunda opción. Es mejor llamar antes por teléfono para informarse sobre los horarios de apertura.

Mercatini Michela (corso Venezia 8, tfno. 76002521; via Quadronno 34, tfno. 58314033; via della Spiga 33, tfno. 799748; viale Regina Giovanna 8, tfno. 2046778). Ropa de segunda mano en muy buen estado.

L'Armadio di Laura (via Voghera 25, tfno. 8360606). Prendas de vestir para ocasiones especiales.

Wharehouse Second Hand (via G. Giardino 3, tfno. 878832). Ropa de diversos estilos de los años cincuenta, sesenta y setenta. Clientela joven.

Artículos de fábrica rebajados

Son interesantes los puntos de venta de las empresas y de las fábricas. Algunos de ellos están fuera de Milán, pero para ahorrar no se debe pensar en la distancia.

Affari Martino Midail, via F.lli Bronzetti 23, tfno. 7610941. Ropa. **Alberto Aspesi**, via Quasimodo 36 - Legnano, tfno. 0331 579565. Ropa. **Cerruti 1881**, via G. Vittorio 8 - Corsico, tfno. 48856214. Ropa. **Diffusione Tessile-Max Mara**, galleria San Carlo 6, tfno. 76000829. Ropa. **Etro**, via Spartaco 3, tfno. 550201. Telas y ropa. **Fratelli Rossetti**, via Cantù 24, tfno. 0331 552226 - Parabiago. Ropa y bolsos. **Mila Schön**, via Guido Rossa 1, tfno. 903591 - Arluno. Ropa. **Naj Oleari**, via R. di Lauria 9, tfno. 33107244. Telas y más cosas. **Oregon Calzaturificio**, via Manzoni 9 - San Vittore Olona, tfno. 0331 518208. Calzado (entre otras cosas) de Duccio del Duca y Strenesse. **Restelli Guanti**, corso Sempione 84, tfno. 342713 (sólo los martes). Venta directa de guantes de gran calidad. **Spaccio Kentelle**, via Newton 10/12, tfno. 4046445. Ropa íntima de punto. **Spaccio Maglieria**, via Mantegna 1, tfno. 3490350. Jerséis. **Ugo Rossetti**, via Duca di Genova 24, tfno. 0331 554351 - Parabiago. Calzado. **Yves Rocher**, corso Buenos Aires 25, tfno. 29515831. Productos cosméticos.

Guide '98

• Estética + tecnología = diseño

«Si el Renacimiento, el Barroco y tantos otros periodos del periplo artístico italiano marcaron el triunfo de la pintura, la escultura y la arquitectura, hoy (en el último cuarto del siglo xx) el triunfo lo marca el diseño.» Son palabras de Gillo Dorfles, veterano crítico de arte italiano. Dorfles explica que esta nueva expresión del arte nace porque «el diseño presenta, entre sus características esenciales, la de valerse de dos componentes inseparables: la estética y la tecnología». Un producto industrial, en esencia, tiene que gustarle al gran público, manteniendo siempre su funcionalidad.

El diseño más admirado

Milán es la capital del diseño italiano, el más admirado del mundo. En esta ciudad tienen su estudio los diseñadores de interiores más conocidos. Hay escuelas y universidades, se publican revistas de gran difusión, se asignan premios y se celebran numerosos encuentros y exposiciones. Desde 1954 en Milán se concede todos los años el premio **Compasso d'Oro** al mejor diseño. Desde 1933 tiene aquí su sede la **Triennale**, la institución más importante del sector (viale Alemagna 6, tfno. 724341; líneas 1 y 2 de metro, estación de Cadorna). Instalada en el *Palazzo dell'Arte* (construido en 1933 por Giovanni Muzio y remodelado recientemente), la Triennale se ha convertido en una especie de centro de formación e investigación permanente en donde se organizan encuentros y exposiciones que van desde el diseño hasta la arquitectura, del urbanismo a la moda. Hace poco se inauguró una ***colección permanente*** con 500 objetos que han sido un hito en la historia del diseño italiano (abre de martes a domingo de 10.00 a 20.00). Otra cita importante es el **Salone Internazionale del Mobile**. En el mes de abril, en la feria, se reúnen arquitectos, diseñadores de interiores y artesanos para visitar los numerosos pabellones ocupados por 2.000 expositores que desde 1961 muestran los mejores diseños internacionales. Está reservado a profesionales.

Cartel de la Triennale.

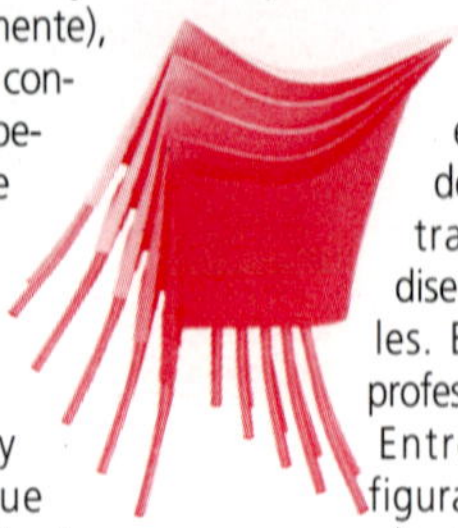

Entre las escuelas, figuran la exclusiva y selecta **Domus Academy** (via Savona 97, tfno. 47719155) y el **Istituto Europeo di Design** (via Sciesa 4, tfno. 55194802).

Domus (editorial Domus Spa) y **Abitare** (así como Abitare Segesta) son las revistas de mayor difusión de este sector, y muchos semanarios milaneses (desde *Amica* hasta *Brava*) dedican suplementos especiales al diseño.

Hay muchas tiendas en las que se pueden encontrar objetos de diseño. A continuación se citan algunas; en el capítulo *De compras por Milán* se mencionan algunas más.

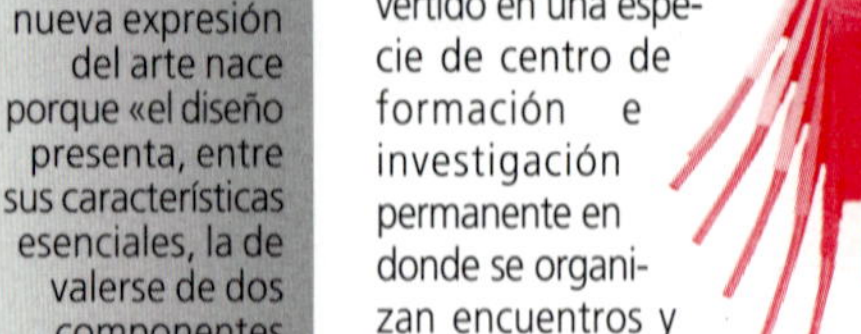

Artículos de Kartell.* En el centro, *butaca Lord Yo de Philip Starck.

Los diseñadores en Milán

Achille Castiglioni ha encontrado un gran espacio enfrente del Castello Sforzesco; Vico Magistretti prefiere la via Conservatorio, a poca distancia de la piazza San Babila; Alessandro Mendini trabaja en la via Sannio, cerca del corso Lodi; Vittorio Gregotti tiene su estudio en la via Bandello, en la zona del corso Magenta; Enzo Mari está cerca de allí, en el piazzale Baracca. Gae Aulenti prefiere el barrio artístico de Brera (piazza San Marco); el estudio de Mario Bellini se halla en la zona de los Navigli (piazza Arcole), mientras que el gran veterano del diseño, Ettore Sottsass, trabaja en la via Borgonuovo.

Arform (via della Moscova 22, tfno. 655469109). Una tienda histórica en el barrio de Brera.

Arteluce (via Borgogna 5, tfno. 781660). Sólo lámparas.

Artemide (corso Monforte 19, tfno. 76006930). Lámparas de diseño para todos los gustos.

De Padova (corso Venezia 14, tfno. 76008413). La tienda de mobiliario y decoración más conocida de Milán. Merece la pena visitarla para entender el concepto del arte.

Driade (via Manzoni 30, tfno. 76023136). Tienda y galería de arte a la vez. Vende muebles vanguardistas y acoge exposiciones.

Flos (corso Monforte 9, tfno. 76003639). El templo de la iluminación milanés.

Fontana Arte (via Santa Margherita 4, tfno. 86464551). Los grandes del diseño, desde Gae Aulenti hasta Achille Castiglioni, han contribuido al diseño de los objetos de decoración y las lámparas de este comercio histórico.

Al lado, cámara de fotos de Giugiaro, taburete Sella de Castiglioni, cafetera La conica de Rossi y lámpara Tizio producida por Artemide.

High Tech (piazza XXV Aprile 12, tfno. 6241101). Todo (y mucho más) para la casa en un gran centro comercial. Desde muebles hasta sartenes.

Kartell (via Turati, en la esquina con C. Porta, tfno. 6597916). Es sinónimo de garantía. El plástico se revela como un gran material para la creación de utensilios de uso cotidiano.

Sawaya & Moroni (via Manzoni 11, tfno. 874549). Muebles, lámparas y objetos para la casa.

Spazio Zeus (corso San Gottardo 21/9, tfno. 89401198). Situada en la zona de los Navigli, esta tienda vende muebles y presenta exposiciones temáticas.

Zani & Zani (via San Damiano, tfno. 798096). Objetos de marca para casas sofisticadas.

• El maquetista por excelencia

En el campo del diseño todos le conocen. Giovanni Sacchi es el primero que dio forma a las grandes invenciones de los diseñadores. Le llegaban los proyectos y los fabricaba en madera, a escala reducida. Su taller está en via Sirtori 10.

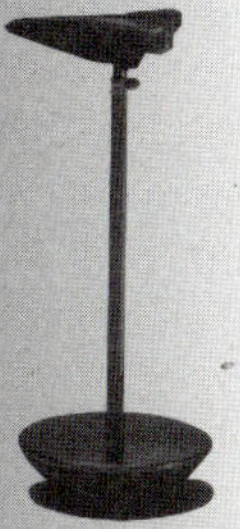

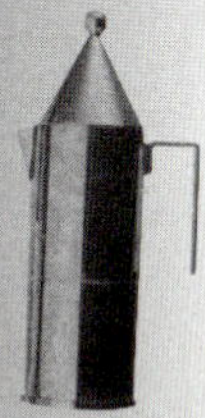

• **Diccionario tribal**

Zarro, tamarro = macarra, joven de las afueras que va a la ciudad los sábados, domingos y festivos.
Zarrona = novia del *zarro*.
Sancarlino = joven de la zona bien de Milán que mira por encima del hombro al *zarro*. Viste ropa de marca.
Pettinato = peinado; adjetivo define a los jóvenes que siguen las tendencias de la moda.
Fricchettone = heredero de la revuelta estudiantil de Mayo del 68 que lleva ropa de segunda mano y se interesa por la política.
Plazaro = vive en la ciudad y es un noctámbulo empedernido. El nombre viene de los *plazari* que se reúnen en algunas plazas de Milán.
Grunge = intelectual que lleva ropa descuidada inspirada en el ambiente rockero de la ciudad de Seattle.
Gallo = guaperas.
Ciospa = chica poco agraciada.
Secchia = define a los que estudian mucho.
Sgamato = persona a la que han sorprendido haciendo algo que está mal.

Milán y los jóvenes

Puntos de encuentro, modas y tendencias

¿Dónde van los jóvenes de Milán? ¿Qué es lo que hacen? ¿Cuáles son los lugares más concurridos, las nuevas tendencias y la última moda? En este capítulo intentamos responder a las preguntas de los jóvenes que llegan a Milán y quieren saber lo que ofrece esta ciudad. Obviamente, nuestra intención no es elaborar una investigación sociológica, sino hacer unas cuantas sugerencias y dar algunas recomendaciones. Por ejemplo, los parques son puntos de encuentro muy apreciados por los jóvenes, pero también en ellos hay cierta inseguridad ciudadana. El Ayuntamiento está llevando a la práctica un plan de recuperación de las zonas verdes para garantizar mayor seguridad y permitir un mayor aprovechamiento y disfrute. Una puntualización: el colectivo de los jóvenes está siempre en continua evolución. Es interesante empezar con un poco de historia de los jóvenes milaneses. En los últimos años, la ciudad ha sido testigo de algunas modas muy originales.

Historia (¿o prehistoria?)

Unas veces Milán se ha adelantado a las tendencias nacionales y otras se ha adherido a éstas. En ocasiones ha vivido fenómenos únicos que han pasado a formar parte de la historia de la ciudad. Un ejemplo es los ***sanbabilini***. En los años de las revueltas estudiantiles se les consideraba los representantes de la clase acomodada. Se reunían en la plaza de San Babila –de ahí su nombre–. En aquella época eran frecuentes los enfrentamientos (verbales y físicos) entre los *sanbabilini* y los que participaban en las revueltas.

Otro ejemplo: hacia mitad de los años ochenta, el *bar Panino* de la plaza Liberty era el punto de encuentro de los primeros ***paninari***, que eran chicos de entre 13 y 16 años, hijos de familias acomodadas de la burguesía milanesa. Después, los *paninari* se trasladaron a la plaza de San Babila, donde se abrió el primer *Burghy* –cadena de comida rápida que fue absorbida por McDonald's– de Milán. El atuendo del *paninaro* milanés era muy estricto: zapatos Timberland, calcetines Burlington, vaqueros Levi's, cinturón de El Charro, plumas estilográficas Monclere, gafas Rayban y pelo rigurosamente corto. Hoy han pasado a la historia. Los ***yuppies***, de inspiración anglosajona, representaban a la gente prometedora de los felices ochenta. Ligados al mundo de la economía y las finanzas, se caracterizaban por tener un alto nivel de vida. La caída de la Bolsa en octubre de 1987 marcó su declive.

Milán ha conocido también el movimiento **punk**. En abril de 1984 unos treinta punkis entraron con el torso desnudo en el palazzo Isimbardi y empezaron a hacerse cortes con hojas y maquinillas de afeitar. Aún en la actualidad no es extraño ver a los descendientes de los primeros punkis; en cambio, *paninari* y *yuppies* no se han vuelto a ver.

A la izquierda, *la piazza Duomo, uno de los puntos de encuentro de los jóvenes.*

Puntos de encuentro

El sábado por la tarde se concentran en el centro de Milán las tribus urbanas juveniles más numerosas. Hasta aquí llegan chicos y chicas de las afueras, de los pueblos limítrofes y de otras ciudades de la provincia para quedar en algunos lugares especiales.

La **via Torino** y su continuación, el **corso di Porta Ticinese**, soporta un flujo continuo de gente. El movimiento procede de

Carteles anunciando conciertos de cantantes italianos. A la derecha, abajo, clientela joven en una tienda de la via Torino.

la **piazzetta San Giorgio**, donde está la tienda **Gallery-A**, y sigue hasta los Navigli, donde todos los sábados se monta la Fiera di Senigallia.

En los **giardinetti di Sant'Eustorgio**, un poco más allá, se reúnen jóvenes heterogéneos, desde punkis (con sus fieles perros) hasta jóvenes alternativos de izquierdas.

El gran **parco delle Basiliche** (parque de las Basílicas), detrás de la iglesia de Sant'Eustorgio, es también un punto de encuentro, pero de pésima reputación (por las noches se trafica con droga).

El gentío que se congrega en la **piazza Duomo** los sábados por la tarde es increíble. Los jóvenes se mezclan con los inmigrantes no comunitarios que viven en la ciudad (legales e ilegales), con los turistas y con los milaneses que van de compras.

El **corso Vittorio Emanuele II** es uno de los recorridos más concurridos. Esta calle es peatonal y tiene tiendas especialmente interesantes para los jóvenes (por ejemplo, el *megastore* de Fiorucci) y cines de estreno. En la **piazza San Babila** ya no hay *paninari* ni *sanbabilini*. La nueva fuente y el McDonald's son suficientes para atraer a los adoles-

Los punkibestias, *jóvenes radicales*

A los *punkibestias* se les reconoce de lejos. Sus cortes de pelo son extravagantes y se lo tiñen con colores chillones. Son la versión joven de los *sin techo* y, al igual que sus análogos neoyorquinos, malviven por la calle entre restos de comida y botellas de cerveza y pidiendo limosna. No dan importancia a la higiene, les encanta el *piercing* más salvaje y los tatuajes. Sus únicos amigos, con los que tienen una relación especial de verdad, son los perros. Viven y duermen con *éstos*, se ocupan de ellos y piden monedas para alimentarlos: de ahí que se les llame *punkibestias*. Se reúnen los sábados por la mañana en la Fiera di Senigallia, y se los ve acurrucados en la pared del mercado de las afueras. Desde hace algún tiempo han encontrado casa en una vaquería abandonada que ahora es una especie de centro social autogestionado en la zona sur de Milán. Son parientes de los *okupas*.

centes. La **piazzetta del Liberty**, a pocos pasos del Duomo, es otro punto de encuentro.

En el **parco Sempione** se reúnen jóvenes de todos los estratos sociales. Por desgracia, este fascinante caleidoscopio se ve eclipsado por ciertos personajes que consideran el parque Sempione el lugar adecuado para el tráfico ilegal (sobre todo de droga). Por tanto hay que andarse con cuidado.

La **piazza Sant'Alessandro**, la **piazza Santa Maria delle Grazie** y la **piazza Tommaseo** son algunos de los lugares favoritos de los jóvenes acomodados de Milán.

Reglas de vestimenta

¿Cómo se visten los jóvenes milaneses? Observando a la juventud y con la información que aparece en los periódicos de la ciudad, nos hemos arriesgado a hacer una lista de los códigos del atuendo. Los ***sancarlini*** se visten con vaqueros Levi's (si son 501, mejor), camisetas y polos Ralph Laurent y North Sail, plumíferos de Aspesi y zapatos Tod's.

Los **alternativos** se visten de forma intencionadamente descuidada: vaqueros rotos, chupas de cuero de segunda mano, zapatos Clark's con las suelas desgastadas y bolsos de cuero roto o de tela raída.

A los ***hippies*** (o *neohippies*) les gustan mucho los pantalones de campana con la cintura baja, las camisetas ajustadas, con flores y dibujos étnicos, y las camisas de cuellos enormes y puntiagudos. Las chicas llevan colgantes y cadenas. El calzado es deportivo o de plataforma.

Después están los adeptos de la moda ***hip-hop***: prendas superpuestas, sudadera talla XXL, lo mismo que los pantalones, de tela o vaqueros, zapatillas de deporte y gorra con visera.

En las discotecas está de moda el ***cyber-look***: ropa fluorescente de material sintético, mallas ajustadas (si son de goretex mucho mejor), chaquetas de tela brillante, rodilleras, prendas acolchadas y zapatones con mucha plataforma.

La moda ***street fashion*** llega directamente de Inglaterra, sobre todo de Londres. Recuerda a la moda de los setenta: sus seguidores llevan vaqueros o pantalones de pana ligeramente acampanados, camisetas muy cortas y abrigos o cazadoras de una talla menos. También zapatos con tacones anchos o zapatillas de deporte.

■ Entre calaveras, uñas postizas y boas de plumas

Las zonas de compras favoritas de los jóvenes son la **via Torino**, el **corso di Porta Ticinese**, el **corso Garibaldi** y el **corso Buenos Aires**: tiendas de ropa usada, *grunge*, de sport y de marca. El día de las compras es el sábado por la tarde; las calles y las tiendas son un hervidero de gente.

Via Torino

Gallery-A (piazzetta San Giorgio): se autodefine como un *Trendy Shopping Center* (centro comercial moderno). Zapatones, boas de plumas de colores y vestidos atrevidos para chicas sin prejuicios.

Napoleone (via Arcimboldi 5): está a pocos pasos de la via Torino y es una conocida tienda de ropa usada. Está siempre llena de gente.

Teras (en la esquina con la via Lupetta): zapatos de última moda y botas y botines de todos los colores. Hay varios puntos de venta repartidos por la ciudad.

T.Shock (n.° 6): ropa *underground*: las calaveras están de moda y las camisetas son siempre negras.

Stockzone (en la esquina con la via Santa Maria Valle): desde zapatos hasta uñas postizas.

Corso di Porta Ticinese

Il Baule (via Vetere 12): ropa usada y nueva.

Cavalli e Nastri (n.° 46): ropa usada romántica y retro.

Crabby Kids (n.° 96): discos, ropa y joyas, todo rigurosamente negro.

Simple Chic (n.° 48): últimas tendencias en moda y marcas para jóvenes.

Surplus (n.° 103): ropa usada de calidad. Varios puntos de venta en la ciudad.

Corso Vittorio Emanuele

Fashion Store Onyx (n.° 24): moda joven moderna.

Fiorucci Store (galleria Passerella): desde ropa y zapatos hasta objetos de papelería y cosméticos. Las camisetas con angelitos son un clásico.

★ *GRAFFITI* ARTÍSTICOS
¿Son arte los *graffiti* o un simple garabato que mancha las paredes ajenas? Para contentar a los «artistas» de los dibujos en las paredes y para salvaguardar la propiedad privada, el Ayuntamiento de Milán está considerando la posibilidad de dedicar una pared a los que no pueden resistir la tentación de hacer pintadas. La pared se colocará en el parco Lambro.

Original Levi's Store (galleria Vittorio Emanuele 36): para los incondicionales de los míticos vaqueros.
Naf Naf (piazza Duomo 4): moda para jóvenes que van a la última.

Corso Garibaldi

Docks Dora (n.° 127): ropa usada y mucho género en una tienda muy grande. Recientemente se ha inaugurado la filial **Mulino Docks Dora** (via Toffetti 9).
Surplus (n.os 7 y 39): ropa usada.

Vaqueros

Factory Store Jeans (viale Certosa 113). Para los incondicionales de los Levi's a los que no les importan las pequeñas taras.
Freetime and Work (via S. d'Orsenigo 27). Levi's con taras.
Levi's (corso Como 15). Todos los modelos.
Levi's Flagstone (via Silvio Pellico 6). Levi's y sólo Levi's.

Al lado, *tienda de música en el corso di Porta Ticinese.* A la izquierda, *ropa de segunda mano en Surplus.*

Tiendas de discos

La música es parte integrante de la vida de los jóvenes. Las tiendas en las que los jóvenes milaneses se surten de discos compactos y casetes son **Virgin Megastore** (piazza Duomo 8), **Ricordi Media Store** (galleria Vittorio Emanuele), **Messaggerie Musicali** (galleria del Corso 2), **Buscemi** (corso Magenta 31) y **Mariposa** (corso di Porta Romana 177). Los coleccionistas y especialistas pueden acudir a **New Zabrinsky Point** (via Santa Maria Valle 4), **Supporti Fonografici** (corso di Porta Ticinese 106) e **Ice Age Muzic Store** (corso di Porta Ticinese 76).

La Milán cosmopolita

Culturas lejanas en la vida cotidiana de la ciudad

• **Una iglesia para los inmigrantes** La *iglesia de Santa Maria del Carmine* (piazza del Carmine), construida por los padres seguidores de Scalabrini, es uno de los puntos de referencia de las comunidades extranjeras que viven en Milán (sobre todo de filipinos y cingaleses). El beato Giovanni Battista Scalabrini, obispo de Piacenza en el siglo XIX, se dedicó a la asistencia de los emigrantes italianos en el extranjero.

Milán no es todavía una ciudad multiétnica, pero todo apunta a que lo será dentro de poco. En los últimos años, la presencia de extranjeros (sobre todo procedentes de países no comunitarios) ha aumentado extraordinariamente: además de tiendas y restaurantes, han nacido también templos, asociaciones, revistas y librerías. Como no viene al caso debatir los problemas de integración social que conlleva el flujo de inmigrantes (legales e ilegales), nos ocuparemos de lo que el «nuevo mundo» ha aportado a Milán: el interés por las culturas lejanas, el gusto por la música de ritmos distintos y la búsqueda de sabores exóticos. Hablaremos de locales en los que se puede escuchar música negra o bailar salsa, tiendas en las que comprar telas de India y artesanía africana y restaurantes que se salen de lo habitual.

Estos últimos merecen una atención especial. Efectivamente, desde hace algún tiempo los milaneses han empezado a apreciar la comida étnica, por lo que los restaurantes extranjeros están proliferando. En Milán la elección es amplia, desde los sabores mediterráneos con un toque oriental de la cocina griega hasta los gustos nuevos y especiados de la cocina india y china, pasando por la gastronomía tradicional africana y japonesa. Por lo general, los precios de los restaurantes étnicos son más bajos que los de los restaurantes italianos, lo cual contribuye a la popularidad de aquéllos (no es el caso de los japoneses, que normalmente son más caros que los europeos).

A continuación ofrecemos algunas sugerencias y direcciones para acercarse a lo que en este momento se considera la «Milán extranjera», aunque no será así por mucho tiempo.

De todos los colores

La primera comunidad extranjera que se asentó en Milán fue la china. Los chinos llegaron en los años veinte y se instalaron en la zona de Paolo Sarpi y la via Canonica, que sigue siendo en la actualidad el barrio chino milanés. Al principio se dedicaban al comercio de la seda, y más adelante, al de la piel al por mayor y a los restaurantes. Han pasado más de setenta años desde aquella primera oleada (la segunda llegó entre los años cincuenta y setenta) y existe una generación nueva de chinos nacidos en Milán. No es extraño ver caras con ojos rasgados que no sólo hablan perfectamente italiano, sino que también conocen o entienden el dialecto milanés. Con el tiempo han ido afluyendo más orientales (filipinos, cingaleses, japoneses, indios e iraníes). De sus países han traído costumbres, forma de vestir y religiones distintas. En la actualidad, la comunidad más numerosa es precisamente la asiática.

Una gran oleada de africanos llegó a Milán a principios de los ochenta, acontecimiento que provocó un verdadero choque cultural además de problemas sociales.

★ UN CENTRO PARA CONOCERSE MEJOR

El **Centro di Orientamiento Educativo** o **Coe** (via Lazzaroni 8, tfno. 6696258) se ocupa de organizar actos culturales para que los milaneses se acerquen a la realidad multiétnica urbana.

Los inmigrantes no comunitarios son muy numerosos en Milán. Pero no todos han conseguido integrarse en la sociedad.

Una historia detrás de cada cara

Limpiacristales en los semáforos, vendedores que ofrecen mecheros y tabaco de contrabando, albaneses que malviven en las estaciones... Estas personas forman parte de un paisaje urbano al que apenas prestamos atención. Sin embargo, detrás de esas caras hay siempre una historia, y algunos emigrantes han decidido contarla. La periodista milanesa Maria Pace Ottieri, voluntaria de un centro de acogida de emigrantes no comunitarios, ha recopilado estas historias en un libro, *Stranieri. Un atlante di voci*. Escuchar estas voces no es sólo útil para comprender mejor a los emigrantes que viven en nuestra ciudad, sino que también es una forma de comprendernos mejor a nosotros mismos.

★ Libros de todo el mundo
Las librerías Azalai (corso di Porta Ticinese 46, tfno. 58101310) y Tadino (via Tadino 8, tfno. 29513268) dedican mucho espacio a las culturas del mundo.

Por lo general procedían del Magreb (Marruecos, Argelia y Túnez) y llegaban a Milán con la esperanza de una vida mejor. Según una estadística reciente, son más de 50.000 los africanos que viven en Milán (con permiso de residencia) procedentes de Marruecos, Egipto, Senegal, Túnez, Somalia, Etiopía, Costa de Marfil, Argelia y Eritrea. De todos ellos, los que más se han integrado en la sociedad son los egipcios. Peruanos, brasileños, argentinos, colombianos y salvadoreños forman parte de la población latinoamericana asentada en Milán. En los últimos años, la ciudad ha visto nacer una gran pasión por la música, los bailes y la cocina de estos países. Son muchos los restaurantes en los que se sirven platos tex-mex y se baila salsa y merengue.

África en Milán

Ropa, artesanía, peluquerías

African Arts & Curio (via Panfilo Castaldi 31, tfno. 29524653). Esculturas, máscaras, artesanía y objetos decorativos procedentes de África.

Africa Oriental Craft (via Confalonieri 34, tfno. 6081080). Un bazar con multitud de productos originales étnicos.

Afrorientalkraft (via Tadino 3, tfno. 29514492). Artesanía, ropa, joyas, telas y alfombras.

Afro-shop (via Melzo 34, tfno. 29518383). Peinados afro y tratamientos de belleza.

Afro-shop Cleopatra (corso Buenos Aires 35, tfno. 29515075). Peinados afro y tratamientos de belleza.

Etnoarte (via Marsala 4, tfno. 6598466). Joyas, telas y objetos rituales africanos. Para coleccionistas.

La Foresta di Lorien (via Santa Croce 59, 58103844). Ropa confeccionada con telas africanas.

Tiendas de alimentación

African Shop (via Tadino 13, tfno. 29405385). Tienda de alimentación con productos africanos.

África en el cine

En primavera se celebra en Milán el *Festival de Cine Africano* (cines **San Lorenzo**, corso di Porta Ticinese 45; **De Amicis**, via De Amicis 34, y **Auditorium San Fedele**, via Hoepli 3/b). Las proyecciones de las películas y los actos paralelos –exposiciones, encuentros con directores, etc.– tienen como objetivo que los milaneses conozcan la cultura y las tradiciones africanas. En **Coe** (via Lazzaroni 8, tfno. 6696258) informan a los interesados.

★ Los precios de los restaurantes
£ = de 30.000 a 50.000 liras por persona. ££ = de 50.000 a 70.000 liras por persona. £££ = de 70.000 a 90.000 liras por persona. ££££ = a partir de 90.000 liras por persona.

Arriba y al lado, *la piazza Duomo.*

Il Forno di Zena (via Tarra 6, tfno. 6702417). Dulces orientales y del norte de África, pan árabe y especialidades africanas.
Macelleria Rosticceria Alimentari Cinque Stelle (via Perugino 32, en la esquina con el viale Umbria, tfno. 5469799). Carnicería islámica que vende carne preparada según los preceptos del Corán.

Restaurantes

Asmara (via Lazzaro Palazzi 5, tfno. 29522453; miércoles cerrado). Se podría definir como una casa de comidas africana (de Eritrea): sus platos son especiados y picantes. Los africanos residentes en Milán son sus clientes habituales. En la zona de Buenos Aires. £
Massawa (via N. Bixio 15, tfno. 29406910; lunes cerrado). Local pequeño, acogedor, lleno de gente y con pocas mesas. £
Nilo Blu (via Padova 36, tfno. 2846067; lunes cerrado). Pequeño restaurante de cocina egipcia. En la zona de Loreto. £
Warsa (via Melzo 16, tfno. 201673; miércoles cerrado). Cocina de Eritrea. En la zona de Buenos Aires. £

Oriente Medio en Milán

Restaurantes

Ali Baba (via Cadore 26, tfno. 5450046; abierto sólo por las noches; lunes cerrado). Cocina libanesa. Entrantes en abundancia. Los viernes y sábados hay un espectáculo de danza del vientre. En la zona de Porta Vittoria. £
Il Fondaco dei Mori (via Solferino 33, tfno. 653711; lunes cerrado). Uno de los restaurantes étnicos más conocidos de la ciudad. Es la sede del Círculo Cultural Islámico y organiza exposiciones y encuentros sobre el mundo musulmán. En la zona de Brera. £

Mido (via P. Custodi 4, tfno. 8375249; domingo cerrado). No se sirven bebidas alcohólicas en este bar que ofrece platos de la cocina magrebí. En la zona de Navigli. £

Asia en Milán

Objetos orientales y telas indias

Art China (via San Gregorio 28). Ropa, muebles y objetos procedentes de China.
La Farmacia (via Durini 25, tfno. 76002613). Máscaras, objetos decorativos y ropa de Indonesia.
10 Corso Como (corso Como 10, tfno. 29002674). Esta tienda fascinante ofrece, entre muchas otras cosas, artesanía étnica.
High Tech (piazza XXV Aprile 12, tfno. 6590515). Un gran centro con todo lo necesario para el

Año Nuevo chino y Ramadán musulmán

Los inmigrantes procedentes de países no pertenecientes a la Unión Europea residentes en Milán han traído consigo su cultura y sus tradiciones. Para nosotros, las fiestas más fascinantes son la celebración del Año Nuevo chino y las oraciones del final del Ramadán de los musulmanes.
Hacia finales de enero y principios de febrero en la **Chinatown** milanesa (zona próxima a la via Canonica) la comunidad china celebra el principio del Año Nuevo con desfiles y música tradicional. Información en el *Istituto Italo Cinese per gli scambi economici e culturali* (via Carducci 18, tfno. 8690984).
El mes dedicado al Ramadán, durante el que los fieles al islamismo tienen la obligación de ayunar desde la salida hasta la puesta del sol, recuerda el momento en que el profeta Mahoma recibió, directamente de Dios, los preceptos del Corán. El final del Ramadán también se celebra en Milán. La amplia zona verde del **piazzale Maciachini** se transforma por un día en una gran mezquita al aire libre. Información en el *Istituto Culturale Islamico* (viale Jenner 50, tfno. 66802999).

hogar y numerosos objetos de artesanía étnica.
Indian Shop (via P. Castaldi 32, tfno. 201315). Ropa, artesanía y alimentación procedentes de India.
Oltrefrontiera (via San Carpoforo 6, tfno. 89010554). Objetos étnicos decorativos.
Oriente Store (via Bramante 29, tfno. 3311347). Artesanía y decoración oriental.
Surimono (corso Monforte 25, tfno. 76001770). Artículos y ropa de Japón.
Tessuti Mimma Gini (via Santa Croce 21, tfno. 89400722). Auténtica seda india.

Tiendas de alimentación

Asian Food (via Rosolino Pilo 20, tfno. 29519043).
Biosville (via G. da Procida 37, tfno. 33603825). Su filosofía es ser biológicamente correctos. Un poco de todo, desde quesos y verduras hasta cosméticos.
China Food Store (Kathai Alimenti Internazionali) (via Rosmini 11, tfno. 33105368). Supermercado étnico. Hay de todo.
Poporoya (via Eustachi 17, tfno. 29406797). Productos japoneses de alimentación.
Trading Zhou (via Canonica 54, tfno. 312371). Gran supermercado de artículos orientales.

Restaurantes chinos

China Club (via G. Giusti 34, tfno. 33104309; martes cerrado). En el barrio chino milanés. Restaurante muy elegante en la zona de Paolo Sarpi. £££
China Snack Bar (via Rosmini 9, tfno. 3319593; martes cerrado). Bar frecuentado por chinos. Pocas mesas. También platos para llevar. En la zona de Paolo Sarpi. £
Ciao Ciao (via Pisanello 23, tfno. 4043927; martes cerrado). Gran restaurante con terraza en verano. Sus dueños lo

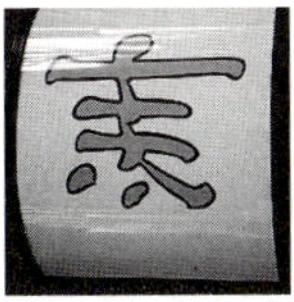

son también del China Snack Bar. En la zona de Paolo Sarpi. £

Giardino di Giada (via Palazzo Reale 5, tfno. 8053891; lunes cerrado). Restaurante tradicional, muy cerca del Duomo. La atmósfera es poco`china, pero se come bien. Zona de Centro. ££

Pechino (via Cenisio 7, tfno. 33101668; lunes cerrado). Uno de los primeros restaurantes chinos de Milán. Cocina pequinesa (no cantonesa) y menú variado. Zona de Paolo Sarpi. ££

Singapore (via V. Foppa 14, tfno. 48952129; lunes cerrado). Se come bien en este restaurante, cuyo ambiente es agradable, y el local, espacioso. Zona de Parco Solari. £

Ta Hua (via Fara 10, tfno. 66987042; martes cerrado). Por su calidad y servicio se considera uno de los mejores restaurantes de Milán. El ambiente es agradable. Zona de Melchiorre Gioia. £

Taiwan (via Adda 10, tfno. 672488; martes cerrado). Cocina de esta isla, ambiente distinguido y precios más elevados que los habituales en los restaurantes chinos. Zona de Melchiorre Gioia. ££

Restaurante coreano

Seoul (via Tadino 1, tfno. 29406062; miércoles cerrado). Restaurante sencillo con buena cocina. Fue el primer restaurante en ofrecer los exóticos platos de la cocina coreana. Zona de Buenos Aires. £

Restaurantes japoneses

La Compagnia Generale dei Viaggiatori, Naviganti e Sognatori (via Cuccagna 4, tfno. 5516154; domingo a mediodía y lunes cerrado). El nombre de esta casa de comidas japonesa es exageradamente largo. Se puede comer *sushi* y *sashimi* y mucho más en un ambiente agradable y de moda. Zona de Porta Romana. ££

Sogo Brera (via Fiori Scuri 3, tfno. 86465367; lunes cerrado). Local elegante con buena cocina japonesa. Zona de Brera. £££

Akasaka (via Durini 23, tfno. 76023670; lunes cerrado). Restaurante de cocina japonesa. También se puede ir sólo a comprar a Nimius, la tienda de al lado. Zona de Centro. ££££

Suntory (via Verdi 6, tfno. 862210; cerrado domingo). En pleno centro, es uno de los

El Suntory, uno de los restaurantes japoneses más antiguos.

Ayurveda, *la medicina milenaria*

Arte, música, danza, meditación y yoga: la cultura india siempre ha ejercido un gran poder de fascinación en el mundo occidental. En los últimos tiempos ha llegado de India la *ayurveda*, una medicina oriental de origen muy antiguo. Su nombre quiere decir «conocimiento de la vida»; el hombre debe lograr alcanzar el perfecto equilibrio entre sus componentes esenciales: cuerpo, alma y espíritu, que simbolizan la tierra, el agua y el fuego. Masajes, dietas y medicinas a base de extractos naturales tienen la finalidad de devolver al individuo la armonía física y mental necesaria para ser feliz. Una dirección interesante es la farmacia **Legnani** (via Rasori 2).

restaurantes japoneses más antiguos de Milán. Decoración elegante; cocina elaborada. Zona de Centro. ££££

Restaurantes indios y cingaleses

Barath (via E. Gola 16/2, tfno. 89400614; lunes cerrado). Pequeño restaurante inaugurado recientemente. Cocina típica. Zona de Navigli. £

Caffè India (via Petrella 19, tfno. 29405870; lunes cerrado). Una vieja lechería transformada en restaurante indio. Gran variedad de platos. Zona de Buenos Aires. £

Govinda (via Valpetrosa 5, tfno. 862417; domingo y lunes cerrado). Está gestionado por la comunidad de Hare Krishna. La carne está prohibida y no sirven bebidas alcohólicas. Zona de Centro. £

Serendib (via Pontida 2, tfno. 6592139; abierto sólo por las noches; domingo cerrado). Cocina tradicional variada, tanto especiada como suave. Menú vegetariano y té y cerveza importados de Sri Lanka. Zona de Garibaldi. £

Shiva 2 (via Gian Galeazzo 7, tfno. 89404746; lunes cerrado). Restaurante abierto recientemente. Ofrece platos del norte de India; mucho *tandoori* y arroz. Zona de Porta Ticinese. £

Shri Ganesh (via Lombardini 8, tfno. 58110933; abierto sólo por las noches, lunes cerrado). *Curry* y *tandoori*, como tiene que ser en un buen restaurante indio. Zona de Navigli / Ticinese. £

Sneh Sadan (via P. Cézanne 5, tfno. 89406953; abierto sólo por las noches, domingo cerrado). Es un centro cultural indio que tiene también restaurante. Para entrar solicitan el carné de socio. Zona de Navigli. £

Sri Lanka (via Pasinetti 8, tfno. 57401949; martes cerrado). Es una especie de autoservicio cingalés. Interesante. Zona de Porta Romana. £

Sukrity (via Panfilo Castaldi 22, tfno. 201315; lunes cerrado). Ambiente agradable y servicio atento. Cocina india variada y también especiada para los que se atreven con los sabores fuertes. Zona de Buenos Aires. ££

Extranjeros en la piazza Duomo. En la última década ha aumentado esta población.

Restaurante tailandés

Miss Noi (via Maiocchi 30, tfno. 29403741; abierto sólo por las noches, martes cerrado). Atmósfera cálida. Cocina tailandesa sencilla. Zona de Città Studi. £

La Milán suramericana

Tiendas: artesanía y alimentación

Amazonas (via Murillo 1, tfno. 4042288). Muebles y artesanía procedentes de todo el mundo.

Tropical Food (via Melchiorre Gioia 123, tfno. 67075599). Productos de América del Sur, verduras y algunos platos precocinados (congelados).

L'Altromercato (via Padova 58, tfno. 26112636; viale Sabotino 13, tfno. 58307473; via Canonica 24, tfno. 33605435). Productos de comercio solidario (al productor se le garantiza una ganancia justa). Artesa-nía y una pequeña sección de libros.

Restaurantes

Café Tijuana (via Massarani 5, tfno. 534742; abierto sólo por las noches). Bar, restaurante y asador mexicano. Zona de Corvetto. £

Coconut Grove (via Morazzone 10, tfno. 341323; lunes cerrado). Cocina tex-mex en este local que está muy de moda. A partir de las doce de la noche sólo funciona el bar. Zona de Paolo Sarpi. £

Cueva Maya (viale Montenero 19, tfno. 55185740; lunes cerrado). Uno de los mejores restaurantes mexicanos de la ciudad. Está siempre lleno. Zona de Porta Romana. £

Dixieland Café (via Quadrio 9, tfno. 6598513; lunes cerrado; piazzale Aquileia 12, tfno. 436915). Ambiente tipo Lejano Oeste, cocina tex-mex y bar abierto hasta tarde. Zona de Garibaldi y Parco Solari. £

Porcao Churrascharia (via Abbadesse 30, tfno. 6883883; abierto sólo por las noches, lunes cerrado). Es muy moderno y ofrece carne para todos los gustos. Zona de Melchiorre Gioia. ££

Joe Pènàs (via Savona 17, tfno. 58110820; abierto sólo por las noches, lunes cerrado). Restaurante de última moda. También se puede tomar el aperitivo. Cocina mexicana. Zona de Navigli. ££

Julep's New York (via Torricelli 21, tfno. 89409029). El tex-mex más de moda. Zona de Navigli. £

Comida de todo el mundo para llevar

En Milán los restaurantes de comida para llevar están abiertos generalmente de 11.30 a 14.30 y de 17.00 a 22.00. Para evitar las colas, se aconseja hacer el pedido por teléfono. Algunos tienen servicio a domicilio.

Carmel (via San Gimignano 10, tfno. 416368; cerrado viernes por la tarde y sábado). Productos kosher (judíos). Zona de Lorenteggio.
Shiva (corso di Porta Romana 25, tfno. 58307508; lunes cerrado). Indio. Zona de Porta Romana.
Poporoya (via Eustachi 17, tfno. 29406797; domingo cerrado). Japonés. Zona de Buenos Aires.
Kalliopi Ghireria (Ripa Ticinese 13, tfno. 58107040; lunes cerrado). Griego. Zona de Navigli.
Pattaya 2 (via C. Imbonati 21, tfno. 6880278; lunes cerrado). Tailandés. Zona de piazza Maciachini.
Tropical Food by Link (via Melchiorre Gioia 123, tfno. 67075599; domingo y lunes por la tarde cerrado). Tienda con productos suramericanos y comida para llevar. Zona de Melchiorre Gioia.

1492 (via Venini 59, tfno. 26144239; domingo cerrado). Este restaurante ofrece platos de distintos países de América del Sur. Decoración sencilla. Zona de Loreto. ££

La Milán europea

En Milán no hay tiendas específicas que vendan productos tradicionales de ningún país europeo en concreto, con excepción de Gran Bretaña. Para comprar salmón ahumado escocés, salchichas alemanas, quesos franceses y caviar ruso, consultar las tiendas de alimentación más conocidas.

British Grocery (viale B. D'Este 48, tfno. 58321143). Desde salsas hasta cosméticos *made in England.*
Ye Old England (corso Italia 11, tfno. 8056838). Es una tienda histórica en Milán. Productos tradicionales ingleses, desde galletas de mantequilla hasta whisky.
Taste of England (piazza Velasca 5, tfno. 86465161). Productos de lo más variado procedentes de Inglaterra.

Restaurantes rusos, griegos y españoles

Yar (via Mercalli 22, tfno. 58305234; abierto sólo por las noches, cerrado domingo). Es un elegante restaurante ruso con un café más informal. Se puede comer caviar y *blinis*, pero también sopas, carnes y pescados preparados según las recetas ortodoxas. Zona de Porta Romana. £££
Troika (viale Premuda 46,

799691; cerrado domingo). Cocina rusa tradicional. £

Mykonos (via Tofane 5, tfno. 2610209; abierto sólo por las noches; martes cerrado). Es el restaurante griego por excelencia. Siempre está hasta los topes. Zona de Buenos Aires. £

Moldova (piazzale del Governo Provvisorio 6, tfno. 2613124; abierto sólo por las noches, domingo cerrado). Cocina rumana con un toque turco. Dispone de comida para llevar. Zona de estación Central / Loreto. £

Le Petit Prince (viale Monte Grappa 6, tfno. 29011439; domingo cerrado). Cocina francesa. Buena selección de vinos. Zona de Garibaldi. ££

Ba-Ba Reeba (via Orti 7, tfno. 55011267; domingo cerrado). Paella, tortilla de patatas, mucha carne y pescado en este restaurante español. Zona de Porta Romana. £

Ritmos exóticos

La fiebre por los ritmos latinos ha invadido la ciudad. Muchas de las discotecas milanesas (*v. pág. 179*) dedican una noche a la música de esos países y en muchos locales no falta el acompañamiento musical. A continuación ofrecemos algunas direcciones para salir de noche.

Balafon (via Teodosio 6, esquina con via Pacini, tfno. 2360155; lunes cerrado). Es un bar africano con platos típicos. Mucha música negra y actuaciones en directo. Zona de Città Studi.

Le Bataclan (piazza Biancamano 2, tfno. 6572812; lunes cerrado). Disco pub afro con música étnica y clientela multirracial. Zona de Brera.

Cafè Caracol (via Cirilli 12, tfno. 33606183; lunes cerrado). Es bar y también restaurante. Está siempre lleno y es un local muy animado, sobre todo en verano con la cocina mexicana. Zona de Sempione.

Sabor (via Molino delle Armi 18, tfno. 58313584; domingo y lunes cerrado). Es el local perfecto para los bailes latinos. Zona de Porta Ticinese.

El Trópico Latino (via Ozanam 15, tfno. 201259; domingo cerrado). Cuenta con cinco locales en Milán. Taquería mexicana para beber y bailar. Zona de Buenos Aires.

The Siam Society (via San Gerolamo Emiliani 2, tfno. 5454144; lunes cerrado). Bar restaurante de moda. Cocina euroasiática con un toque indio. Está siempre lleno, incluso después de cenar. Música actual. Zona de Porta Romana.

Una Feria internacional

• CÓMO LLEGAR A LA FERIA
Fiera Milano, largo Domodossola 1, tfno. 167-820029 (gratuito). Línea 1 de metro, estación de Amendola Fiera; tranvía 19. Un servicio de autobuses une las distintas puertas de acceso al recinto ferial.
Página web: http://fieramilano.com
In Fiera es una revista mensual que informa sobre las actividades de la Feria de Milán.

¿Qué sería de Milán sin su Feria? Una ciudad con menos atascos, con menos problemas para aparcar, menos polémicas y menos quejas. Sería una ciudad quizá más tranquila, pero seguramente menos viva. Fiera Milano, la Feria de Milán, es una de las más importantes de Europa por el número de expositores que atrae y por la afluencia de visitantes. Son unas 85 las ferias que se suceden durante el año (la mitad de ellas internacionales) y el número de visitantes ronda los 2,8 millones anuales. En algunas ocasiones el recinto ferial se abre al público para acontecimientos especiales. ***Estate in Fiera*** es una de las citas más esperadas: espectáculos, conciertos, juegos y discotecas atraen a un público numeroso en los cálidos fines de semana de junio y julio. También hay muestras para cinéfilos, anticuarios y artistas.

El piazzale G. Cesare y la Feria.

Algo de historia

La primera Feria internacional milanesa tuvo lugar en 1920, en las fortificaciones de la Porta Venezia. Después de tres años cambió su ubicación instalándose en el recinto actual, en pabellones construidos al efecto. El recinto, que fue bombardeado durante la segunda guerra mundial, se reconstruyó en un año. Desde entonces, la actividad de la Feria ha sido incesante. Ha crecido tanto el número de visitantes como el espacio disponible. En 1997 se inauguraron nuevos pabellones en el Portello, una zona en la que con anterioridad estaban instalados sectores de la empresa automovilística Alfa Romeo.

Desde hace algún tiempo ha cerrado sus puertas la histórica feria de muestras que se celebraba durante el mes de abril. La actividad de la Feria de Milán se mantie-

Cita con la moda.

Smau es una de las ferias más visitadas.

ne durante todo el año y en ella tienen cabida distintos sectores.

Cómo y cuándo

No todas las ferias están abiertas al público. Algunas son sólo para profesionales: para poder entrar se necesita invitación; otras abren al público los fines de semana, y hay que pagar entrada. *Smau* (muestra internacional de informática, comunicaciones y tecnología, en octubre) dura por lo general cinco días, de los cuales tres está abierta al público. *Modamilano* (moda femenina, de octubre a febrero) es sólo para profesionales del sector; no se puede acceder sin invitación.

Otras citas importantes: *Macef* (muestra internacional de artículos para el hogar, de febrero a septiembre); *Eicma Moto e Bici* (exposición internacional de motocicletas y bicicletas, en septiembre); *Mifed* (mercado internacional del cine, en octubre); *Cartoomics* (salón del cómic y de la caricatura, en marzo); *Mipel* (mercado internacional de la peletería, en marzo y septiembre); *Salone Internazionale del Mobile* (en abril); *Miart* (feria de arte moderno y contemporáneo, en mayo); *Antiquaria* (muestra de anticuarios milaneses, en noviembre); *A. F. l'Artigianato in Fiera* (feria de artesanía, en diciembre); *Salone Internazionale del Giocattolo* (salón internacional del juguete, en enero); *Abacus* (muestra de informática y telemática para la oficina, el hogar y el ocio, en noviembre); *Esposizione Internazionale Canina di Milano* (en enero).

• Los enemigos de la Feria
Los detractores más acérrimos de la Feria de Milán son los residentes en la zona del recinto ferial. Cuando tienen lugar las ferias más importantes, el tráfico y el aparcamiento se vuelven caóticos. Hay quien afirma no haber podido mover el coche durante una semana entera porque otro vehículo le impedía salir. Unos se ven obligados a coger taxis y se quejan de sus exorbitantes precios; otros se quejan de que no pueden llegar puntuales al trabajo por culpa de los atascos. Una propuesta trasladar sería trasladar la Feria a las afueras de la ciudad, facilitando el acceso al recinto ferial en diferentes medios de transporte público.

Libros y librerías en la capital de las editoriales

Milán es también la capital de la letra impresa; ninguna otra ciudad italiana ofrece tantos libros y revistas. La historia de las editoriales milanesas es larga y gloriosa. Los nombres de muchas editoriales resumen su largo recorrido: basta pensar en Mondadori, Rizzoli, Bompiani, Hoepli y Feltrinelli, cuyos fundadores han plasmado la historia de la industria cultural. Hoy se calcula que el 40% de la producción editorial italiana se concentra en Milán. El mundo de las publicaciones milanesas tiene fácil acceso; son numerosos los puntos de venta de las editoriales (algunas abren incluso el domingo), no faltan las librerías especializadas (espectáculos, deportes, literatura infantil...), otras se han convertido en referentes culturales (presentaciones de libros, encuentros con autores, etc.). Para los lectores apasionados y los aspirantes a escritores que quieran conocer los puntos de venta de las editoriales milanesas, a continuación se detalla un pequeño itinerario, excepto las editoriales menores, que en los últimos años han ido ganando presencia en el mercado.

La editorial Mondadori. Arriba, un puesto de libros.

• **LIBRERÍAS DE LAS EDITORIALES**
Mondadori (largo Corsia dei Servi 11, tfno. 76005833); *Rizzoli* (galleria Vittorio Emanuele, tfno. 86461071); *Hoepli* (via Hoepli 5, tfno. 864871); *Feltrinelli* (via Manzoni 12, tfno. 76000386); *Garzanti* (galleria Vittorio Emanuele, tfno. 8642529); *Franco Maria Ricci* (via Durini 19, tfno. 798444); *Baldini & Castoldi* (via Milazzo 9, tfno. 65710931); *Edizione Paoline* (piazza Duomo, tfno. 8052082); *Touring Club Italiano* (corso Italia 10, tfno. 85261).

• **OTRAS LIBRERÍAS IMPORTANTES**
Cortina (largo Richini 2, tfno. 58303746); *Messaggerie Musicali* (galleria del Corso 2, tfno. 76055351); *Libreria Scientifica* (via Visconti di Modrone 8, tfno. 76003734); *Milano Libri* (via Verdi 2, tfno. 875871).

Editoriales

Adelphi (via San Giovanni sul Muro 14, tfno. 72000975). Clásicos, ensayos de filosofía y literatura, etc. Prestigioso fondo editorial muy apreciado por el público culto.

Arnoldo Mondadori Editore (via Arnoldo Mondadori - Segrate, tfno. 75424). El mayor grupo editorial –controlado por Silvio Berlusconi– se encuentra a un paso del aeropuerto de Linate, en un edificio moderno muy peculiar (obra del arquitecto Oscar Niemeyer). Situado en un entorno idílico, entre lagos y prados, edita libros y varios semanarios del grupo, entre ellos *Panorama*.

Baldini & Castoldi (via Mario Pagano 36, tfno. 480921). La editorial, que tiene los derechos de Susana Tamaro, además de publicar su libro más vendido, *Donde el corazón te lleve*, ha editado clásicos como el *Diccionario del cine* de Paolo Mereghetti.

Electa (via Trentacoste 7, tfno. 215631). Se dedica principalmente a libros de arte y catálogos de muestras.

Edizioni Frassinelli (via Borgonuovo 24, tfno. 290341). Literatura, pedagogía y sociología.

Federico Motta Editore (via Cardinal Branda Castiglioni 7, tfno. 33400491). Especializada en diccionarios, enciclopedias y catálogos.

Feltrinelli Editore (via Andegari 6, tfno. 864366). Es una de las editoriales que más éxito ha tenido en los últimos años. Aunque sigue fiel a su compromiso con la izquierda, está ampliando mucho su catálogo.

Franco Maria Ricci (via Montecuccoli 32, tfno. 48301246). Libros exquisitamente ilustrados de temática variada.

Garzanti (via Senato 25, tfno. 77871). Además de sus ensayos y novelas, es famosa por sus preciosas *garzantine*, enciclopedias sintéticas sobre diferentes temas.

FMR

Gruppo Ugo Mursia Editore (via Tadino 29, tfno. 29403030). Especializada en libros de texto y literatura infantil. También publica historia y ensayo.

Hoepli (via Hoepli 5, tfno. 864871). Su fundador era suizo, pero milanés de corazón. La enorme libre-

ría de la calle homónima es uno de los referentes históricos de la cultura milanesa.

Longanesi & C (corso Italia 13, tfno. 8692142). Hoy es la tercera editorial italiana. Dirigida por Mario Spagnol desde 1980, aglutina a varias editoriales autónomas: Longanesi, Corbaccio, Guanda, Salani, Neri Pozza, Ponte alle Grazie y Tea, cada una caracterizada por su específica configuración.

Rizzoli-Bompiani-Fabbri-Sonzogno (via Mecenate 91, tfno. 50951). El edificio, de color bronce, es fácilmente reconocible por sus dimensiones o por el jardín colgante que corona su cima. Un dato curioso: en el *Corriere della Sera*, diario del grupo, el edificio fue definido despectivamente como un cruce entre un hotel soviético y una sede de Oriente Medio de la CIA. A diferencia de Mondadori, Rizzoli concentra en la via Mecenate sólo su producción de libros: las otras actividades, como la edición de periódicos, están dispersas por la ciudad, desde la via Angelo Rizzoli hasta la via Scarsellini. En la planta baja funciona una librería muy bien surtida que ofrece los productos Rizzoli-Bompiani-Fabbri-Sonzogno a mitad de precio.

Rusconi (viale Sarca 235, tfno. 6619). Publica libros de narrativa, historia y clásicos, entre otras cosas.

San Paolo Edizioni (piazza Soncino 5, Cinisello Balsamo, tfno. 6600621). Es la editorial católica, la misma que publica la revista *Famiglia Cristiana.*

Sperling & Kupfer (via Borgonuovo 24, tfno. 290341). Se dedica fundamentalmente a traducciones al italiano de éxitos de venta extranjeros.

Touring Club Italiano (corso Italia 10, tfno. 85261). Ocupa el primer puesto en producción cartográfica y guías turísticas. La sede del corso Italia es un referente para los viajeros milaneses.

■ Libros antiguos y de ocasión

En algunas plazas y calles de la ciudad se instalan puestos ambulantes de libros. Nada que se pueda comparar a los *bouquinistes* de París, aunque la oferta es variada: libros de ocasión, restos de *stock*, libros nuevos rebajados y libros descatalogados. Se pueden encontrar en: ***largo Cairoli, largo Maria Callas, piazza Fontana, piazza Oberdan, piazza Cavour, piazza Cordusio, piazza Mercanti, piazza Tricolore, piazza Missori*** y ***piazza Cinque Giornate***.

Para los aficionados a los libros antiguos y a las viejas ediciones, el segundo domingo de cada mes se monta el **mercado del libro antiguo** en la piazza Diaz (línea 1 de metro, estación de Duomo).

Cultura y vida social para todos

Las presentaciones de libros están ligadas al mundo editorial. Son ocasiones culturales y sociales, algunas de gran interés y presentadas por grandes personalidades (no es extraño encontrarse como ponentes a Umberto Eco o Indro Montanelli), y todas gratuitas. Con frecuencia algunas de estas presentaciones tienen lugar en las librerías de las editoriales, otras en círculos culturales o espacios multifuncionales (**Circolo della Stampa**, corso Venezia 16, tfno. 760090034; **Casa della Cultura**, via Borgogna 3, tfno. 795567; **Società Umanitaria**, via Daverio 7, tfno. 55192966; **Spazio Krizia**, via Manin 31, tfno. 76005571).
Un consejo: conviene acudir con antelación, pues a menudo no hay asientos suficientes. Para informarse sobre dónde y cuándo hay presentaciones de libros se puede consultar la sección dedicada a Milán del ***Corriere della Sera*** y de ***La Repubblica***, o los suplementos ***Vivimilano*** y ***Tutto Milano***.

En la tercera semana de marzo comienza en Milán la **Mostra del Libro Antico** (Feria del Libro Antiguo). El mejor escaparate de libros del mundo se celebra en el *Palazzo della Permanente* (via Turati 34). Se encuentran libros antiguos y raros, grabados y manuscritos. Cuenta con más de 60 expositores, un tercio de los cuales son extranjeros. Cada año recibe a unos 10.000 visitantes. Una cita que no hay que pasar por alto.

Viñetas y cómics

Crepax, Sclavi y las hermanas Giussani son los creadores de *Valentina, Dylan Dog* y *Diabolik*, y Milán es la ciudad que ha visto nacer a estos populares héroes del cómic producido en Italia. En la ciudad se encuentra **Sergio Bonelli Editore** (via Buonarroti 38, tfno. 48002877), la editorial de cómics (entre los cuales está el del mítico policía *Tex*) que más ejemplares ha vendido en Italia después de Walt Disney. Los aficionados a este género no deben perderse: la bien surtida **Borsa del Fumetto** (via Lecco 16, tfno. 29513883); **Supergulp** (Ripa di Porta Ticinese 57, tfno. 8372216); **Milano Fumetto** (via Volta 20, tfno. 29513883). También son interesantes los puestos especializados de la **feria de Senigallia** (el sábado, en el muelle de los Navigli).

Desde hace algunos años la Feria de Milán presenta en marzo **Cartoomics**, el salón del cómic y los dibujos animados.
Hacia finales de enero el *Parco Esposizione di Novegro* es la sede del **Novegro Fumetto**, festival del cómic y la fantasía.

• **El *Corriere* en Internet**
RCS-Rizzoli-Corriere della Sera
http://www.rcs.it
Un nutrido sitio del grupo RCS. Aquí se pueden leer gratuitamente todos los artículos publicados durante la última semana en el *Corriere della Sera* (y en el suplemento *Vivimilano*), así como de otras publicaciones de este grupo. La sección de Milán ofrece información sobre servicios y diversión en la ciudad. Pagando una cuota se puede acceder a una parte del archivo histórico del *Corriere della Sera* (Globnet).

Palabras en los quioscos

La prensa, la radio y la televisión juegan un papel importante en la vida de Milán. De los periódicos de difusión nacional, seis tienen su redacción en Milán. La televisión es un fenómeno más reciente en esta ciudad. Los años ochenta vieron el nacimiento y crecimiento de los canales privados de televisión, que compiten con Mediaset, una empresa propiedad de Silvio Berlusconi. La RAI de Milán es un importante centro de producción, pero podría –y debería– estár mejor valorada. También son numerosas las emisoras de radio que tienen su sede en Milán. Algunas de ellas, que transmiten en frecuencia modulada, se escuchan en gran parte del territorio nacional.

Periódicos

El ***Corriere della Sera*** (via Solferino 28, tfno. 6339). Es el diario italiano más importante y con más autoridad (su tirada es de 800.000 ejemplares). Eugenio Torelli-Violler lo fundó en 1876. No se trasladó a su actual sede hasta 1904. Los miércoles incluye el suplemento *Vivimilano*, utilísimo para conocer la programación cultural, deportiva y social de la semana.

Il Giornale (via G. Negri 4, tfno. 85661). Fue fundado en 1976 por el veterano periodista Indro Montanelli. Propiedad de la familia Berlusconi, en los últimos años ha pasado por varios cambios de dirección.

Il Giorno (piazza Cavour 2, tfno. 77681). Fundado en 1956, es propiedad del Gruppo Monti. Fue el primer periódico que renovó la tradicional y vetusta paginación, y también fue pionero en incluir páginas en color. Otros diarios siguieron su ejemplo. Desde hace unos años sufre la crisis del sector, llegando incluso a plantearse desde el cierre definitivo hasta el cambio de propietarios.

L'Avvenire (via M. Macchi 61, tfno. 67801). El periódico católico por excelencia se fundó en 1968.

Il Sole 24 Ore (via Lomazzo 52, tfno. 31031). Es el principal diario económico y financiero de Italia. Lo fundó Gaetano Semenza (un italiano residente en Londres) en 1865. Es de color sepia, como el *Financial Times* londinense –al parecer este último le copió la idea al

il Giornale
L'INDIPENDENTE
La Gazzetta dello Sport
Il Sole 24 ORE
IL GIORNO
CORRIERE DELLA SERA

Sole–. El suplemento literario del domingo tiene mucho éxito.

La Gazzetta dello Sport (via Solferino 28, tfno. 6339). Es una institución en Italia. Se compra y se lee los lunes principalmente.

L'Indipendente (viale Stelvio 70, tfno. 6961491). Se fundó en 1991 en un intento de crear un diario de sello anglosajón. Tras agitadas vicisitudes políticas y varios cambios de propiedad, ahora vuelve a estar en los quioscos, totalmente renovado.

Radio

Radio Popolare Network (via Stradella 5, tfno. 29524141); frecuencias 101.5 / 106.7.

Es la emisora que mide el pulso de la ciudad. Está muy politizada. Radio Pop (como la llaman sus incondicionales) tiene programas variados: música, informativos, debates y entrevistas. Se interesa por todo lo que tiene que ver con Milán e informa sobre acontecimientos políticos y actividades culturales locales (ciclos cinematográficos, estrenos teatrales, debates y presentaciones de libros). Radio Popolare Network es una sociedad anónima: la mitad de sus ingresos proceden de la publicidad, y la otra mitad, de sus oyentes.

Radio Rai (corso Sempione 27, tfno. 38888). Se utiliza principalmente para las conexiones con programas radiofónicos producidos en Roma.

Radio Dee Jay Network (via Massena 2, tfnos. 345711 / 342522); frecuencias 99.7 / 93.5 / 107. Ofrece música principalmente. De los programas culturales se encargan Linus y Albertino, dos hermanos que se ganan la vida como pinchadiscos.

Radio Italia (via F. Casati 2, tfno. 29517456); frecuencia 106.7. Exclusivamente música italiana.

Radio 101 Network (via Locatelli 6, tfno. 66982551); frecuencias 101.1/101.2. Fue la primera emisora privada italiana que retransmitió a nivel nacional. Por sus estudios han pasado los pinchadiscos más famosos de Italia, como Claudio Cecchetto y Linus.

Radio Studio 105 (largo Donegani 1, tfno. 6551244); frecuencia 99.1. Presume de programación de calidad: uno de sus programas ha ganado hace poco el premio Oscar della Radio.

105 Classic; frecuencia 89.5. Música de los grandes clásicos de los últimos veinte años.

• Los sucesos de *La Notte*
La Notte es un periódico tradicional vespertino que se caracteriza por sus titulares sensacionalistas y por dedicar mucho espacio a los sucesos. Últimamente no les iba bien y se han visto obligados a cerrar (pero podrían volver a abrir).

• Otras cabeceras
En Milán también tienen su sede ***La Repubblica, La Stampa, Il Manifesto, Il Messaggero, Il Tempo*** y ***L'Unità***, además de los corresponsales de prestigiosos periódicos extranjeros, entre los que se pueden citar ***The Wall Street Journal, The Economist*** y ***The Financial Times*** (este último se imprime en Milán).

La Milán deportiva

Muchas oportunidades para los aficionados

Como todas la grandes ciudades modernas, también Milán se pliega ante el imperativo del culto al cuerpo y a la forma física. Cada año dos millones de milaneses acuden a las instalaciones deportivas y a los gimnasios, mientras que muchos otros prefieren nadar en una piscina. En materia deportiva, Milán está entre las ciudades mejor equipadas de Italia. Las instalaciones públicas cuentan con más de 80 campos de fútbol (algunos cubiertos), 15 gimnasios, 12 canchas de baloncesto y otras tantas de voleibol y 23 piscinas (de las cuales seis son descubiertas). A todo esto hay que añadir las instalaciones privadas, numerosas pero caras.
Las páginas siguientes están divididas en ***Deportes para mirar*** –que interesa a espectadores e hinchas– y ***Deportes para practicar***: muchas direcciones, por tanto, y algunos consejos para los deportistas urbanos.

• Stramilano: las cifras de la maratón
El recorrido de la Stramilano empieza en la piazza Duomo, transcurre a lo largo de 15 kilómetros por las calles de la ciudad y termina en la Arena Civica. Participan 50.000 corredores. Durante la maratón se reparten 20.000 litros de agua y otros tantos de reconstituyentes y de té, 50.000 bollos, 10.000 bocadillos, 275 kilos de naranjas y 90 kilos de limones. A la llegada, las medallas esperan a los participantes. El corredor más anciano que ha participado en la Stramilano tenía 97 años.

El estadio de San Siro se considera «la Scala del fútbol».

Deportes para mirar

Atletismo

En la **Arena Civica** (viale Byron 2, tfno. 341924) se celebran las competiciones más importantes de atletismo y las carreras organizadas por la histórica sociedad *Atletica Riccardi*.

Automovilismo

Para los aficionados a las carreras de automóviles, el **Autodromo di Monza** (Parco di Monza, interno 21, tfno. 03924821) ejerce una fascinación irresistible. La pista donde se celebra el Gran Premio de Fórmula 1 (en septiembre) está en el interior del gran parque de Monza. Para hacer las reservas o adquirir entradas (tanto para el Gran Premio como para las pruebas) hay que llamar al circuito (tfno. 0392482212) o al *Automobile Club d'Italia* de Milán (ACI, corso Venezia 43, tfno. 77451), o dirigirse a las taquillas de las sucursales del banco Cariplo. La venta anticipada de entradas comienza hacia febrero.

Durante los días del Gran Premio un servicio de autobuses comunica la estación ferroviaria de Monza con el autódromo.

Fútbol

El templo del fútbol es el **Stadio Meazza** (piazzale Axum, tfno.

★ CAMPEONES EN UN CINQUECENTO

Los que no tengan un Ferrari pero sí un Cinquecento y quieran probar lo suave que es el circuito, pueden hacerlo. De noviembre a febrero la pista de Monza abre también para los particulares (generalmente, el domingo de 15.00 a 17.00; llamar al circuito para confirmar). Se puede ir hasta la entrada de la pista en coche, pagar una entrada y probar la pericia como piloto (los coches deben estar en regla según el código de circulación).

Encuentros deportivos

Son numerosos los encuentros que tienen a Milán como protagonista, desde los más importantes de carácter nacional hasta los no menos interesantes encuentros de aficionados: **Sei Giorni** (seis días) de ciclismo en pista cubierta (febrero), en el Filaforum de Assago; **Derby Milan-Inter** (dos veces al año durante el torneo de fútbol), en el estadio Meazza-San Siro; **Milano-Sanremo**, ciclismo (marzo); **Stramilano Star**, carrera para atletas profesionales (abril), por las calles de la ciudad; **Stramilano**, carrera para atletas aficionados (finales de abril), por las calles de la ciudad; **Giro d'Italia**, vuelta ciclista (la etapa final es en junio); **Gran Prix de atletismo ligero** (julio y agosto), en la Arena Civica; **Streetball**, campeonato de baloncesto en la calle (septiembre), en la piazza Castello; **Milano che pedala**, un paseo cicloturístico para aficionados (septiembre); **Gran Premio de Fórmula 1**, carrera automovilística (septiembre), en el autódromo de Monza; **Sport City** (noviembre), en la Feria de Milán.

Ronaldo, una de las estrellas del Inter.* A la derecha, *baloncesto delante de la estación Central.

48707123; tranvía 24). Aquí se disputan los partidos de los dos equipos milaneses, eternos rivales, el Inter y el Milan. El estadio fue inaugurado en 1926, pero desde entonces ha sufrido varias ampliaciones. Las obras para añadirle el tercer anillo comenzaron en 1987. El estadio de San Siro (como lo llaman los milaneses) puede albergar 85.700 espectadores, protegidos de la lluvia por una cubierta especial. Tiene un punto débil: el césped, que es espeso, irregular y crea problemas durante los partidos. Todos los domingos del campeonato se disputa en el campo un partido de serie A (también son muy seguidos por los aficionados los «miércoles de Copa», que comienzan casi siempre a las 20.30). Las localidades para asistir a los partidos del Inter se adquieren en las sucursales de la ***Banca Popolare di Milano***, y para los del Milan, en el banco ***Cariplo*** o en el ***Milan Check Point*** (via P. Verri 8, tfno. 780398).

Los equipos del corazón

Es sólo un juego, pero para la mayoría de los milaneses es casi una religión. Dos veces al año los equipos de fútbol de la ciudad, el **Inter** y el **Milan**, se desafían sobre el campo del estadio Meazza, y las dos veces Milán se divide.

El **Milan A.C.** fue fundado en 1899 por un inglés que vivía en Milán, Alfred Edward (no en vano el nombre original del equipo era *Milan Cricket e Football Club*). Desde entonces el Milan se ha cubierto de gloria ganando ligas, copas, recopas y otros campeonatos. Desde la década de los sesenta hasta la de los ochenta el equipo ha tenido alternancia de socios. El actual presidente de la sociedad es Silvio Berlusconi. Su sede está en via Turati 3 (tfno. 62281; Ac Milan; www.acmilan.i).

El **Inter F.C.** –su nombre completo es *Football Club Internazionale Milano*– nació el 9 de marzo de 1908. Sus seguidores han podido celebrar los muchísimos trofeos conseguidos por el equipo a lo largo del tiempo. Un periodo mágico para el Inter fue la década de los sesenta, cuando, guiado por el «mago» Helenio Herrera, dominaba el fútbol mundial. Massimo Moratti, hijo del actual presidente, ha invertido mucho en el equipo últimamente. La llegada del extraordinario joven brasileño Ronaldo ha entusiasmado a los hinchas. La sede de la sociedad se encuentra en via Durini 24 (tfno. 77151; http://www.inter.it).

Para quienes estén interesados en la historia del fútbol milanés, sugerimos una visita al **Museo Inter-Milan**, junto al Stadio di San Siro (entrada por la puerta azul; abierto todos los días de 10.00 a 18.00).

★ENTRENAMIENTOS A LA VISTA

El Milan entrena diariamente en **Milanello**, una especie de ciudad deportiva cerca de Varese (Carnago). Los *tifosi* (hinchas) no pueden entrar.
El Inter lo hace en **Appiano Gentile**, en la provincia de Como. Los espectadores son bienvenidos (hay una tribuna para ellos). En la sede del club informan de los horarios de los entrenamientos.

Hípica

Hípica en Milán quiere decir **Ippodromo di San Siro**. Entre las instalaciones deportivas dedicadas a este deporte están el **Ippodromo del Galoppo** (piazzale dello Sport 15, tfno. 482161; tranvía 24) y el **Trotter** (piazzale dello Sport 15, esquina con via Piccolomini, tfno. 4042646; tranvía 24). El primero fue inaugurado en 1920, y el segundo, cinco años después. Desde aquellos años ambas instalaciones han acogido ininterrumpidamente a un público apasionado, atraído por la expectación de las carreras de caballos y las apuestas. La temporada del *Trotter* dura todo el año (carreras el sábado, domingo y un día entre semana), mientras que la del *Ippodromo del Galoppo* va de marzo a noviembre. Se paga una entrada y el que quiera puede hacer apuestas. Las carreras nocturnas o las vespertinas son especialmente fascinantes, pero sólo son en verano.

Baloncesto

Los *scarpette rosse* (zapatillas rojas) no son un cuerpo de baile, como el nombre puede sugirir. Es el término utilizado para designar al **Olimpia Milano**, el equipo de baloncesto de la ciudad, fundado en 1933. Aunque su histórico nombre ha sido sustituido por el de su actual patrocinador (Stefanel), los milaneses lo llevan en su corazón. Los partidos del campeonato se juegan en el **Filaforum Milanofiori**, y las localidades se venden junto a las ventanillas de la *Banca Commerciale Italiana*. La sede del equipo está en via Caltanissetta 3 (tfno. 70001657).

Rugby

El equipo de la ciudad, el **Milan Rugby**, después de haber jugado durante mucho tiempo los partidos de campeonato en el **Centro Sportivo Giuriati** (viale Pascal 6, tfno. 70600358; línea 2 de metro, estación de Piola, autobús 93), se ha trasladado recientemente a la **Arena Civica**. Las entradas se compran antes del partido (se juega el domingo por la tarde). La sede del equipo está en via Turati 3 (tfno. 29001959).

Las grandes instalaciones deportivas

Filaforum Milanofiori
Via di Vittorio, Assago, tfno. 45700466; línea 2 de metro, estación de Famagosta, y después autobús hasta Assago (para los partidos más disputados se intensifica el servicio de autobús).
A siete kilómetros (en línea recta) de la plaza del Duomo están unas de las principales instalaciones deportivas de Milán y sus alrededores. Además de ser escenario de grandes encuentros deportivos y conciertos musicales, el Filaforum está dotado de numerosas instalaciones para la práctica individual: boleras, pistas de patinaje, piscinas, pistas de squash, etc. Para informarse de todas sus actividades, llamar al 45709808.

Centro Sportivo Saini
Via Corelli 136, tfno. 7581280; autobús 38 desde el piazzale Susa. Zona de Parco Forlanini. Es uno de los centros deportivos mejor equipados de Milán. Inmerso en el parque Forlanini, fue inaugurado en 1975. Gestionado por la sociedad pública *Milanosport*, ofrece innumerables posibilidades para la práctica deportiva (fútbol, fútbol sala, tenis, natación, atletismo, esquí de fondo, patinaje). Para entrar no es necesario ser socio.

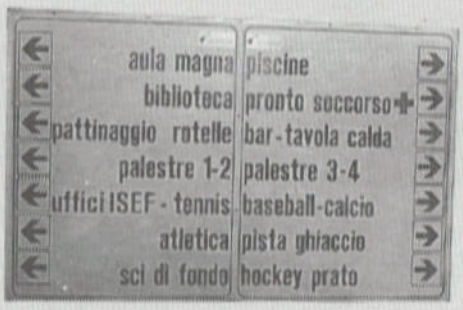

Lido di Milano
Piazzale Lotto 15, tfno. 39266100; línea 1 de metro, estación de Lotto. Zona de San Siro.
Creado en 1930 como balneario dentro de la ciudad, pronto se transformó en centro deportivo, y hoy permite practicar diversos deportes (windsurf, tenis y fútbol, entre otros). No muy lejos del Lido se encuentra el **Palalido** (piazza Stuparich 2, tfno. 392661000), en el que se celebran regularmente encuentros deportivos y conciertos.

Vigorelli
Via Arona 15, tfno. 3311513; tranvía 19. Zona de Fiera.
Recientemente restaurado, el Vigorelli es un referente de la historia deportiva de Milán. Este velódromo fue inaugurado en los años treinta en memoria del ciclista Giuseppe Vigorelli. Vio competir a los más grandes (como Fausto Coppi) y fue la sede del único concierto de los Beatles en Italia. Ahora el Vigorelli se ha convertido en multifuncional (ha sido utilizado también para una competición de esquí de fondo con nieve artificial). No está permitido practicar deportes por libre.

Arena
Viale Byron 2, tfno. 341924; tranvía 12. Zona de Parco Sempione.
El edificio es de 1806, y se convirtió en centro deportivo en la década de los treinta. Recientemente reformado, se ha convertido en el templo del atletismo milanés (también alberga competiciones de otros deportes). No está permitida la práctica deportiva individual.

Idroscalo
Via Circonvallacione Idroscalo-Segrate; autobús 926 a San Felicino, desde el aeropuerto de Linate (autobús 73). Zona del aeropuerto de Linate.
Este puerto es el lago de los milaneses. Se trata de un lago artificial creado con fines militares durante la segunda guerra mundial. Aquí se practican los deportes de agua más divertidos (windsurf, canoa, motonáutica, esquí acuático).

★EL DEPORTE EN LAS LIBRERÍAS
La Libreria dello Sport (via Carducci 9, tfno. 8055355) es una etapa inevitable para los aficionados al deporte. Esta tienda está muy bien surtida. Dispone de publicaciones extranjeras.

Deportes para practicar

Alpinismo

No hay montañas en Milán, pero los que deseen practicar la escalada, pueden dirigirse al **PalaUno** (via Carriere 8, tfno. 4235315; es necesario ser al menos dos) y al **Golden Gym Sporting Club** (via Brioschi 26, tfno. 8394233), donde se imparten cursos de escalada.

Atletismo

Centro Deportivo XXV Aprile (via Cimabue 24, tfno. 39262162), **Centro Deportivo Saini** (via Corelli 136, tfno. 7561280), **Centro Deportivo Giurati** (via Pascal 6, tfno. 70600358).

Fútbol y fútbol sala

Los aficionados a estos deportes los pueden practicar, además de en el **Lido**, en **Saini** y en **Filaforum**, en el **Centro Peppino Vismara** (via dei Missaglia 117, tfno. 89301414), en el **Centro San Raffaele** (via Olgettina 48, tfno. 26300745) y en **Milanese Corvetto** (via Fabio Massimo 1, tfno. 5521371).
Los que prefieran organizar un partido entre amigos deben saber que los parques y jardines milaneses están poco preparados para jugar libremente en ellos.

Ciclismo y bicicleta

No son pocos los milaneses valientes que se atreven a circular en bicicleta por la ciudad (además de los coches y los autobuses, tienen que sortear los raíles del tranvía). Hay otras posibilidades, quizá menos arriesgadas: en todos los parques públicos se permite circular en bicicleta. El **parque Monte Stella**, con sus senderos de subida y bajada, es particularmente apto para el entrenemiento; el **parque Forlanini** es preferible para los que prefieren la llanura; el **parque Nord** y el **parque delle Groane** cuentan con numerosas pistas para el ciclismo (*ver pág. 135*). Los sábados y domingos se puede viajar en metro con la bicicleta (pagando un suplemento).
Se pueden dar buenos paseos en bicicleta a lo largo de los Navigli.

El Palavobis y, arriba, el Palalido.

★ **Cursos del Ayuntamiento**
Milanosport (piazza Diaz 1, tfno. 801466) es la asociación pública que gestiona algunas instalaciones deportivas y se encarga de organizar cursos de diversas disciplinas deportivas (para todas las edades). En las oficinas de la piazza Diaz facilitan a los interesados folletos con información sobre los cursos propuestos.

Sobre la orilla derecha del **Naviglio Grande** hay una pista en buen estado, mientras que la pavimentación de la pista que corre a lo largo del **Naviglio Pavese** no es de las mejores. Recomendamos un paseo a lo largo del **Naviglio Martesana**. A la altura de la Cassina de Pom (al final de la via Melchiorre Gioia) arranca un paseo que llega hasta Cascina Gobba (cerca de seis kilómetros). Para quien quiera continuar (si no teme circular entre coches), el camino puede seguir en dirección a Vimodrone y después hacia Trezzo. Información: **Ciclobby** (via Cesariano 11, tfno. 3313664, de martes a viernes de 17.00 a 19.00 y sábados de 10.30 a 12.00). Alquiler de bicicletas: **Aws** (via Ponte Seveso 73, tfno. 67072145).

Natación

Como norma, la apertura de las piscinas públicas depende de los horarios particulares de cada una (es mejor informarse previamente). Se paga la entrada, pero no se necesita ningún bono (es obligatorio el gorro de baño). **Saini** y **Filaforum** tienen buenas instalaciones; la piscina de **Lido** es enorme, pero sólo está abierta en verano. Otras piscinas públicas: **Cozzi** (viale Tunisia 35, tfno. 29001247), **Cardellino** (via del Cardellino 3, tfno. 4151050), **Lampugnano Betti** (via Lampugnano 76, tfno. 3088390), **Samuele** (via Mecenate 76, tfno. 5061347), **Abbondio** (via Sant'Abbondio 12, tfno. 89531269). Piscinas al aire libre: **Caimi** (via Botta 18, tfno. 59900754) y **Argelati** (via Segantini 6, tfno. 56100012).

Patinaje sobre hielo

Los apasionados de este deporte (y todo aquel que quiera pasar una tarde divertida) pueden dirigirse al **Filaforum**, al **Palazzo del Ghiaccio** (via Piranesi 14, tfno. 73981) y al **PalAgorà**

Locales para los deportistas

Existen algunos locales que son puntos de encuentro habituales para personas que comparten las mismas aficiones deportivas. **Osteria del Calcetto** (corso Garibaldi 46, tfno. 8051865; cerrado domingo). Cervecería y punto de encuentro para los aficionados al fútbol y al fútbol sala. Abre hasta tarde. Zona de Brera. **Osteria del Pallone** (via Gorizia 30, tfno. 58105641; cerrado domingo). Lugar típico en el que suelen reunirse los adeptos al deporte nacional. Cerveza y bocadillos, entre otras cosas. Zona de Navigli. **Blues Bikers** (via Brioschi 7, tfno. 8372816; cerrado domingo). Clásico punto de encuentro de moteros, sobre todo de los incondicionales de las Harley Davidson. **New Sunset Pub** (via Padova 94, tfno. 2619989).

Equipo y ropa deportiva

Decathlon (via Milano, Baranzate di Bollate, tfno. 38309510; Corsico, S. P. 43 Nuova Vigentina, tfno. 45869797) es un gran almacén dedicado al deporte. **Longoni Sport** (via Sirtori, Cinisello Balsamo, tfno. 26227461), todo para el deporte en materia de ropa y complementos de las mejores marcas. La tienda cuenta con una sastrería para transformar o arreglar las prendas. También vende sus productos por correspondencia a través de Internet (http://www.longoni.it). **Valsport Discount** (via Paolo Sarpi 52, tfno. 342176), descuentos y rebajas en ropa deportiva. **Willy Sport** (via Lamarmora 21, tfno. 5513935), almacén de grandes marcas deportivas.

(via dei Ciclamini 23, tfno. 48300946).

Tenis

Entre los centros deportivos que cuentan con canchas de tenis, algunos requieren una modesta cuota de asociado; otros son de entrada libre. Por el sistema de reservas hay instalaciones en las que basta una llamada telefónica, en otras la reserva sólo es aceptada si se hace personalmente, y en otros lugares sólo es posible realizarla un día de la semana. Es preferible informarse antes. Además de en el **Saini**, el **Filaforum** y el **Lido**, se puede practicar tenis en la **Associazione Sporting Club Corvetto** (via Fabio Massimo 15/4, tfno. 531436; es aconsejable asociarse), en el **Centro Sportivo Bonacossa** (via Mecenate 74, tfno. 5061277), en el **Centro Sportivo Carraro** (via dei Missaglia 146, tfno. 8266540), en el **Centro Sportivo Crespi** (via Valvassori Peroni 48, tfno. 2361066), en el **Centro Sportivo XXV Aprile** (via Cimabue 24, tfno. 39262162), en el **Pro Patria Milano** (viale Sarca 205, tfno. 66101543; hay que pagar la cuota de socio).

Squash

Muy apreciado por los europeos del Norte, se puede practicar libremente en el **Filaforum** y en el **Poli Squash** (via Pascoli 70/3, tfno. 2364576). En las siguientes direcciones se debe pagar la cuota de socio: **Squash Vico** (via G. B. Vico 38, tfno. 4801080), **Squash Club Milano** (via Piranesi 9, tfno. 7382437).

Patinaje sobre ruedas

La afición a los patines de ruedas está contagiando a los jóvenes milaneses. Cada espacio libre de coches y con una buena pavimentación sirve para hacer cabriolas con los patines. Los patinadores milaneses se reúnen en la plaza que hay delante de la estación Central, frente al Duomo, en la piazza Leonardo da Vinci y en el corso Vittorio Emanuele.

• **HUÉSPEDES AGRADABLES EN LA CIUDAD**
El *Orto Botanico di Brera* alberga cerca de trece especies diversas de aves, entre las cuales se encuentran jilgueros, luganos, lavanderas y verderones. Cada mes de marzo, sólo durante unos días, llega también la abubilla. En el *cementerio Monumental* ha anidado recientemente una lechuza. Gracias a los Navigli, han entrado en la ciudad fochas, gaviotas, nutrias y ánades reales. En el *parque Sempione* se han visto algunos ejemplares de loros.

En busca de espacios verdes

El lago de los Jardines Públicos, el primer parque público de la ciudad.

Los parques públicos no son comparables a las impecables zonas verdes de Londres o de otras ciudades europeas. El vandalismo y la escasez de recursos contribuyen a estropear los paseos por el parque. Pero la situación está mejorando. Recientemente el Ayuntamiento ha fomentado las zonas verdes y prometido nuevos parques en la periferia. Esperemos que con esta iniciativa no tengamos que ver más senderos sucios, con bolsas de desperdicios desperdigadas, y praderas utilizadas exclusivamente por los perros (o, lo que es peor, como vertederos de jeringuillas).

En la ciudad

Giardini Guastalla (via Guastalla, via S. Barnaba y via Sforza; autobús 94).
Jardín de antiguos orígenes, cuenta con un gran estanque, bancos y senderos. Los jardines Guastalla serán recordados por haber habilitado los primeros aseos para perros (se espera que con éxito).

Giardini Pubblici (via Palestro, corso Venezia y via Manin; línea 1 de metro, estaciones de Porta Venezia y Palestro; línea 3 de metro, estación de Turati).
Fue el primer espacio verde milanés creado para uso público. Proyectado por el arquitecto Giuseppe Piermarini, se construyó entre 1772 y 1786. Consta de 160.000 metros cuadrados de zonas verdes, una zona para niños, el ***Planetario*** y el ***Museo de Historia Natural*** (*v. pág. 85*).

En los Jardines Públicos.

Giardini di Villa Reale (via Palestro 16; línea 1 de metro, estación de Palestro).
Fueron proyectados, junto con la villa, por el arquitecto Leopoldo Pollack entre 1790 y 1793, por encargo de la familia Belgioioso.
Algunos sostienen que este jardín romántico es el más hermoso de la ciudad.
Orto Botanico (piazzetta di Brete; línea 3 de metro, estación de Montenapoleone).
Creado en 1780 para los estudiantes de botánica, hoy se puede visitar sólo previa cita (información: Departamento de Biología, tfno. 266041).
Parco delle Basiliche (piazza Vetra, via Molino delle Armi; tranvía 3, autobús 94).
Este gran parque fue creado en la posguerra, sobre las cenizas de un barrio que fue destruido por los bombardeos. Se extiende desde la basílica de Sant'Eustorgio a la iglesia de San Lorenzo Maggiore.
El parque de las Basílicas ha suscitado en los últimos años tensiones y polémicas. Muy concurrido de día (sobre todo en verano), por la tarde suele llenarse de *camellos* y toxicómanos (son frecuentes las redadas de los *carabinieri* y la policía).
Parco Ravizza (viale Bach, viale Vittadini, viale Toscana; autobús 79).
Se considera el parque de la Universidad Bocconi, que se halla cerca. Fue creado entre 1903 y 1905 y está dedicado a Alejandrina Ravizza, benefactora social milanesa de aquella época.
Parco Sempione (piazza Castello, viale Gadio, via Legnano; línea 1 de metro, estaciones de Cairoli y Cadorna; línea 2 de metro, estación de Lanza).
Es el parque más concurrido y el preferido de los milaneses. La gran plaza de armas del Castello Sforzesco fue transformada en jardín entre 1891 y 1893 por el arquitecto Emilio Alemagna. Son 450.000 metros cuadrados de superficie en los que hay un lago, muchos árboles (olmos, hayas, encinas

Esculturas y naturaleza en los jardines de Villa Reale.

• **Claustros escondidos**
Algunos claustros y patios de los barrios se esconden a los ojos del turista distraído, y es una pena. Empapados de cultura, religión e historia, ofrecen al visitante pequeños oasis de tranquilidad. En el largo Gemelli, al lado de la austera fachada de la ***Università Cattolica del Sacro Cuore***, se encuentran los claustros que pertenecían a la vecina ***iglesia de Sant'Ambrogio***. Dentro de la ***Università Statale*** (via Festa del Perdono), los patios de la Ca' Granda son fascinantes. Los claustros de la ***Società Umanitaria*** (via Daverio) y el de la ***iglesia de Santa Maria delle Grazie*** son también acogedores.

• **PEQUEÑOS OASIS VERDES**
Giardini Perego (via dei Giardini; línea 3 de metro, estación de Montenapoleone). En otros tiempos era uno de los jardines más bellos de la ciudad. Hoy acuden a él, principalmente, las madres con sus hijos.

Parco Marinai d'Italia (corso XXII Marzo; autobús 60, tranvía 12). Alberga la *Palazzina Liberty*, donde recitaba Dario Fo. En la actualidad acoge conciertos de música clásica.

El parque Sempione y la torre del Parco.

Footing en el parque Monte Stella.

y tilos), el ***palazzo della Triennale*** (construido por Giovanni Muzio en 1931), la ***torre del Parco*** (Giò Ponti, 1933), la ***fontana dei Bagni Misteriosi*** (Giorgio de Chirico, 1973), el ***ponte delle Sirenette***, el ***Acquario Civico*** (Sebastiano Locati, 1906), la ***Arena Civica*** (Luigi Canonica, 1807) y el ***Arco della Pace*** (Luigi Cagnola, 1807-1838). Durante el día, el parque Sempione ofrece a los ciudadanos un gran espacio verde, pero por la noche sirve de refugio a maleantes, *camellos* y toxicómanos. El Ayuntamiento está pensando cerrar el parque.

Parco Solari (via Solari, via Foppa, viale Cogni Zugna, via Montevideo; línea 2 de metro, estación de San Agostino; autobús 54, tranvía 14). Pequeña zona verde creada en 1940; dispone de juegos para niños y una piscina pública.

En la periferia

Boscoincittà (via Novara 340, autobús 72, tfnos. 4522401 / 4522421).

Aquí acuden los milaneses amantes de la naturaleza y las zonas verdes. Dispone de 80 hectáreas de bosque y prado, gestionadas por la Asociación *Italia Nostra*. Tiene senderos para dar paseos a pie y en bicicleta y un área acondicionada para comidas campestres en la que se puede cocinar a la brasa (Cascina San Romano; conviene llamar por teléfono para reservar). En verano, Boscoincittà pone en marcha varias iniciativas para acercar a adultos y niños a la naturaleza.

Parco Azzurro Idroscalo (Idroscalo, autobús 73 hasta el aeropuerto de Linate). En verano hay un servicio de autobús que parte de la piazza San Babila. Se trata de un inmenso parque al este de la ciudad, dentro del cual está el *idroscalo* (hidropuerto), «el mar de los milaneses». Este gran lago artificial, que nació en los años veinte como base para los hidroaviones, es hoy un polideportivo. Aquí se practica remo, surf, vela, motonáutica... Por sus orillas se puede pasear a pie o en bicicleta, practicar jogging o almorzar sobre el césped.

La provincia de Milán organiza desde hace algunos años el ***Estate all'Idroscalo***, con conciertos, espectáculos y encuentros deportivos para

los milaneses que se quedan en la ciudad en verano.

Parco Forlanini (via Corelli; autobús 38).
Extensa zona verde al este de la ciudad, a dos pasos del aeropuerto de Linate. Alberga un gran centro deportivo, senderos llenos de plantas y un lago.

Parco delle Cave (via Broggini, via Cancano; autobús 67 desde la estación de metro de Pagano o de Bande Nere, línea 1). Un oasis verde en la periferia oeste de la ciudad. El parque existe desde 1975, cuando las antiguas canteras de arena se transformaron en lagos. Prados, pequeños bosques, fuentes y antiguas vaquerías forman parte de él. Petrarca residió por un tiempo en la lechería de Linterno.

Parco Monte Stella (via Terzaghi, línea 1 de metro QT8). Esta pequeña montaña artificial (170 m) fue creada con los escombros de los bombardeos de la segunda guerra mundial. Aquí acuden los que practican *footing* y ciclistas.

Parco Lambro (via Feltre; línea 2 de metro, estación de Udine, autobús 55).
Creado en 1936 y ampliado en 1964, este parque toma su nombre del río que lo atraviesa. Son 750.000 metros cuadrados de superficie al noreste de la ciudad, con vegetación, colinas y senderos. En agosto de 1977 fue sede de una gran concentración alternativa, considerada el Woodstock italiano.

Parco di Trenno (via Bellaria, via Novara; autobuses 72 y 80 desde la estación de metro de De Angeli, línea 1). Esta gran zona verde (600.000 m^2) alberga el cementerio de guerra inglés. Gusta mucho a los milaneses y es el típico espacio para ir de *picnic* el domingo, entrenar y dar paseos en bicicleta.

Parco di Villa Litta (viale Affori 21; autobús 46 desde la estación de Zara, línea 3 de metro).
Era el parque de la ciudad que perteneció primero al marqués Corbella y a la familia Litta Modignani. Hay carriles para bicicletas.

Una vista del Idroscalo, «el mar de los milaneses».

• **Verde en los alrededores**

Parco Nord
Información: Consorzio Parco Nord, via Clerici 150-Sesto San Giovanni, tfno. 26226333. En coche: se recorre toda la via Suzzani. Localizado en la perifería norte de Milán, este parque cubre una vastísima zona, parte de la cual sigue sin arreglar. Numerosas pistas para bicicletas.

Parco delle Groane
Información: Consorzio Parco delle Groane, via Piave 5 -Cesate, tfno. 9942501. En coche: carretera nacional 223, en dirección hacia Saronno; después seguir las indicaciones hacia Cesate. Gran pulmón verde: 3.200 hectáreas de superficie al noroeste de Milán. En su interior hay veinte velódromos, una auténtica gozada para los ciclistas.

• Para los escolares
El Ayuntamiento de Milán organiza todos los años un amplio programa de actividades didácticas en las escuelas medias y elementales de la ciudad. Su objetivo es educar al niño en el conocimiento y el respeto del medio ambiente. Más información en el Settore Ambiente (tfno. 29504242).

Milán y los niños

Una ciudad que sabe cuidar de los más pequeños

En cuanto a la atención prestada a los más pequeños, no se puede decir que Milán haya alcanzado los niveles de los países anglosajones. Por la calle, las madres que llevan al bebé en cochecito o las que llevan a varios niños no lo tienen nada fácil: para sortear los coches aparcados en las aceras hay que invadir la calzada, las estaciones de metro obligan a subir y bajar muchas escaleras, y las puertas de los vagones son trampas. Los restaurantes que disponen de tronas y menús para niños escasean. Los aseos de los museos, tiendas y supermercados no disponen de un espacio preparado para cambiar los pañales. Afortunadamente, las cosas están cambiando, aunque poco a poco: los parques públicos crean zonas de juegos (e intentan mantener el césped limpio instalando aseos para perros), los museos organizan talleres para estimular la creatividad o iniciativas que acerquen a los niños al mundo del arte, los teatros proponen espectáculos interesantes y algunas librerías cuentan con una buena sección dedicada a los jóvenes lectores.

En este capítulo se ofrece información sobre las actividades que los niños pueden practicar en la ciudad: desde apetecibles jardines –específicamente preparados con talleres para entretenerlos y teatros para divertirlos– hasta museos donde aprender. Estamos seguros de que ellos también encontrarán Milán interesante y divertido.

Parques y zonas verdes

Giardini Pubblici
(Via Cavour, via Manin, via Palestro, corso Venezia; línea 1 de metro, estación de Palestro; línea 3 de metro, estación de Turati).
Este parque contiene un lago (con patos y peces), una colina de rocas, una pista de autos de choque, un tren articulado, quioscos y bares. Los más pequeños pueden montarse en un carro tirado por un poni.

★ Quisiera jugar...
- con la muñeca más pequeña del mundo: mide un centímetro de alto, y para verla es necesario una lupa;
- a la guerra más pequeña, veloz e inofensiva: soldaditos y cañones se mueven gracias a un mecanismo de relojería;
- con un reloj hecho de leche y chocolate...

Giardini di Villa Reale
(Via Palestro; línea 1 de metro, estación de Palestro).
No tiene muchos columpios, pero es limpio y seguro. Tiene un lago y muchas zonas verdes en las que se puede jugar. Los padres pueden, mientras tanto, admirar el imponente palacio neoclásico.

Palazzo delle Stelline
(Corso Magenta 61; tranvía 24).
Este pequeño jardín de un antiguo orfanato es un oasis verde. A él acuden casi exclusivamente madres y niños.

Rotonda della Besana
(Vía Besana, viale Regina Margherita; tranvías 12, 29, 30, autobús 84).
Se halla en el interior de la antigua leprosería y constituye un espacio limpio y seguro. Esperemos que permanezca así.

Viale Argonne
(Piazzale Susa; autobús 54).
En esta zona, que tenía varios carriles para el tráfico, se han instalado columpios, toboganes y redes para saltar. El único inconveniente es la contaminación.

Museos y talleres

Interesantes, educativos e insustituibles durante las frías y lluviosas tardes invernales, los museos son una meta para padres e hijos; es una pena que a menudo falten aseos dignos de este nombre, o un bar donde descansar o meren-

Los Giardini Pubblici en una fotografía antigua. Desde 1786 son visitados por milaneses de todas las edades, que acuden con asiduidad.

dar. Para una descripción más detallada de las colecciones, ver el capítulo *Milán y sus museos (v. pág. 82).*

Acquario Civico

(Via Gadio 2, tfno. 8646201; línea 2 de metro, estación de Lanza). Abierto de 9.30 a 17.30; lunes cerrado. Treinta y ocho acuarios con peces de agua dulce y salada (pero ningún tiburón). Diversión asegurada.

Museo del Giocattolo e del Bambino

(Via R. Pitteri 56, tfno. 26411585; línea 2 de metro, estación de Lambrate, y autobuses 54 y 75). Abierto de 9.30 a 12.30, y de 15.00 a 18.00. Lunes cerrado. Gustará tanto a los niños como a los padres. La colección (2.000 juguetes, expuestos en 60 vitrinas a la altura de los niños) recorre la historia del juguete (de madera, hojalata, yeso, estaño y pasta de papel) desde el siglo XVIII hasta nuestros días. En este museo –que tiene su sede en el edificio que albergaba el Instituto Martinitt– tienen cabida talleres, seminarios y encuentros. Dispone de un pequeño espacio para jugar, una sala de proyecciones y un auditorio para representaciones teatrales y musicales.

Museo della Scienza e della Tecnica Leonardo da Vinci

(Via San Vittore 21, tfnos. 485551 / 48555330 (departamento didáctico); línea 2 de metro, estación de Sant'Ambrogio).

Abierto de 9.30 a 17.00. Lunes cerrado. Es el museo técnico y científico más completo de Italia. Cuenta con varias secciones (física, informática, cronometría, etc.) y expone reconstrucciones interesantes de máquinas ideadas y proyectadas por Leonardo da Vinci.

Para acercar a los más jóvenes a la ciencia, el museo organiza talleres didácticos temáticos.

Un museo de vanguardia

El Museo dei Bambini, MuBa (via Bandello 18, tfno. 4981980) funciona desde 1995. En Milán inauguró su actividad con «Soldi», una exposición que tuvo mucho éxito en la Triennale. Si los proyectos se hacen realidad, el MuBa tendrá una sede, un lugar donde el niño tendrá un modo de introducirse en el mundo del arte, la ciencia, las palabras y los sonidos, a través de talleres didácticos y exposiciones temporales. El MuBa será un museo para niños, con una nueva concepción, inspirado en modelos norteamericanos y del norte de Europa.

Museo di Storia Naturale
(Corso Venezia 55, tfno. 76022287; línea 1 de metro, estación de Palestro). Abierto de 9.30 a 17.30. Lunes cerrado. Esqueletos y dinosaurios, piedras preciosas y animales disecados sobre decorados fascinantes. Un clásico en su género.

Pinacoteca di Brera
(Via Brera 28, tfno. 722631; línea 2 de metro, estación de Lanza). Este museo ofrece talleres para acercar a los niños al arte. Se pueden realizar visitas guiadas. Información: 72263229.

Planetario Ulrico Hoepli
(Corso Venezia 57, tfno. 29531181; línea 1 de metro, estación de Palestro). Para observar el cielo cómodamente sentados en una butaca. Sobre la gran cúpula se proyectan imágenes de estrellas y planetas. Sugerente e interesante, apto para un público no demasiado joven. Los visionados guiados tienen lugar los sábados y domingos por la tarde (es mejor llamar antes por teléfono).

La entrada al Museo de Historia Natural, uno de los favoritos de los niños.

Fondazione A. Mazzotta
(Foro Buonaparte 50, tfno. 878197; línea 1 de metro, estación de Cairoli). Talleres e iniciativas para comprender, observar e intentar imitar los trabajos de los grandes artistas contemporáneos. Se utilizan pasteles, colores y los materiales más disparatados. Información: tfno. 86912297.

Fondazione L. Minguzzi
(Via Palermo 11, tfno. 8051460; línea 2 de metro, estación de Moscova). Para dar rienda suelta a la creatividad, los niños tienen a su disposición algunos de los materiales más temidos por los padres, como la plastilina. Pueden esculpir y crear sus obras maestras.

Ludotecas

Ayuntamiento de Milán
El Ayuntamiento de Milán organiza talleres de pintura y manualidades, visitas guiadas y juegos didácticos. Para informarse, conviene ponerse en contacto con:
L'albero magico (via Monte Baldo 11, tfno. 4522750; autobús 64).
L'arcobaleno (via Feltre 68/1, tfno. 2158624; línea 2 de metro, estación de Udine).
Il Pifferaio magico (via Cardinal

Mezzofanti 25, tfno. 7383580; tranvía 12, autobús 73).

L'Isola nel Vico
(Via G. Battista Vico 38, tfno. 5462244; autobús 54). Columpios, gimnasio y juegos para niños de siete meses en adelante.

La Locomotiva di Momo
(Corso Italia 16, tfno. 86465168; línea 3 de metro, estación de Missori). Juegos y educadoras para que los niños estén entretenidos. De 15 meses en adelante.

Play Planet
(Via Veglia 59, tfno. 6688838; autobús 42). Gran espacio de estilo americano para moverse libremente entre toboganes, escaleras, circuitos y pelotas de colores.

Restaurantes

Las cadenas de comida rápida (**Spizzico** y **Brek**) ofrecen un menú para niños y un pequeño regalo (ositos, pelotas y lápices). Las hamburguesas y las patatas fritas son un clásico en **McDonald's** (se pueden ver por toda la ciudad). Los niños prefieren el *happy meal*, que incluye un regalo. Es posible reservar el local para celebrar fiestas privadas con animadores.

BBQ (via Sottocorno 5/a, tfno. 76003571): uno de los pocos restaurantes de la ciudad que tienen menús para niños (si les gusta la carne).

Teatros y cines

La variedad de las producciones teatrales para el público infantil es notable y de calidad. En algunas temporadas incluso el histórico **Piccolo Teatro** ha dedicado una temporada a los más pequeños con la representación de *Pinocho* y *El Principito*. Los espectáculos de marionetas, antiguas y modernas, se suceden durante todo el año en las salas. Las mañanas de los días festivos se reservan a los colegios; los espectáculos para familias son por la tarde y los domingos después de comer. Es conveniente reservar con antelación.

Atelier Carlo Colla & Figli (via Montegnani 35/1, tfno. 8953101; tranvías 3 y 15), **Fontanateatro** (via Statuto 4, tfno. 29000816; línea 2 de metro, estación de Moscova), **Sala fontana** (via Boltraffio 21, tfno. 29000999; línea 3 de metro, estación de Zara), **Teatro del Buratto** (cerca del Teatro delle Erbe, via Mercato 3, tfno. 86464986; línea 2 de metro,

El parque de atracciones del Idroscalo. Abajo, el teatro Filodrammatici.

★ **LIBRERÍAS**
Todas las librerías de Milán tienen secciones dedicadas a los niños. La Libreria dei Ragazzi (via Unione 3) está especializada en este sector (organiza también encuentros con escritores).

la libreria dei ragazzi s.r.l.

estación de Lanza), **Teatro Filodrammatici** (via Filodrammatici 1, tfno. 8693659; líneas 1 y 3 de metro, estación de Duomo), **Teatro Litta** (corso Magenta 24, tfno. 86454545, tranvía 24) y **Teatro delle Marionette** (via degli Olivetani 3, tfno. 4694440; línea 2 de metro, estación de Sant'Ambrogio). Sólo hay un cine en Milán que dedica toda su programación a los niños (otras salas proyectan esporádicamente películas para el público infantil): es el **Cinema Arti** (via Mascagni 8, tfno. 76020048; línea 1 de metro, estación de San Babila).

Parques de atracciones

Aquatica

(Via G. Airaghi 61, tfno. 48200134; autobús 72). Es un gran parque acuático, ideal para refrescarse en el caluroso verano milanés. Tiene piscinas, toboganes, juegos..., todo lo necesario para empaparse hasta los huesos.

Idroscalo

(Via Rivoltana 64, Segrate, tfno. 7560393; autobús 73 en dirección al aeropuerto de Linate, y después autobús 926 en dirección a San Felicino). Parque de atracciones abierto todo el año. Juegos y diversiones para todos (ruta panorámica, montañas rusas...).

Rocco-Le Varesine

(Viale della Liberazione, tfno. 6571149; línea 2 de metro, estación de Gioia). Cerca de la estación Central, es típico de Milán (para los aficionados a este género). Abierto en verano y los fines de semana de los meses de invierno.

Ropa de segunda mano para los más pequeños

Babystock (via Maestri Campionesi 17, tfno. 55190499). Almacén.
Il Cortile (via S. Gottardo 28, tfno. 8376557). Almacén.
Il Guardarobino (via Paolo Scarpi 62, tfno. 312229; piazza Wagner 9, tfno. 4390310; via Washington 5, tfno. 48015802). Ropa de segunda mano.
Il Piccolo Lord (via Plinio 60, tfno. 29514469).
Il Salvagente Bimbi (via Balzaretti 28 interior, tfno. 70634831). Almacén.

Juguetes

Las tiendas de juguetes son numerosas. Preferimos por ello dar solamente las direcciones de algunos grandes nombres y tiendas de este sector.

Calligaro (via Casoretto 33, tfno. 2870325), **De Ponti** (via Castelvetro 33, tfno. 3157218), **Grazzini** (via M. Macchi 29, tfno. 661319; también tiene otros puntos de venta en la ciudad), **Fortura** (via Olmetto 10 interior, tfno. 861670), **Morosini** (viale Gian Galeazzo 31, tfno. 58313158), **Toys 'R' Us** (via Novara 83, tfno. 40095316; via Cavallotti 156 - Cologno Monzese - tfno. 26708137).

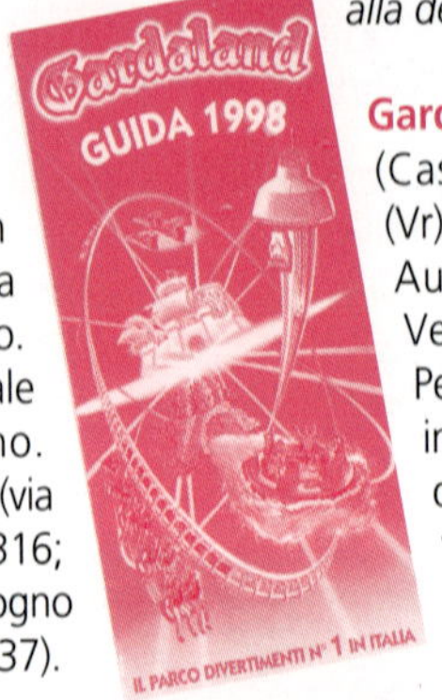

Fuera de la ciudad

La mayor parte de las atracciones mencionadas permanecen cerradas durante el periodo invernal (es mejor llamar por teléfono para conocer los horarios de apertura). Pueden encontrarse otras sugerencias en el capítulo *Más allá de Milán* (*pág. 145*).

Gardaland

(Castelnuovo del Garda (Vr), tfno. 0456449777). Autopista de Milán a Venecia (A4), salida de Peschiera, siguiendo las indicaciones. Gran parque de atracciones: la versión italiana de Disneylandia. Cada año es más grande;

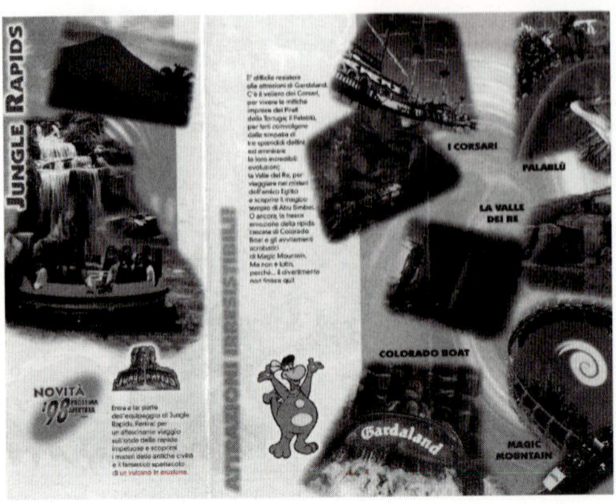

El barco pirata y la cascada de Colorado Boat son algunas de las atracciones de Gardaland.
A la derecha, abajo, *los niños pueden disfrazarse en el Parco delle Fiabe.*

además de las diversiones tradicionales, se ha añadido un delfinario y un canal de *rafting* para niños. Siempre a la altura de su propia fama (según algunos, es mejor que Eurodisney), es uno de los destinos más solicitados.

Parco faunistico Le Cornelle
(Valbrembo (Bg), tfno. 035527422).
Autovía de Milán a Venecia (A1), salida de Dalmine.
Sobre una superficie de 100.000 metros cuadrados, se encuentran un centenar de animales, entre mamíferos y pájaros. Las especies en peligro de extinción tienen en este parque un ambiente ideal y seguro. Cuenta con una zona para niños (con trenes, tiovivos y ruta panorámica), y un área de restaurantes.

Parco delle Fiabe
(Castello di Gropparello, Piacenza, tfno. 0523898269).
Autopista del Sole (A1), salida de Fiorenzuola; después se debe seguir por Carpaneto y Gropparello.
Este parque de atracciones, que sólo abre los domingos y festivos, transforma el mundo de los cuentos en realidad. Gracias a expertos animadores, se pueden encontrar caballeros, héroes, elfos y hadas; puede uno disfrazarse de rey y de reina, y combatir contra orcas y brujas (las aventuras se inician con horarios programados).

Parco Ittico Paradiso
(Via Pomepiana-Zelo Buon Persico, Milán; tfno. 9065714).
Carretera nacional Paullese número 415; en Paullo hay que tomar la desviación hacia Zelo Buon Persico y Villa Pompeiana.
Vegetación y fauna íctica autóctonas. Paseando se pueden admirar, en las fosas y los lagos artificiales, anguilas, carpas, truchas, peces gato, esturiones, lucios, peces persas y peces rojos. Tiene una zona de juegos y otra con bar y restaurante.

Parco Minitalia-Fantasy World
(Capriate San Gervasio (Bg); tfno. 9090169).
Autopista de Milán a Venecia (A4), salida de Capriate.
Un clásico: Italia en escala 1:50. En verano se puede pasear arriba y abajo por el Coliseo, la catedral de Milán, y la plaza de San Marcos. Fantasy World es una zona verde provista de alfombras voladoras, tiovivos, balsas y trenes. Cuenta también con bares, restaurantes y zonas para comer al aire libre.

El verano es joven

Los que estén en Milán en verano pueden entretener a sus hijos de muchas formas. En el **Ippodromo del Galoppo** (piazzale dello Sport, tfno. 48216246) hay un área provista de juegos; el domingo se puede montar en poney, y asistir a espectáculos y diversiones. El **Giraparchi** (via Bertini 3/a, tfno. 33103041) organiza excursiones guiadas en carrozas tiradas por caballos en el parque del Ticino. Una experiencia divertida para niños y adultos. **Boscoincittà** (via Novara 340, tfno. 4522401), el gran parque en la periferia oeste de Milán, organiza juegos y exploraciones de la naturaleza. El **WWF** (via Mazzini 20, tfno. 86460093) propone juegos al aire libre y descubrimientos del mundo natural.

Parco Natura Viva

(Bussolengo/Pastrengo (Vr), tfno. 04571 0052).

Autopista de Milán a Venecia (A4), salida de Peschiera; después hay que seguir hacia Castelnuovo y Pastrengo.

Un pequeño safari de verdad. En el coche, con las ventanillas bien cerradas, se puede uno acercar a tigres, leones, hipopótamos, rinocerontes, jirafas, bisontes, etc. Después del recorrido, una vez aparcado el coche, la visita continua a pie, entre tortugas gigantes, pájaros, lobos y muchos otros animales. Dentro tiene bar y restaurantes.

Parco della Preistoria

(Rivolta D'Adda (Cr), tfno. 0363 78148-370250).

Carretera comarcal Rivoltana.

Se trata de un gran parque con animales vivos en semilibertad (pájaros, cebras, ciervos, cabras, tortugas de agua y peces) y animales prehistóricos reproducidos a tamaño natural. Un tren recorre el parque. Una gran zona provista de juegos y mesas permite organizar cómodas comidas al aire libre.

Itinerario por el Parque de la Prehistoria: un gran espacio verde con animales reales y dinosaurios de mentira.

Castillos, abadías y paseos en las márgenes de los ríos

Milán es una ciudad interesante, pero, como toda metrópoli, impone ritmos frenéticos y problemas prácticos como el tráfico y aparcar. Es natural que el visitante sienta de vez en cuando la necesidad de alejarse en busca de tranquilidad. Se han seleccionado algunas excursiones por los alrededores que no requieren más de un día, intentando satisfacer todos los gustos: castillos importantes, una imponente villa, algunas abadías y santuarios, casas históricas a lo largo de los románticos Navigli, parques y oasis verdes a pocos kilómetros de la ciudad. Para ponérselo más fácil al viajero, cada destino está precedido de algunas indicaciones relativas a los medios de transporte más cómodos para llegar hasta él, o si se viaja en coche, el camino más rápido. Para los aficionados al cicloturismo, también se ofrecen algunas sugerencias sobre el transporte de la bicicleta en el tren. Los horarios de apertura de monumentos, castillos e iglesias son susceptibles de cambio según la estación. Por ello es aconsejable llamar por teléfono antes de programar la visita.

El puente sobre el Adda, en Lodi.
En el centro, *escultura de la villa Litta, en Lainate.*
Abajo, el castillo Visconti di San Vito.

• **UNA VILLA ROMANA EN EL CAMPO**
En el Palazzo Pignano (Cr) se conservan restos de una imponente villa romana (*palatium*) edificada entre los siglos IV y V d.C. Información: ***Associazione Archeologica Palatium***, tfnos. 0373 791825 / 667317. Servicio de autocares de la empresa Autoguidovie desde la estación de metro de San Donato, línea 3 de metro, tfno. 76110087.

Castillos y villas

Castello Visconti di San Vito

(Somma Lombardo, Varese, tfno. 0331256337). De marzo a octubre, abre sábados y domingos de 10.00 a 11.30 y de 14.00 a 18.00. En coche: autopista de Milán a los Lagos A8, dirección Varese, salida de Gallarate; se prosigue por la carretera nacional 33, en dirección a Arona. En tren: desde la estación Porta Garibaldi.

En la actualidad este castillo sigue siendo propiedad de los marqueses Visconti di San Vito, y recientemente ha abierto sus puertas al público. Un documento de 1251 es testimonio de la presencia de la fortaleza, pero seguramente sus orígenes son anteriores. El castillo acoge entre sus antiguos muros tesoros de arte y rico mobiliario. Es especialmente interesante la capilla privada, que alberga hermosas pinturas.

Castello Morando Bolognini

(Sant'Angelo Lodigiano, Lodi, tfnos. 0371 211140/1). Abierto de marzo a noviembre, todos los domingos y festivos, de 15.00 a 17.30 (durante la semana sólo visitas de grupos, previa reserva). En coche: autopista de Milán a Bolonia (A1), salida de Lodi; seguir las indicaciones para Sant'Angelo Lodigiano.

El castillo fue construido en 1381 por Beatriz Della Scala, mujer de Bernabé Visconti. Después de varias vicisitudes, en 1477 pasó a Mateo Mazzagatti, llamado el Bolonino. En 1763 tuvo como huésped a Giacomo Casanova; a finales del siglo XIX se convirtió en propiedad del conde Gian Giacomo Morando, que lo restauró completamente. Se pueden visitar 24 estancias y una sala de armas. Dentro del castillo se encuentran dos museos: el ***Museo del Pan*** y el ***Museo Lombardo de Historia de la Agricultura.***

Castello di Soncino

(Soncino (Cr), Oficina de turismo, tfno. 8374 84883. Horarios: de martes a viernes de 10.00 a 12.00, sábados y domingos de 10.00 a 12.30 y de 14.00 a 17.30 (el horario se prolonga durante el verano). En coche: carretera nacional Paullese número 415; pasando al puente sobre el Adda, seguir las indicaciones para Pandino y Soncino.

El castillo está tan bien conservado que parece que no es real (ha sido utilizado varias veces como escenario cinematográfico). En el centro de Soncino, el edificio se construyó como fortaleza, entre 1473 y 1475, por deseo de Galeazzo Maria Sforza. Hacia la mitad del siglo XVI se transformó en la residencia del marqués Maximiliano

Sobriedad y elegancia de las villas del Naviglio

El Naviglio siempre ha ejercido una profunda fascinación, que va más allá de los confines de la ciudad. En los siglos XVIII y XIX, a lo largo de las orillas del *Naviglio Grande*, cerca de **Robecco sul Naviglio** y **Cassinetta di Lugagnano** (poco distantes de Abbiategrasso), los ricos terratenientes comenzaron a construir sus casas de campo. Se trasladaban aquí en el periodo estival para alejarse del calor de la ciudad y tener bajo control los terrenos durante el tiempo de la cosecha o de la vendimia. No son palacios monumentales, sino sobrios ejemplos de una arquitectura menor en la cual se percibe la antigua elegancia lombarda, sencilla y con buen gusto. Un paseo por las orillas del Naviglio evoca la nostalgia de tiempos pasados.

La iglesia de Santa Maria della Grazie, en Soncino. Abajo, el castillo de Malpaga. A la izquierda, el castillo de Soncino.

Stampa. Además, en Soncino se pueden visitar la **casa Stampatori** (en el siglo XVI la ciudad albergaba algunas imprentas judías) y la **iglesia de Santa Maria delle Grazie**, joya del siglo XVI, completamente cubierta de frescos de importantes artistas de este periodo.

Castello di Malpaga

(Malpaga di Cavernago, Bérgamo, tfno. 035 840003). De febrero a noviembre; todos los domingos de 14.30 a 18.00. En coche: autopista de Milán a Venecia (A4), salida de Seriate; después, seguir las indicaciones. Inmerso en la campiña bergamasca, el castillo de Malpaga es de origen antiguo. Fue edificado por primera vez en el siglo XI, probablemente para defenderse de las invasiones de los longobardos. En 1456 Bartolomé Colleoni (entonces general al mando de la República de Venecia), conquistó el terreno y reconstruyó el castillo, para convertirlo en su fastuosa morada. El edi-

ficio tiene todas las características de un castillo de leyenda: torres con almenas, puente levadizo y foso defensivo (ahora seco).

Villa Visconti Borromeo Litta

(Lainate, Milano. Información: tfnos. 93571388/93573741). Abre los domingos, de mayo a septiembre, de 15.00 a 18.00 (entre semana, visitas guiadas de grupo, sólo previa reserva). En coche: autopista Milano-Laghi (A8), salida de Lainate.

En 1585, Pirro I Visconti Borromeo decide transformar su casa de campo en una gran mansión, inspirada en las villas mediceas de su tiempo. Se valió de la contribución de notables arquitectos y artistas importantes que diseñaron incluso el jardín. Con el paso de los siglos, la villa y el jardín fueron ampliados. Frescos, mosaicos, fuentes y juegos de agua constituyen una obra maestra. Después de una etapa de decadencia, la villa ha sido restaurada y abierta al público.

Iglesias y abadías

Abadía de Chiaravalle

Tfno. 57403404. Abierto de 9.00 a 12.00, y de 14.30 a 18.00; lunes cerrado. Autobús 77, desde la estación de metro de Corvetto (línea 3). En coche: recorrer el corso Lodi y seguir las indicaciones para la abadía.

A un paso de Milán se encuentra una de las más bellas abadías cistercienses de Italia. Fue fundada en 1135, y edificada según el estilo gótico de más allá de los Alpes, pero manteniendo la tradición lombarda en el uso del barro coci-

El claustro de la abadía de Chiaravalle y la fachada (abajo, a la izquierda). Abajo, *el monasterio de Viboldone.* A la izquierda, arriba, *la villa Litta en una acuarela del siglo* XIX.

do. La fachada es del siglo XVI, el transepto derecho alberga un fresco de Bernardino Luini y se conservan hermosos restos del claustro gótico.

Antigua abadía de Mirasole

Información en el Ospedale Maggiore, tfno. 55038311. En coche se debe recorrer la via Ripamonti y seguir las indicaciones. La abadía fue fundada en el siglo XIII, y en su origen, además de ser lugar de culto, se desarrollaban actividades agrícolas. El segundo piso del claustro albergaba los graneros; los dos patios servían para trabajar la lana y los ovillos; el resto era ocupado por los campesinos y los establos. El complejo ha mantenido casi todos los elementos de la estructura original. Pertenece al Ospedale Maggiore y es objeto de restauraciones (en este momento se puede visitar sólo la iglesia). Los domingos de verano se organizan visitas guiadas.

Monasterio de Viboldone

Tfno.029841203. En coche hay que recorrer la via Emilia, carretera nacional 9, en dirección hacia Lodi. Fundada por la orden de los Umiliati en 1170, la iglesia se terminó hacia la mitad del siglo XIV. En la actualidad el monasterio acoge a una comunidad de monjes benedictinos. Dentro de la iglesia se encuentran algunos frescos atribuidos a la escuela de Giotto.

Abadía de Morimondo

Abierta de 8.30 a 12.00 y de 14.30 a 17.30 (jueves cerrado). En coche: carretera nacional 494 hacia Abbiategrasso; seguir las indicaciones para Morimondo.
Esta abadía fue fundada en 1136 por cistercienses provenientes de Morimond (al norte de Dijon), quienes desarrollaron rápidamente una intensa actividad agrícola y artesanal. La iglesia, originaria-

mente construida entre 1182 y 1282, alberga una pila del siglo XIV y un fresco bastante estropeado de Bernardino Luini. Merece la pena visitar la sillería de madera del coro (1522).

Certosa di Pavia

Información en la APT de Pavia, tfno. 0382 22156. Abierto de 9.00 a 11.30 y de 14.30 a 16.00 (en verano tiene horario prolongado). Cerrado los lunes no festivos. En coche: carretera del Naviglio Pavese, nacional 35. Servicio de autocares de la SGEA (desde viale Bligny; información en el tfno. 0382302020).

La historia de este estupendo monasterio comenzó en 1386. Al límite extremo del inmenso parque del castillo visconteo de Pavia, que en otro tiempo se extendía a lo largo de ocho kilómetros al norte, surgió un monasterio de Certosinos, que fue destinado también a mausoleo de la noble casa de los Visconti. La bellísima fachada, que permaneció inconclusa, se continuó a finales del siglo XV y principios del XVI (trabajaron en ella Mantegazza, Amadeo y Lombardi). El claustro pequeño y el claustro grande constituyen la parte más sugerente de todo el conjunto.

Parques y oasis naturales

Parque de Monza

Información en Parco e Villa Reale, tfno. 039 322003. Información de la APT en el tfno. 039 323222. En coche: recorrer el viale Zara y el viale Fulvio Testi; en la rotonda donde se toma la dirección hacia Monza, seguir las indicaciones para Villa Reale. En tren: desde la estación Central. Ochocientas hectáreas de zonas verdes a sólo 10 kilómetros de Milán. Este parque surgió entre 1805 y 1810, por deseo de Eugenio de Beauharnais, que se encontraba en Milán como virrey de Napoleón. Se halla a espaldas

El claustro de la Certosa di Pavia. Arriba, *la abadía de Viboldone.*

Dibujo de la Villa Reale de Monza. **Abajo,** *paseo en bicicleta por el parque del Ticino.*

de la espléndida Villa Reale, residencia archiducal de los Asburgo d'Este, edificada por Giuseppe Piermarini entre 1777 y 1780 (abierta al público solo previa reserva, para grupos de al menos 20 personas; tfno. 039 366381). El parque es conocido sobre todo porque en su interior se halla el ***Autodromo di Monza*** (circuito de Monza) pero en su interior se encuentran instalaciones deportivas diversas y velódromos muy buenos.

Parque Ticino

(Vía Isonzo 2, Pontevecchio de Magenta (MI), tfno. 97210205). En coche, carretera nacional 11, dirección Abbiategrasso y Vigevano. En tren: desde la estación de Porta Genova (por Abbiategrasso/Vigevano); desde la estación Ferrovie Nord (por Turbigo); desde la estación Central y Porta Garibaldi (por Magenta).
Son 190.000 hectáreas que se extienden a lo largo de 150 kilómetros de orilla del río ***Ticino*** y que hacen de este entorno uno de los mayores parques fluviales de Europa (comprende 26 ayuntamientos diferentes de las provincias de Varese, Milán y Pavía). Un paraíso verde donde se puede hacer de todo: montar en bicicleta, dar paseos a caballo o en coche de caballos y *rafting* en canoa. Para las actividades deportivas y recreativas, en el parque del Ticino se puede contactar con la agencia ***Orizzonte, il Giraparchi*** (via Bertini 3/a; tfno. 33103041).

★ BICICLETAS EN EL TREN
Los sábados y domingos está permitido viajar en tren con la bicicleta.
Desde hace unos años el Ferrocarril Estatal facilita el servicio de viajeros con bicicleta. En todos los trenes (excepto aquellos en los que es obligatoria la reserva del billete) se puede entrar con ella, a condición de que vaya desmontada; los trenes señalados con el símbolo (o pictograma) correspondiente disponen de portaequipajes o vagones adaptados para el transporte de bicicletas.

Parque Adda Nord

(Via Padre B. Clavi 3, Trezzo Concese, que pertenece a Trezzo sull'Adda (MI), tfno. 9091229; abierto sólo a mediodía). En coche: autopista de Milán a Venecia (A4), salida de Trezzo sull'Adda. En tren: desde la estación de Porta Garibaldi, dirección Paderno d'Adda, o desde la Estación Central, dirección Cassano d'Adda.

Excursión en carroza por el Ticino. Abajo, la central hidroeléctrica Taccani.

El parque comprende los territorios que atraviesa el río Adda (54 kilómetros, desde Lecco a Truccazzano). Posibilidad de paseos en bicicleta y excursiones por el río. En Trezzo sull'Adda se encuentra el **Castillo** que en tiempos fue un importante punto de defensa en el confín oriental del Ducado de Milán. No muy lejos está la **centrale idroelettrica Taccani**, que data de 1906; desde el punto de vista arquitectónico y técnico está considerada como uno de los mejores ejemplos en su género (también las centrales eléctricas **Esterle**, de 1914, y **Bertini**, de 1896, son fascinantes). Otros lugares interesantes son el **ponte di ferro di Paderno** y el **villaggio Crespi d'Adda** o aldea de los obreros, que pertenece a *Capriate San Gervasio* (donde se halla el **Parque Minitalia-Fantasy World**). Esta instalación surge a partir de 1878, según el criterio de las ciudades utópicas de 1800 (las viviendas de los trabajadores tenían huerta y jardín).

Parque Adda Sud

(Consorzio di Gestione, via A. Grandi 6, Lodi, tfno. 037136047-35747; (abierto de lunes a viernes de 9.00 a 12.30 y de 14.00 a 16.00). En coche: carretera nacional Emilia número 9, por Lodi; se continúa en dirección a Codogno hasta la desviación de Pizzighettone; carretera estatal Paullese número 415, desviación de Zelo Buon Persico. Desde las estaciones Central, Lambrate y Rogoredo, en tren hacia Lodi y Pizzighettone. El parque natural sigue el curso del río Adda, desde Rivolta d'Adda hasta el Po, con una extensión de cerca de 60 kilómetros. En el parque hay cuatro itinerarios que se pueden hacer en bicicleta, que parten de Lodi, Pizzighettone y Zelo Buon Persico. Hay centros de información en Castiglione d'Adda y Villa Pompeiana. En il Consorzio se pueden encontrar mapas con la descripción de los recorridos (también se pueden concertar visitas guiadas).

Espectáculos, restaurantes y hoteles

Arriba, *una foto antigua de la Scala.* Sobre estas líneas y al lado, *carteles de locales para escuchar música, cenar y divertirse en la noche milanesa.*

Ópera, conciertos, teatro y cine: cultura, música y espectáculos

Música para todos

Los melómanos están de enhorabuena ya que se encuentran en la ciudad adecuada. Milán ofrece cada año setecientos espectáculos entre óperas, ballets, conciertos de música de cámara, antigua, sacra y contemporánea, recitales de piano, violín y otros instrumentos. Los conciertos tienen lugar en teatros, iglesias, auditorios y, por supuesto, en el templo mundial de la lírica: el Teatro de la Scala.

Un palco en la ópera...

La temporada lírica del **Teatro de la Scala** comienza cada año el 7 de diciembre, fiesta de San Ambrosio, patrón de Milán.
Como muchos sabrán, la *prima* (la primera representación) en la Scala es un acontecimiento de doble importancia: por una parte, la calidad de la ópera apasiona a críticos musicales y expertos; por otra, la gran afluencia de personajes relevantes atrae a los curiosos.

La noche del estreno es casi imposible conseguir entrada para el espectáculo. En todo caso, quizá se pueda conseguir entrada para asistir a la ópera de pie, en el gallinero (se dice que aquí se encuentran los adeptos más apasionados de la lírica), pero también es difícil.

La Scala no se limita a la lírica. El teatro presenta regularmente ballets, conciertos y recitales de concertistas. La Scala tiene una orquesta propia, la ***Orchestra e Coro del Teatro alla Scala*** (Orquesta y Coro del Teatro de la Scala), su propio ***cuerpo de baile***, y acoge las interpretaciones de la **Orchestra Filarmonica**, una asociación independiente.

Todos los años la cartelera ofrece

A la caza de localidades

Para informarse sobre los espectáculos teatrales y conciertos de música clásica, recomendamos consultar el suplemento milanés del ***Corriere della Sera*** (los miércoles) y de ***La Repubblica*** (los jueves). Las localidades se pueden adquirir contactando directamente con los teatros y salas de conciertos o a través de agencias que las venden con antelación. Para la venta anticipada de localidades, dirigirse a: **Theatres Tickets Line** (tfno. 58100190; línea telefónica gratuita que funciona las 24 horas), **La Biglietteria** (via Molino delle Armi 3, tfno. 58304281), **Prenoticket** (via Anzani 7, tfno. 54271), **Ricordi Box Office** (galleria Vittorio Emanuele, tfno. 8690683), **Box Ticket** (c/o largo Cairoli, via Cusani, tfno. 8051197), **Messaggerie Musicali** (corso Vittorio Emanuele, tfno. 795502), **Spettatori Associati** (via della Signora 3, tfno. 7723219), **Mariposa** (estación de metro de Duomo, galleria Santa Redegonda, tfno. 8057937), **Circuito Milano Tickets** (c/o Fiorucci, corso Vittorio Emanuele), **Italiana Concerti** (via Valtrompia 31, tfno. 39003185).

Velada en la Scala. **Abajo,** *el teatro, con una acústica inmejorable.*

★ EL DESMEDIDO ENTUSIASMO POR EL GALLINERO

Las localidades para el gallinero se ponen a la venta el día de la representación. Los nombres de los interesados los apunta un empleado de la Società l'Accordo. Después se distribuyen por orden de llamada en la entrada del Museo della Scala. El orden de llamada se coloca en el tablón de la taquilla del teatro.

al público milanés orquestas y concertistas de fama mundial y compañías de ballet de otros países. Las oportunidades para entrar en el sagrado templo de la música, sin embargo, no faltan; con un poco de paciencia se pueden conseguir entradas, tal vez no las mejores localidades. Para adquirirlas hay tres posibilidades:

1) llamando al 860775 (se reciben reservas las 24 horas);
2) en todas las entidades del banco Cariplo (en horario de oficina);
3) a través de la dirección de Internet del Teatro alla Scala (*http://lascala.milano.it*). Atención: hay un calendario de ventas; cada ópera, concierto o ballet tiene una fecha a partir de la cual se comienzan a vender las localidades.

Cerca de la taquilla (debajo del pórtico, en la via Filodrammatici, abierta de 12.00 a 18.00), un mes antes de la representación, se pueden adquirir las localidades que han quedado sin vender, de la manera descrita anteriormente.

Se puede recibir información de todo tipo, llamando al 72003744

Breve historia de la lírica

El Teatro alla Scala fue construido a finales del siglo XVII por el arquitecto Piermarini. El exterior del edificio es sobrio, mientras el interior es una joya de acústica perfecta.Destruido en la segunda guerra mundial, gracias al sacrificio de los ciudadanos y el trabajo del gran director de orquesta Arturo Toscanini (que buscó financiación también en el exterior), la Scala resurgió de sus cenizas en 1948. Durante su historia, en este teatro se han ejecutado obras de grandes compositores italianos como Verdi, Rossini, Bellini, Donizette, Puccini, Ponchielli, y extranjeros como Wagner, Strauss y Debussy. Después de su restauración, el teatro ha dado fama y gloria a compositores como Luigi Nono, Luciano Berio y Silvano Bussotti. Entre los cantantes, no podemos omitir a la legendaria Maria Callas; entre los directores de orquesta y grandes intérpretes recordamos a Ricardo Muti (actual director musical), Claudio Abbado y Mauricio Pollini. La Scala, en los años de las protestas estudiantiles, se convirtió en el símbolo de la burguesía milanesa, y fue atacada muchas veces, sobre todo en las noches de estreno. Para los interesados en la historia del teatro, aconsejamos una visita al **Museo Teatrale della Scala**, junto al Teatro alla Scala (tfno. 8053418; de 9.00 a 12.00 y de 14.00 a 18.00; sábados y festivos de 9.00 a 12.30 y de 13.30 a 17.00; domingos cerrado).

(de 10.00 a 18.00), y en la dirección de Internet.

Quien esté interesado en los conciertos de la **Orchestra Filarmonica** (via Foscolo 5), debe llamar al 72023671. Generalmente hay localidades a la venta en la APT de via Marconi, de 8.30 a 18.00, los jueves anteriores al concierto.

... o una butaca en el concierto

La semana musical de los milaneses es rica en ofertas. Muchos conciertos se suceden en la gran *sala Verdi* o en la *sala Puccini*, cerca del **Conservatorio Statale di Musica Giuseppe Verdi** (via Conservatorio 12, tfno. 7621101); también los auditorios, teatros e iglesias acogen conciertos y coros. Una importante orquesta sinfónica de la ciudad, la **orchestra Giuseppe Verdi** –cuyos miembros son muy jóvenes–, toca en la sala del *teatro Lirico* (via Larga, tfno. 809665).

La **orchestra Cantelli** (via Paleocapa 4, tfno. 876076), de reciente

Orchestra Sinfonica di Milano Giuseppe Verdi

formación, se dedica a la música contemporánea: cuando no está de gira, se puede escuchar en el *Conservatorio*.

La **orchestra Milano Classica** (tfno. 472595) –anteriormente conocida como *Angelicum*– se puede oír en la ***palazzina Liberty*** (largo Marinai d'Italia). Los conciertos de los **Pomeriggi Musicali** (tardes musicales, via Guicciardini 5, tfno. 76001900), que se celebran los sábados por la tarde, los de la **Società dei Concerti** (via Vittor Pisani 31, tfno. 66984134) y los de las **Serate Musicali** (veladas musicales, galleria Buenos Aires 7, tfno. 29409724) se celebran cerca del ***Conservatorio***. La **Società I del Quartetto** (via Durini 24, tfno. 795393-76005500) organiza conciertos de música de cámara de alto nivel artístico; las entradas sólo pueden adquirirlas los socios. La **Società I Concerti del Quartetto** (una parte de la Società del Quartetto) organiza las ***Settimane di Bach*** (*Semanas de Bach*), que se celebran en primavera y otoño en algunas iglesias milanesas.

La música antigua y sacra es protagonista del ciclo **Musica e Poesia** (tfno. 62083856), que el Ayuntamiento de Milán organiza en las ***iglesias de San Maurizio*** (corso Magenta), ***San Simpliciano*** (piazza San Simpliciano) y ***Santa Maria presso San Satiro*** (via Torino). Venta anticipada de localidades junto al Centro Servizi del Comune, en la ga-

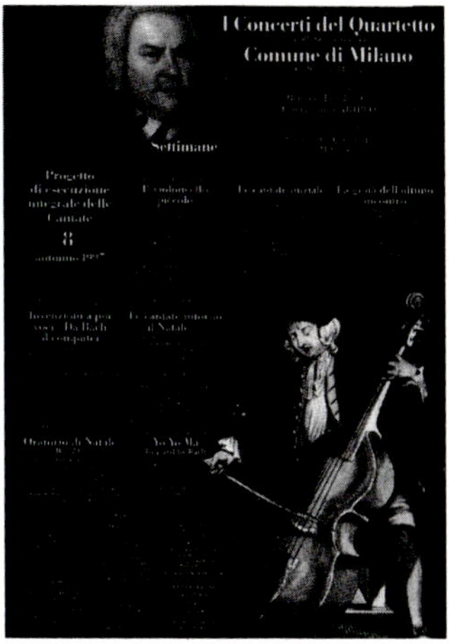

El calendario de la Semana Musical milanesa contiene numerosas citas interesantes.

lería Vittorio Emanuele. También las ***iglesias de Sant'Alessandro*** (piazza Sant'Alessandro) y de ***San Marco*** (via San Marco) ofrecen conciertos de órgano y canto.

En el ***teatro Manzoni*** (via Manzoni 42, tfno. 76000231), los domingos a las 11.00 es posible asistir a los interesantes conciertos del ciclo **Aperitivo in Concerto**, una original propuesta para los turistas.

En el ***teatro Nuovo*** (piazza San Babila, tfno. 781219), los miércoles a las 16.00 tienen lugar los **Concerti da salotto** (conciertos de salón): la entrada incluye el concierto y un té con pastas.

Conviene no perderse los conciertos organizados por la ***Università Bocconi***, en el ***Centro Culturale Rosetum*** (via Pisanello 1, tfno. 48707203) y por la ***Associazione Umanitaria*** (via Daverio 7, tfno. 55187242).

★ VELADAS ESTIVALES
Una cita que se está convirtiendo en habitual en las noches de verano son los conciertos del ciclo Notturni, en la villa Simonetta (via Stilicone 36, tfno. 8136123), una joya del siglo XVI.

Se ha intentado ofrecer un panorama general, y seguramente no exhaustivo, de las actividades musicales de la ciudad. En cualquier caso, Milán nunca defrauda.

Se abre el telón

¿Son aficionados al teatro los milaneses? La respuesta es afirmativa. Las salas son numerosas y la variedad de la cartelera notable. Todos los años se ponen en escena alrededor de trescientos espectáculos, desde comedias modernas hasta tragedias clásicas, óperas contemporáneas, cabarés y musicales.

La oferta, evidentemente, no falta. Conviene recordar que, además, Milán ha tenido la suerte de contar con dos figuras del teatro de fama internacional: el director Giorgio Strehler, desaparecido recientemente, y el actor y autor Dario Fo, Nobel de Literatura en 1997.

Hay teatros distribuidos por toda la ciudad, por lo que no se puede hablar de una *theatreland* como la de Londres. Brera, barrio nocturno por excelencia, tiene tres teatros (el Nuovo Piccolo Teatro, el Teatro Studio y el Teatro delle Erbe). Hay también otras salas en las calles más ruidosas (Manzoni, Carcano, Porta Romana) y también en callejuelas escondidas (Olmetto, Piccolo Teatro), en los *piazzali* más conocidos (Nuovo, San Babila, Nazionale) y también en calles alejadas del centro (Ciak, Teatro dell'Elfo). El aparcamiento, por lo general, es un problema.

Los teatros municipales son el **Piccolo Teatro** y el **Lirico**. El primero fue fundado en la posguerra por Giorgio Strehler, Paolo Grassi y Nina Vinchi. Desde siempre, a pesar de las polémicas entre la dirección artística y los administradores del Ayuntamiento, sus producciones se consideran de alto nivel. El Lirico es una de las salas con más aforo de Lombardía; por esta razón se utiliza también para otros fines, como conciertos y actos culturales.

El resto de las grandes salas, como **Carcano**, **Nazionale**, **Nuovo**, **Manzoni** y **Sme-**

Fo y Strehler, prestigiosos exponentes del teatro italiano. A la derecha, en el centro, entradas para los teatros Manzoni y Lirico.

Teatros antiguos, nuevos y futuros

Tras años de encendidas discusiones, largas esperas y gastos astronómicos, en 1997 volvió a abrir sus puertas el **Nuovo Piccolo Teatro**, una sala con un aforo de 976 butacas unida al nombre de Giorgio Strehler y su famoso Piccolo Teatro-Teatro d'Europa. También la sala del viale Alemagna, sede del **CRT-Teatro dell'Arte**, ha vuelto a abrir después de nueve años de inactividad. Los lentos trabajos de remodelación continúan en el antiguo teatro **Dal Verme**, cerrado al público desde 1981. Hace tiempo que está proyectada la construcción del gran **Teatro degli Arcimboldi** (antigua sala Scala bis). Este teatro estará situado en el barrio periférico de la Bicocca, en el viale Sarca, y tendrá un aforo de 2.500 butacas.

raldo, ponen en escena espectáculos variados, clásicos y musicales. También son de calidad los espectáculos de los teatros pequeños y medianos, algunos de los cuales tienen una larga tradición (**Litta**, **Olmetto**, **Franco Parenti**, por citar algunos). El cabaré ocupa un lugar destacado en la escena milanesa. El teatro **Ciak**, junto con el **Zelig**, son las salas ideales para los aficionados a este género. Las salas en las que se hace teatro experimental y de vanguardia son el *Centro per la Ricerca Teatrale* (**Crt**, Centro de Investigaciones Teatrales), **Teatridithalia**, **Verdi** y **Out Off**. Un fenómeno reciente es la inclusión en la programación de algunas salas de teatro –siempre que éstas tengan buena acústica– de conciertos de música ligera, pop y rock. Entre estas salas se pueden citar **Lirico**, **Smeraldo** y **Manzoni**. En casi todos los teatros milaneses hay función los domingos por la tarde. A continuación se reseñan las direcciones y algunos datos curiosos de los teatros más conocidos de la ciudad.

Las salas más grandes

Carcano (corso di Porta Romana 63, tfno. 55181377; línea 3 de metro, estación de Crocetta, tranvía 24). Gran sala con

patio de butacas y platea (990 butacas). Espectáculos variados.

CRT-Teatro dell'Arte (viale Alemagna 8, tfno. 861901; líneas 1 y 2 de metro, estación de Cadorna, autobús 94, tranvía 1). Tiene su sede en el viale Alemagna desde hace poco tiempo. Su aforo es de 900 butacas y en él se representa teatro de vanguardia.

Lirico (via Larga 14, tfno. 72333222; líneas 1 y 3 de metro, estación de Duomo, autobús 54). Sala grande con 1.600 butacas. El repertorio es variado y sus espectáculos venden mucho. Este teatro se utiliza también como sala de conciertos y es escenario de diversas actividades culturales.

Manzoni (via Manzoni 42, tfno. 76000231; línea 3 de metro, estación de Montenapoleone, tranvía 1). Su repertorio es tradicional. La oferta de esta sala se centra en los espectáculos más rentables.

Nazionale (piazza Piemonte 12, tfno. 48007700, línea 1 de metro, estación de Wagner, tranvía 24). Tiene patio de butacas y platea. Aforo: 1.600 butacas. Su repertorio es variado, y los espectáculos, comerciales.

Nuovo (piazza San Babila, tfnos. 76000086/7, línea 1 de metro, estación de San Babila, autobús 61). Sala grande con 1.020 butacas. Repertorio variado con tendencia a los espectáculos comerciales.

Nuovo Piccolo Teatro (largo Greppi, tfno. 72333222, línea 2 de metro, estación de Lanza, tranvía 12). Ha sido inaugurado recientemente tras años de contenciosos. Es el rival del Piccolo Teatro. Además de teatro, también se representa ópera lírica. Aforo: 976 butacas.

Piccolo Teatro di Milano (via Rovello 2, tfno. 72333222, línea 1 de metro, estación de Cordusio, autobús 54). Es el teatro italiano más famoso.

TEATRO MANZONI

Su repertorio, variado y de calidad, abarca desde lo clásico hasta lo contemporáneo. Se puede obtener información sobre los espectáculos de esta sala en la siguiente dirección de Internet: http://www.piccoloteatro.it.

TEATRO NUOVO
PIAZZA S. BABILA TEL. 76000086/78

San Babila (piazza San Babila 2/a, tfno. 76002985; línea 1 de metro, estación de San Babila, autobús 61). Sala con 490 butacas y repertorio variado.

Smeraldo (piazza XXV Aprile 10, tfno. 29006767; línea 2 de metro, estación de Moscova, autobús 94, tranvía 29). Con sus 2.100 buta-

cas, es la sala más grande de Milán, por lo que se utiliza para los espectáculos que atraen a mucho público o bien para conciertos.

Algunas salas más pequeñas

Ciak (via Sangallo 33, tfno. 76110093; autobús 54, tranvía 5). Esta sala está especializada en cabaré. De aquí han saltado a la fama muchos cómicos, desde Paolo Rossi hasta Claudio Bisio.

Della 14a (via Oglio 18, tfno. 55211300; línea 3 de metro, estación de Corvetto, autobús 34). 400 butacas. Principalmente, repertorio policiaco en dialecto milanés.

Filodrammatici (via Filodrammatici 1, tfno. 8693659; líneas 1 y 3 de metro, estación de Duomo). Repertorio principalmente clásico. Los sábados por la tarde ofrece espectáculos para niños.

Entrada del teatro Litta. **Arriba y a la izquierda,** *carteles anunciando representaciones teatrales y conciertos.*

Litta (corso Magenta 24, tfno. 86454545; líneas 1 y 2 de metro, estación de Cadorna, autobús 94, tranvía 24). Antiguamente esta pequeña sala (240 butacas) era el teatro privado de la familia Litta, propietaria del palacio del mismo nombre. Repertorio variado.

Olmetto (via Olmetto 8/a, tfno. 875185; línea 3 de metro, estación de Missori, autobús 65, tranvía 15). Tiene un aforo de 190 butacas; teatro clásico y experimental.

Out Off (via Dupré 4, tfno. 39262282; autobús 90, tranvía 12). Esta sala cuenta con tan sólo 100 butacas y está indicada para los aficionados al teatro de vanguardia.

Piccola Commenda (via Privata Reggio 5, tfno. 55015152; línea 3 de metro, estación de Crocetta, autobús 77, tranvía 4). Este teatro tiene su propia compañía estable. Su repertorio es variado y representan obras en dialecto.

Sipario Spazio Studio (via S. Marco 34, tfno. 653270; línea 2 de metro, estación de Moscova, autobús 94). Sótano en la zona de Brera que cuenta con 40 butacas. Repertorio original para un público aficionado.

Teatridithalia. Hace unas cuantas temporadas que se se han fundido, bajo este nombre, dos teatros milaneses: el **Elfo** (via C. Menotti 11, tfno. 58315896; autobús número 54, tranvía 29) y el **Porta Romana** (corso di Porta Romana 124, tfno. 58315896; línea 2 de metro, estación de Porta Romana, tranvía 29). La primera sala tiene un aforo de 580 butacas y la segunda de 500. Repertorio contemporáneo, tanto italiano como extranjero, y de vanguardia.

Teatro Franco Parenti (via Pierlombardo 14, tfno. 545714; línea 3 de metro, estación de Porta Romana, tranvía 29). El nombre de este teatro procede de su fundador, Franco Parenti, actor milanés desaparecido en 1990. En la sala principal hay 500 butacas, pero también se utilizan dos salas más pequeñas para espectáculos con necesidades menores desde el punto de vista escénico. Repertorio innovador.

Teatro Studio (via Rivoli 6, tfno. 72333222; línea 2 de metro, estación de Lanza, tranvía 12). El antiguo teatro Fossati se utilizaba como local de ensayos del Piccolo Teatro de via Rovello. En la actualidad, después de una original remodelación, ha adquirido mayor personalidad. Esta sala tiene aforo para 450 personas. Su repertorio es variado.

Verdi (via Pastengo 16, tfno. 6071695; línea 2 de metro, estación de Garibaldi, autobús 70, tranvía 4). Cuenta con 175 butacas, su repertorio es variado y también representan obras para los más jóvenes.

Cine a tope

No cabe duda alguna: por lo que respecta al cine, Milán esta viviendo un momento mágico. Después de la inactividad de los años ochenta, los milaneses han vuelto a descubrir el placer de ir a ver una película en la gran pantalla. Y no sólo esto: también han descubierto lo agradable que resulta estar sentados en una buena sala, a gusto, en butacas cómodas, disfrutando de unas imágenes proyectadas con la máxima calidad y apreciando los efectos especiales y la continuidad, garantizada por la ausencia de interrupciones publicitarias. En definitiva, han descubierto lo bonito que es estar cautivados por el cine. Este cambio se debe, principalmente, al cambio en la distribución de las salas de la ciudad.

Un paraíso para los cinéfilos

Los que busquen el cine más cómodo, más bonito y más técnicamente avanzado, deben visitar los multicines **Arcadia di Melzo** (a 20 kilómetros de Milán aproximadamente, por la carretera provincial Rivoltana, a dos kilómetros de la bifurcación para Agrate). Este cine, que se inauguró en 1997, fue proyectado y concebido por Piero Fumagalli, un empresario enamorado del celuloide. La sala más grande (630 butacas) alberga una pantalla de dimensiones enormes (30 por 16,50). Todo, desde el sonido y la iluminación hasta la calefacción y el aire acondicionado, ha sido estudiado hasta el mínimo detalle (también las butacas son especialmente cómodas). Información: tfno. 95416444. Reservas: tfno. 95416445. Dirección en Internet: http://www.cinestudio.it/arcadia.

Para disfrutar de una buena película de estreno, ya no es necesario ir hasta el centro. Es verdad que la densidad de cines en el corso Vittorio Emanuele II sigue siendo alta, pero están abriendo multicines nuevos en muchas zonas, lo cual alivia el problema de encontrar aparcamiento en el casco antiguo, que siempre es difícil, y contribuye también a que los ciudadanos se acostumbren a ir a los *local cinemas,* los cines de barrio que en Londres, por ejemplo, son tan populares. Entre éstos se pueden citar el **Plinius** (viale Abruzzi), el **Anteo** (via Milazzo), el **Brera Multisala** (corso Garibaldi), el **Colosseo** (viale Montenero), el **Ducale** (piazza Napoli) y el **Gloria** (corso Vercelli), inaugurado hace poco. También abrirán sus puertas el antiguo cine porno Giardini (piazza Oberdan), cuya remo-

Uno de los numerosos cines del corso Vittorio Emanuele II. La apertura de multicines en los barrios periféricos es un fenómeno reciente.

ESCENARIOS PARA LA GRAN PANTALLA

A decir verdad, no se puede decir que Milán sea la capital de la industria cinematográfica. Sin embargo, sus calles, sus plazas y su periferia han servido de telón de fondo de historias trágicas, cómicas o de problemas sociales. Entre ellas se pueden citar *Miracolo a Milano* (Zavattini/De Sica, 1951), que narra la historia de una comunidad de vagabundos que encuentran petróleo en la periferia de la ciudad; *Il Generale della Rovere* (Roberto Rossellini, 1959), cuyo guión fue escrito por Indro Montanelli e interpretado magistralmente por Vittorio de Sica, está ambientada en los años de la ocupación nazi; *Rocco e i suoi fratelli* (Luchino Visconti, 1960) nos lleva al mundo de la clase obrera de Milán que trabaja en Alfa Romeo y en las empresas del Portello (en la actualidad son parte de la Feria de Milán); su protagonista es Alain Delon y narra la trágica historia de la emigración del sur, con sus ilusiones y desilusiones. Entre las comedias cabe destacar la memorable escena de Totò en la que este personaje, en la película *Totò, Peppino e la malafemmina* (Camillo Mastrocinque, 1956) llega a la estación de Milán en pleno verano con un abrigo con el cuello de piel y una linterna en la mano porque «en Milán, cuando hay niebla, no se ve». Entre las películas milanesas de los años setenta citamos *La Pacifista* (Micklos Jancso, 1971) y *San Babila ore 20: un delitto inutile* (Carlo Lizzani, 1976), que tratan de política y conflictos sociales; *Milano calibro 9* (Fernando di Leo, 1972) forma parte de las películas de género policiaco, mientras que *Sono stato io* (Alberto Lattuada, 1973) gira en torno al homicidio de una soprano de la Scala. La Milán de la buena vida de los ochenta inspiró la película *Via Montenapoleone* (Carlo Vanzina, 1987) y *Sotto il vestito niente* (Carlo Vanzina, 1985), ambas inspiradas en el mundo de la moda. *Ho fatto Splash* (1980) y *Ladri di Saponette* (1989), del director y actor Maurizio Nichetti, están inspiradas en el mundo de la publicidad. La periferia de Milán ha sido retratada en la película *Piso Pisello* (Peter del Monte, 1981). El desasosiego de los treintañeros se expresa en *L'aria serena dell'ovest* (Silvio Soldini, 1990), rodada íntegramente en Milán y con planos panorámicos poco convencionales.

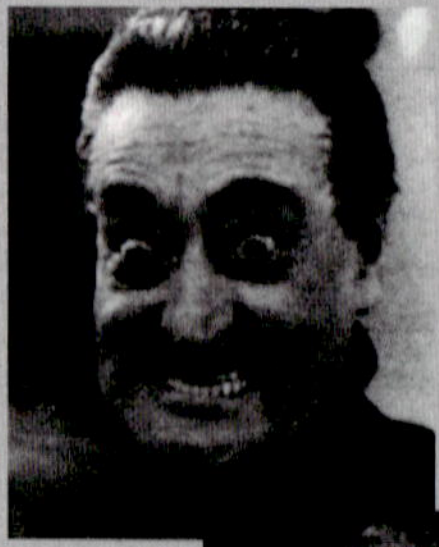

Algunas escenas de la película futurista *Nirvana* (Gabriele Salvatores, 1997) se rodaron en la zona de Portello, cerca de la Feria, que se convirtió para la ocasión en un barrio étnico. El montaje final se realizó en los estudios de la via Moscova.

★ Cine en el museo y en los escaparates
Para los que no se conforman con la pantalla, el Museo del Cinema (via Manin 2/b, tfno. 6554977) abre por las tardes de 15.00 a 18.30.
En la estación Central (via Cavalcanti 8) se halla el SAC, vendedor oficial de pósters y carteleras (tfno. 2613225). Puede ser una visita interesante para los cinéfilos y fans de actores y actrices.

delación le fue encargada al famoso arquitecto Gae Aulenti. Se están llevando a cabo experiencias piloto con la proyección de películas a la hora de comer (alrededor de las 13.00, en la sala **Anteo**) y después de la medianoche los fines de semana en los cines **Cinema Mexico - Cinema Stone** (pases a las 21.00) y en la sala **Gloria** (a las 23.00). Como en todas partes, las películas americanas copan las pantallas, pero también el cine europeo (principalmente el inglés y el francés) tiene sus adeptos. Los directores toscanos Pieraccioni, Virzì y Benigni, así como los romanos Moretti y Verdone, también gustan en Milán.

Ciclos y cine de arte y ensayo

Los aficionados al cine de arte y ensayo están de enhorabuena (aunque Milán está a años luz de ciudades como París o Londres): cuentan con la cinemateca del **Museo del Cinema** (via Manin 2/a, tfno. 6554977; línea 3 de metro, estación de Turati), que, de martes a viernes, a las 17.30, proyecta películas que han sido un hito en la historia del cine u otras que no están comercializadas.

En el **Auditorium San Carlo** (corso Matteotti 14, tfno. 76001188; línea 1 de metro, estación de San Babila) se pueden ver películas procedentes de festivales de cine y de distintos *cinefórums*.

En el cine **De Amicis** (via De Amicis 34, tfno. 8645527; línea 2 de metro, estación de S. Ambrogio, autobús 94) hay que prestar atención a los ciclos especializados y a las proyecciones de cintas antiguas.

También merece la pena ver las películas de la **Cineteca Italiana Santa Maria Beltrade** (via Oxilia 10, tfno. 26820592; tranvía 1), sólo para socios.
En primavera tiene lugar el ciclo de películas del *Festival del Cinema Africano* en los cines **San Lorenzo** (corso di Porta Ticinese 45; tranvía 3, autobús 94), **De Amicis** (*ver más arriba*) y en el **Auditorium San Fedele** (via Hoepli 3/b, tfno. 86352231; líneas 1 y 3 de metro, estación de Duomo).

El **Cinema Mexico - Cinema Stone** (via Savona 57, tfno. 48951802; tranvía 14) proyecta películas en versión original todos los días. No hay que perderse el mítico *The Rocky Horror Picture Show* (un espectáculo de películas de terror), en el que el público participa apasionadamente todos los viernes desde hace muchos años.
Películas en versión original se pueden ver semanalmente en las salas **Arcobaleno** (viale Tunisia 11, tfno. 29406054; tranvía 5), **Anteo** y **Odeon 5**.
En los meses de verano, en la *Rotonda di via Besana*, tiene lugar el ciclo de cine al aire libre denominado **Arianteo** (no se suspenden ni las proyecciones aunque llueva). Precio reducido los miércoles y para los titulares de la tarjeta AGIS.

Un tentempié después del cine o el teatro

Caffè Vecchia Brera (via dell'Orso 20, tfno. 86461695). Se pueden tomar crepes, saladas o dulces, rellenas de los más variados ingredientes. Este local permanece abierto hasta la madrugada. Zona de Brera.
Gambarotta (via Moscova 50, tfno. 6572146; sábado a mediodía y domingo cerrado). Mitad pizzería, mitad restaurante. Está siempre lleno.
Giallo (via Milazzo 6, tfno. 6571581; abierto sólo por la noche; domingo cerrado). Ambiente marchoso y un poco caótico. La cocina está abierta hasta tarde.
Osteria del Cinema (via Milazzo 9, tfno. 29011475; abierto las 24 horas). Dentro del cine Anteo. Platos ligures.
Pizzeria Garibaldi (corso Como 6, tfno. 6551926; cerrado domingo a mediodía y lunes). Clásica pizzería a la que a los milaneses les gusta ir después del teatro. Pizzas en porciones en mesas rústicas.

Santa Lucia (via San Pietro all'Orto 3, tfno. 76023155; lunes cerrado). Restaurante pizzería de última moda cuya clientela proviene del mundo del cine, del teatro y la televisión. Zona de Centro.
Lo Smeraldino (piazza XXV Aprile, tfno. 6595815; miércoles cerrado). Junto al teatro Smeraldo. Siempre hay cola. Zona de Brera.

Platos fríos y calientes, sofisticados y caseros

Cocina tradicional, regional, innovadora y étnica: Milán ofrece de todo en restaurantes.

La imagen de la Milán del buen beber se fue con los años ochenta, pero la Milán del buen comer parece que va a entrar en el nuevo milenio con buenos sabores e imaginación. La selección es amplia y a los restaurantes que sirven platos tradicionales (bien milaneses o de la región de Lombardía) hay que añadir los locales que ofrecen sabores y costumbres de otros países: la reciente pasión por el *brunch* o almuerzo es sólo un ejemplo. Los milaneses se han dado cuenta de que la cocina exótica es una interesante alternativa a la cocina tradicional, por lo que los restaurantes extranjeros se están multiplicando. Las zonas con mayor densidad de este tipo de locales son el casco antiguo, Brera y Navigli. Generalizando, se podría decir que en el centro y en Brera se encuentran restaurantes más sofisticados y elegantes, mientras que los locales de los Navigli son más caseros (aunque también de última moda). En muchos otros barrios más alejados del centro hay también restaurantes de calidad. La selección de locales que se ofrece a continuación se basa en la relación calidad/precio. También se presta atención al factor social. Las direcciones que se detallan se adecuan a todos los bolsillos. Lo que más abunda son las pizzerías. En el capítulo *La Milán cosmopolita* se reseñan los mejores restaurantes étnicos.

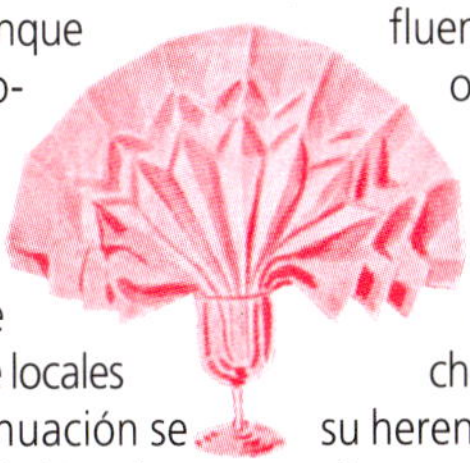

Empezamos por dar algunos consejos. 1) En Milán se come bien, pero el precio de una comida es bastante elevado para nuestro bolsillo (no conviene hacer caso de la indicación *trattoria* y *osteria*, aunque en principio son casas de comidas). 2) La influencia de la *nouvelle cuisine* o nueva cocina –que causó furor en los ochenta– se sigue notando. Aunque los grandes jefes de cocina como Gualtiero Marchesi se han ido de la ciudad, su herencia es palpable: la cocina es ligera, con poca grasa –a pesar de la pasión de los lombardos por la

★ Los precios de los restaurantes

£= de 35.000 a 50.000 liras por persona.

££= de 50.000 a 70.000 liras por persona.

£££= de 70.000 a 100.000 liras por persona.

££££= de 100.000 liras en adelante por persona.

Cocina tradicional

He aquí algunos platos típicos de la cocina milanesa.

Risotto alla milanese (arroz a la milanesa): arroz con azafrán. Se dice que la invención de este plato se debe al error de un cristalero al que, mientras estaba trabajando en las grandes vidrieras de la naciente catedral, se le calló un poco de polvo amarillo en un plato de arroz. Se puede acompañar con *ossobuco*, se sirve crujiente y es un plato muy sabroso.

Trippa (entresijos): vísceras cocinadas con verduras y condimentos diversos.

Cassöela: para estómagos a prueba de bombas. Es un guiso que lleva carne, piel de cerdo, salchicha, costillas y más cosas.

Cotoletta alla milanese (chuleta a la milanesa): es un plato clásico de Milán. Es de influencia vienesa.

Rane e lumache (ancas de rana y caracoles): para paladares atrevidos. Ésta es la prueba de que los milaneses son un poco afrancesados.

Polenta (especie de gachas): en Milán, al igual que en todo el norte de Italia, gusta mucho la *polenta*, gachas de harina de maíz. Se comen solas o rellenas de besamel, setas o queso.

Fritto misto alla milanese (entresijos variados fritos a la milanesa): sesos, bofes, hígado, etc. Un plato muy exquisito pero con mucho colesterol.

Panettone: bizcocho muy alto con mantequilla, pasas y fruta confitada. ¿Qué sería de las navidades sin el panettone?

Tortelli (especie de pestiños): no hay que confundirlos con los *tortellini*. Se trata de un dulce típico lombardo. Son parecidos a nuestros buñuelos o pestiños y se comen en carnaval.

Pan de Mej: tarta hecha con flores secas de saúco.

mantequilla–, y las raciones no suelen ser excesivas. 3) Se dice que en Milán, una ciudad sin puerto de mar, es donde se come el pescado más fresco de Italia. 4) Los aficionados a los platos regionales han de recordar que en Milán predomina la tradición toscana. Quizá sea ésta la razón por la que el más veterano de los periodistas italianos, Indro Montanelli, de paladar exigente, ha elegido Milán como su segunda patria chica. 5) Siempre es mejor reservar (sobre todo cuando se sale en grupo) para no tener que aguantar largas esperas.

Los clásicos

Aimo e Nadia (via Montecuccoli 6, tfno. 416886; sábado a mediodía y domingo cerrado). Este restaurante se ha consolidado como uno de los mejores de Italia. Sus dueños, marido y mujer, forman un tándem excelente. Zona de Lorenteggio. £££

Alfredo Gran San Bernardo (via Borgese 14, tfno. 3319000; domingo cerrado). El templo del arroz (a la milanesa o preparado de mil maneras) y de los platos típicos lombardos. Zona de cementerio Monumental. ££££

Bice (via Borgospesso 12, tfno. 76002572; lunes y martes a mediodía cerrado). Tiene sucursales también en Nueva York y en Londres. Desde 1922 este restaurante toscano situado en pleno «cuadrilátero de oro» es uno de los símbolos por excelencia de Milán. Zona de Centro. £££

Boeucc (piazza Belgioioso 2, tfno. 76020224; sábado y domingo a mediodía cerrado). Aquí se dan cita los jefes de distintas empresas para las comidas de negocios. Decorado con suntuosidad, está situado en una de las plazas más bonitas de esta ciudad. El nombre quiere decir agujero, pero esto no debería confundir a nadie. Zona de Centro. £££

Don Lisander (via Manzoni 12/a, tfno. 76020130; domingo cerrado). Así le llamaban cariñosamente a Alesandro Manzoni. El ambiente es típico de la vieja Milán y la cocina es tradicional. En verano se come en el jardín. Es lo que los americanos llamarían *an old favorite* («un clásico que gusta a todos»). Zona de Centro. £££

Giannino (via A. Sciesa 8, tfno. 55195582; domingo cerrado). Es un restaurante elegante y muy concurrido, baluarte de la tradición milanesa. Zona de Porta Vittoria. ££££

Santini (via San Marco 3, tfno. 6555587; sábado a mediodía y domingo cerrado). Antes estaba en el corso Venezia, pero se ha trasladado a Brera. Sigue siendo uno de los restaurantes más famosos. Zona de Brera. ££££

Savini (galleria Vittorio Emanuele, tfno. 72003433; domingo cerrado). Es el restaurante milanés por excelencia, situado en el mejor local de la ciudad (la Galleria). aquí cenaban Onassis y la Callas. En la actualidad gusta mucho a los japoneses, quizá demasiado. Zona de Centro. £££

Sadler (via Conchetta, en la esquina con la via Troilo 14, tfno. 58104451; domingo cerrado). Ambiente elegante y cocina muy sofisticada con innovaciones permanentes. Zona de Navigli. ££££

Comer a mediodía

Los locales que a continuación se detallan, si no se especifica lo contrario, abren también por la noche.

Alla Vecchia Latteria di via Unione (via Unione 6, tfno. 874401; abierto sólo a mediodía; domingo cerrado). Este local siempre está lleno de gente. Sirve comida vegetariana exclusivamente. Están bien vistos

★ Literatos en la mesa

El restaurante Bagutta (via Bagutta 14, tfno. 76002767; domingo cerrado), como prueban los dibujos, cuadros, apuntes y manifiestos que hay en sus paredes, siempre ha sido punto de encuentro de periodistas y literatos. Fue Riccardo Bacchelli el que hizo que se pusiese de moda entre los intelectuales. Este hombre era cliente habitual y, junto con sus amigos y colegas, decidió instituir el *premio Bagutta* para promocionar la literatura en Milán y en toda Italia. En la actualidad el premio Bagutta sigue estando entre los más prestigiosos.

los que dejan la mesa libre nada más acabar de comer. Zona de Centro.

Latteria San Marco (via San Marco 24, tfno. 6597653; sábado a mediodía y domingo cerrado). Tiene pocas mesas y su ambiente es familiar, con cuadros de rosas prensadas en las paredes. Sirve platos tradicionales muy bien cocinados. Clientela milanesa. Zona de Brera.

Bistrot San Tommaso (via San Tommaso 5, tfno. 874510; domingo cerrado). Bancos rústicos, ambiente juvenil, marchoso y caótico. Sirven pocos platos calientes, pero sus ensaladas son buenas. Tiene autoservicio en la barra. Zona de Centro.

Centro Macrobiotico Italiano (via Larga 7, tfno. 58307416; abierto sólo a mediodía; sábado y domingo cerrado). Ambiente sencillo y natural. Cocina macrobiótica. Zona de Centro.

Galleria Meravigli (via Meravigli 3, tfno. 8055125; domingo cerrado). Es un lugar muy animado para ir a desayunar. También es pizzería. Zona de Centro.

Insalatiera delle Langhe (corso Como 6, tfno. 659180; domingo cerrado). Está junto al conocido restaurante y es una alternativa ligera a la comida de mediodía. Zona de Brera / Garibaldi.

Pane e Farina (via Pantano 6, tfno. 8693274; sábado y domingo a mediodía cerrado). Es un restaurante pizzería informal y siempre lleno de gente, incluso por la noche. Por aquí han pasado un par de generaciones de la burguesía milanesa. Tiene un aire vagamente inglés. Se sirve en la barra. Zona de Centro.

Stendhal (via Ancona, en la esquina con la via San Marco, tfno. 6572059; lunes cerrado). Hace poco que Santini ha dejado de gestionarlo. Buena cocina y buen servicio. A mediodía se llena de periodistas y gente del mundo de la publicidad. Zona de Brera.

Tagiura (via Tagiura 5, tfno. 48950613 (domingo cerrado). Es un bar que a mediodía sirve también comidas. Buena cocina. Zona de Lorenteggio.

El brunch: *una costumbre anglosajona*

La tradición del *brunch*, muy de moda en Milán últimamente, procede de los países anglosajones. Este término, formado de la contracción de *breakfast* y *lunch* (en inglés, desayuno y comida, respectivamente), indica una comida bastante consistente que hace del desayuno y el almuerzo una sola comida. El *brunch* se toma solamente los domingos a mediodía. Es ideal para los noctámbulos a los que les gusta levantarse tarde los fines de semana. He aquí algunas direcciones:

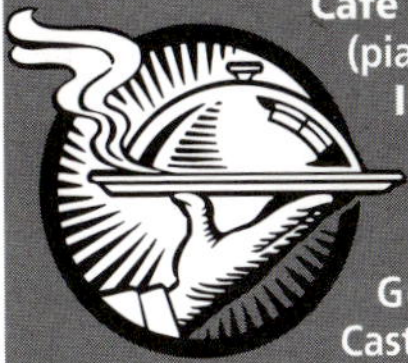

Café Atlantique (viale Umbria 42), **Dixieland Cafè** (piazzale Aquileia 12), **Indiana Post** (via Casale 7), **Il Melograno** (via V. Monti 16), **Old Fashion Cafè** (via Camoens, palazzo della Triennale), **New York Cafè** (via Rosmini, esquina con la via Canónica), **The Siam Society** (via S. Gerolamo Emiliani 2), **Speak Easy** (via Castelfidardo), **Tribeca** (via Conca del Naviglio).

Taverna Morigi (via Morigi 8, tfno. 864508880; domingo cerrado). Restaurante histórico oculto en uno de los barrios más elegantes. Ambiente típico. Zona de Magenta / via Torino.

El mar en la ciudad

Al Porto (piazzale Cantore, tfno. 89407425; domingo y lunes a mediodía cerrado). Es el restaurante ideal para comer pescado. Zona de Ticinese / Navigli. £££

Calajunco (via Stoppani 5, tfno. 2046003; sábado a mediodía y domingo cerrado). Cocina de las islas Eolias. Zona de Buenos Aires. £££

Centro Ittico (via F. Aporti 35, tfno. 26143774; domingo y lunes cerrado). Pescado muy fresco de todos los tipos y para todos los gustos. Está siempre abarrotado. Zona de Buenos Aires. ££

Giacomo (via B. Cellini esquina P. Sottocorno, tfno. 76023313; lunes cerrado). Anteriormente era un restaurante toscano, pero ahora se ha abierto a otras influencias y se ha especializado en pescado. Zona de Porta Vittoria. £££

Tintero (via Q. Sella 2, tfno. 861418. Abre sólo por las noches; domingos cerrado). Lo llaman marisquería a la italiana. Tiene un toque español, ambiente informal y mucho pescado y recetas a la italiana. Abre hasta tarde. Zona de Centro. ££

Trattoria del Pescatore (via Vannucci 5, tfno. 58320452; domingo cerrado). Sólo pescado en este restaurante que está algo alejado del centro. Zona de Porta Romana. ££

Il Sambuco (via Messina 10, tfno. 33610333; sábado a mediodía y domingo cerrado). Para algunos, el mejor restaurante de pescado de Milán. Zona de Paolo Sarpi. £££

Platos variados para todos los gustos

Alle langhe (corso Como 6, tfno. 6554279; domingo cerrado). Cocina piamontesa. Local de moda al final del barrio de Brera. ££

L'Altra Pharmacia (via Ros-

El panettone, el bizcocho milanés

Parece ser que el origen de este típico dulce milanés data de los tiempos de la dinastía Sforza. Se dice que fue inventado por un panadero que abastecía a los monjes de la iglesia delle Grazie. Fue el pastelero Angelo Motta el que, en los años veinte, dio a conocer esta especialidad, a la que añadió su toque personal. Hay que recordar que, según la tradición, el *panettone* se come en Navidad, y también el día de San Biagio (3 de febrero). Un dato curioso: en Milán, la expresión «no llegará a comer el *panettone*» quiere decir que una persona será despedida del trabajo antes de que finalice el año.

mini 3, tfno. 3451300; abierto todos los días). Cocina friulana principalmente. Zona de Paolo Sarpi. £

Al Pont de Ferr (Ripa di Porta Ticinese 55, tfno. 89406277; abre sólo por las noches; domingo cerrado). Es un local acogedor en una zona típica. Buena cocina. Zona de Navigli. £

Al Vecchio Molino (via Pioppette 3, tfno. 89403300; abierto sólo por las noches; domingo cerrado). Es pequeño. Cocina tradicional regional. Zona de Navigli. ££

Al Vecchio Porco (via Messina 8, tfno. 313862; domingo a mediodía y lunes cerrado). Pizzería de última moda decorada con cuadros, fotos y demás objetos que representan cerdos. Zona de Paolo Sarpi. £

Asso di Fiori Osteria dei Formaggi (Alzaia Naviglio Grande 54, tfno. 89409415; domingo cerrado). Es una visita obligada para los *queseros*. Zona de Navigli. ££

BBQ (via Sottocorno 5/a, tfno. 76003571; sábado a mediodía y domingo cerrado). Para los aficionados a la carne: chuletas, parrilladas, cordero y mucho más. Único en su género. Zona de Porta Vittoria. £

La Bettola di Piero (via Orti 17, tfno. 55184947; sá-

Al lado y a la derecha, arriba, *entrada de dos típicas casas de comidas de la zona de los Navigli.*

bado a mediodía y domingo cerrado). Aunque ha dejado de ser una verdadera tasca (*bettola* en italiano), su cocina casera sigue siendo buena. Zona de Porta Romana. £

Boccondivino (via Carducci 17, tfno. 866040; domingo cerrado). Es enoteca y restaurante. Hay que comer para poder beber. Cocina adecuada a los vinos. Zona de Magenta. ££

La Briciola (via Solferino, esquina con via Marsala, tfno. 6551012; domingo y lunes cerrado). Situado en el corazón de Brera, este restaurante gusta mucho a modelos y jóvenes milaneses. En la puerta se aparca en cuarta fila. Zona de Brera. ££

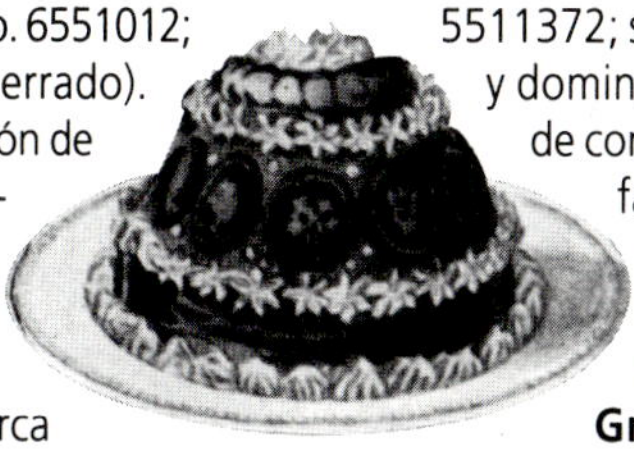

La Briosca (via Ascanio Sforza 13, tfno. 8394933; lunes cerrado). Cocina tradicional. El cliente que quiera pronunciar un breve discurso tiene la posibilidad de hacerlo previa reserva. £

La Brisa (via Brisa 15, tfno. 86450521; lunes a mediodía y domingo cerrado). Oculto detrás del corso Magenta, este popular y discreto local ofrece buena cocina tradicional en un ambiente tranquilo y sofisticado. En verano se puede comer en el jardín. Zona de Magenta. ££

Collina Pistoiese (via Amedei 1, tfno. 86451085; viernes y sábado a mediodía cerrado). Decoración tradicional y agradable. Buena cocina. Este restaurante toscano funciona desde 1938. Zona de via Torino. ££

Dongiò (via B. Corio 3, tfno. 5511372; sábado a mediodía y domingo cerrado). Casa de comidas de ambiente familiar. Cocina casera y sabores calabreses. Zona de Porta Romana. ££

Grand Hotel Pub (via A. Sforza 75, tfno. 89511586; abre sólo por las noches; lunes cerrado). Buena cocina tradicional en un ambiente típico de casa de comidas (con una zona para jugar a la petanca). Zona de Navigli. £

Il Malavoglia (via Lecco 4, tfno. 29531387; lunes cerrado). Cocina típica siciliana. Mucho pescado. Zona de Buenos Aires. ££

L'Osteria (Alzaia Naviglio Grande 46, tfno. 8373426; martes cerrado). Quesos, embutidos y *bruschette* (tostadas untadas con aceite y ajo). Cocina casera y buenos vinos. Zona de Navigli. £

Osteria dei Binari (via Tortona 1, tfno. 89406753; domingo cerrado). Es una elegante casa de comidas con jardín situada detrás de la estación de Porta Genova. Zona de Navigli. ££

Osteria da Francesca (viale Argonne 32, tfno. 730608; domingo cerrado). Casa de comidas apartada del centro. Ambiente sencillo, cocina tradicional y personal amable. Zona de Città Studi. ££

Osteria del Treno (via San Gregorio 46, tfno. 6700479; sábado cerrado). Entre otras cosas, cocina tradicional. Zona de Buenos Aires. ££

Osteria Vècju Friul (via E. De Marchi 5, tfno. 6704295; domingo cerrado). Restaurante especializado en carne. Sus vinos friulanos son excelentes. Ambiente acogedor. Zona de estación Central. £

Piero e Pia (piazza Aspari 2, tfno. 718541; domingo cerrado). Buena cocina de la ciudad de Piacenza. Zona de Città Studi. ££

Quattro Mori (largo Maria Callas 1, tfno. 878483; sábado a mediodía y domingo cerrado). Los clientes habituales de este restaurante son hombres de negocios. Cerca del Castello Sforzesco. Decoración decadente y platos tradicionales. Zona de Centro. ££

Rigolo (largo Treves, tfno. 86463220; lunes cerrado). Cocina toscana y milanesa. A este restaurante suelen acudir los redactores del *Corriere della Sera*, cuyas oficinas están cerca. Zona de Brera. ££

Tano passami l'olio (via Vigevano 32/a, tfno. 8394139; sólo abre por las noches; domingo cerrado). Pequeño restaurante con una gran selección de aceites. Cocina original o ecléctica, como se denomina en la actualidad. Zona de Navigli. ££

Torre di Pisa (via Fiori Chiari 21, tfno. 874877; sábado a mediodía

***El restaurante Rigolo es uno de los preferidos de los periodistas del* Corriere della Sera.**

Trattoria Masuelli San Marco
di Masuelli Giuseppe & C. s.n.c.
Casa Fondata nel 1921
Viale Umbria 80, 20135 Milano, telefono 55184138

Chiusura domenica e lunedi a mezzogiorno

y domingo cerrado). Cocina tradicional toscana. Decoración rústica y acogedora. Zona de Brera. ££

Trattoria Masuelli (viale Umbria 80, tfno. 55184138; lunes a mediodía y domingo cerrado). Gustos y sabores de Lombardía y Piamonte. Techos altos y decoración austera. Uno de los locales tradicionales de la ciudad. Zona de Porta Vittoria. ££

Trattoria della Pesa (viale Pasubio 10, tfno. 6555741; domingo cerrado). Fundado en 1881. Aquí comió el vietnamita Ho Chi Minh durante su estancia en Milán. Platos típicos milaneses. Zona de Paolo Sarpi. ££

Trattoria Toscana (corso di Porta Ticinese 58, tfno. 89406292; sábado a mediodía y domingo cerrado). Abierto hasta tarde. A pesar de su nombre, no sólo sirve platos toscanos. Zona de Porta Ticinese. ££

Il Verdi (piazza Mirabello 5, tfno. 6590797; domingo cerrado). Era el punto de encuentro de los prime-

IL VERDI

ros *yuppies* milaneses, pero en la actualidad acuden a él clientes de toda clase y condición. Son famosas sus generosas y sabrosas ensaladas. No reservan mesa, por lo que a las horas punta (entre las 21.00 y las 22.00) hay que esperar en la barra. Zona de Brera. ££

Pizzerías

Biagio (via Monti 28, tfno. 4987166; sábado cerrado). Este local se ha ganado la confianza de los milaneses. Zona de Magenta. £

Brick Oven (via Marsala 3, tfno. 29015281; lunes cerrado). Buenas pizzas. También sirven filetes. Zona de Brera. £

Di Gennaro (via Santa Redegonda 14, tfno. 8053454; jueves cerrado). Típica pizzería en pleno centro. Está siempre hasta los topes. Zona de Centro. £

Grand'Italia (via Palermo 5, tfno. 877759; martes cerrado). Pizzas en porciones y ensaladas. Zona de Brera. £

La Libera (via Palermo 21, tfno. 8053603; abierto sólo por las noches; sábado cerrado). No es sólo pizzería. Muy animado y ruidoso. Siempre está lleno. Zona de Brera. £

Il Moro 2 (via Salaino, esquina con via Solari, tfno. 48007652; martes cerrado). Sirven pizzas preparadas al estilo oriental. Los dueños son egipcios. Tienen más especialidades. Zona de Parco Solari. £

Old America (via Vincenzo Monti

15, tfno. 4983607; domingo cerrado). Ambiente americano de los años treinta. Una buena dirección a la que acudir después del cine –la cocina permanece abierta hasta tarde–. Es conveniente reservar. Zona de Magenta. £

Paper Moon (via Bagutta 1, tfno. 76022297; domingo cerrado). Fue la primera pizzería elegante. Ha sabido mantenerse ajena a las modas. Zona de Centro. £

Rita e Antonio (via Puccini 2/a, tfno. 875579; sábado a mediodía y lunes cerrado). Al lado del Castello Sforzesco, oculto tras empalizadas y excavadoras (en esta zona están construyendo un aparcamiento subterráneo). Aquí se sirve la auténtica pizza napolitana. Zona de Centro. £

Rino Vecchia Napoli (via Chavez 5, tfno. 2619056; domingo a mediodía y lunes cerrado). Sus pizzas han recibido varios premios. Está siempre lleno. Zona de Buenos Aires. £

Rosy e Gabriele (via Sirtori 26, tfno. 29525930; miércoles cerrado). Pizzería tradicional. Gran local, siempre lleno. La cocina cierra tarde. Zona de Porta Venezia. £

Spontini (via Spontini, tfno. 2047444; lunes cerrado). Sus pizzas en porciones –de masa gruesa y esponjosa– tienen muchos adeptos. Zona de Buenos Aires. £

La Terza Carbonaia (via degli Scipioni 3, tfno. 29531704; domingo y lunes a mediodía cerrado). En verano se pueden comer sus pizzas crujientes en el jardín. Zona de Buenos Aires. £

Transatlantico (via Malpighi 3, tfno. 29526098; martes cerrado). Pizzería tradicional abierta hasta tarde. Zona de Buenos Aires. £

★ COMIDA RÁPIDA

Los *fast food* de Milán (**Brek, Ciao, Spizzico y Marché**) están pensados para aquellos clientes a los que no les importa comer en plan informal y que no tienen tiempo para hacerlo sentados. Estos restaurantes funcionan como los autoservicios. Se pueden encontrar en el centro y en otras zonas de la ciudad.

Restaurantes vegetarianos

Ikos (via Boccaccio 4, tfno. 4601616; abierto sólo a mediodía; domingo cerrado). Cocina sana y natural. También sirven pescado. Zona de Magenta. £

Joia (via P. Castaldi 118, tfno. 29522124; sábado a mediodía y domingo cerrado). El templo de la cocina vegetariana. Zona de Buenos Aires. ££

Il Naviglio (via Casale 5, tfno. 89400768; lunes y martes abierto sólo a mediodía; domingo cerrado). Cocina natural. También prepara comida para llevar. Zona de Navigli. £

Vita Sana (via Cesariano 14, tfno. 33611574; abierto sólo a mediodía; sábado y domingo cerrado). Autoservicio de platos vegetarianos. Zona de Sempioni / Paolo Sarpi. £

Discotecas, cervecerías y locales con música en directo

La vida nocturna milanesa es muy activa: hay bares, cervecerías y pubs irlandeses a los que acudir y en los que se puede estar de copas en compañía. Otros locales ofrecen música en directo y también se pueden encontrar disco pubs y discotecas que constituyen las piedras angulares de la vida nocturna de la ciudad. También hay ludotecas porque jugar también es bueno para los mayores. Al principio de cada temporada algunos locales cierran, abren otros nuevos y algunos se transforman. No sucede como en Nueva York, donde los locales más a la última dejan de despertar interés al cabo de pocos meses; pero también en Milán, algunas discotecas que están de moda una temporada, pueden dejar de estarlo la temporada sucesiva. La ciudad busca continuamente propuestas nuevas e innovaciones a la vez que conserva celosamente muchas costumbres. Los locales que se aconsejan están más o menos subdivididos por tipos. Sin embargo, conviene recordar que algunos de ellos son también restaurante, bar o local de actuaciones en directo. Los puntos que se indican para tomar el aperitivo a menudo son muy concurridos también después de cenar. Se citan algunas direcciones interesantes en los capítulos *La Milán cosmopolita*, *La Milán deportiva* y *Todos los sabores*.

Para seleccionar los locales hay que tener en cuenta que algunos son tradicionales, sin los cuales Milán no sería Milán. También están los que, si bien han sido inaugurados hace poco, han conseguido entrar en la categoría de los locales duraderos. No se descuidan en esta guía los nacidos hace poco siempre que tengan algún interés.

¿Dónde y cómo se desarrolla la vida nocturna? Las zonas más marchosas son el casco antiguo, el barrio de Brera, la zona de los Navigli y el Ticinese, donde la densidad de locales es más alta. La zona más fascinante es la de los Navigli. Aunque no se vaya a ir a ningún bar en concreto, es divertido pasear por los canales entre la gente que llena los locales. Un dato a tener en cuenta: hay que evitar ir en coche porque aparcar en esta zona es prácticamente imposible. Últimamente, la vida nocturna se ha ampliado: también hay lugares de interés en otras zonas como Porta Romana, el corso Lodi, el corso Buenos Aires, el corso Magenta, la Fiera, la Città Studi, San Siro e Isola.

Consejos prácticos

Platos fríos y calientes, sofisticados y caseros. El miércoles (día del espectador) es el día preferido de los jóvenes porque, después de ir al cine, pueden ir a un pub hasta tarde. Los jueves es el día predilecto de los treintañeros (y de esta edad para arriba) que van a Milán el fin de semana. El domingo y el lunes son días muertos y muchos locales permanecen cerrados.

Para informarse sobre las novedades que ofrece la vida nocturna de Milán, se puede consultar el suplemento del ***Corriere della Sera*** (los miércoles) o el de ***La Repubblica*** (el jueves). Ambos están al día y ofrecen información muy detallada.

La noche comienza pronto en Milán. El ritual del aperitivo, por poner un ejemplo, es incombustible. Algunos puntos ofrecen l *Happy Hour* (la «hora feliz»), una costumbre norteamericana que gusta mucho a los milaneses: durante dos horas (o más) el precio de la consumición es inferior. Algunos establecimientos alargan la hora feliz hasta las doce de la noche.

Las discotecas abren hacia las 22.30 y cierran alrededor de las 3.00. Los clientes asiduos no se dejan ver antes de la medianoche. En las discotecas está en voga el fenómeno de la *one night* (una noche): consiste en dedicar una velada o más entre semana a un tipo específico de entretenimiento, que puede ser musical o no. Hay *one night* para los más jóvenes, para universitarios, para los esnobs y para los más alternativos. Los animadores y los relaciones públicas hacen que las noches sean muy divertidas. Las fiestas temáticas, a diferencia de las *one night*, se suceden con regularidad.

En casi todas las discotecas funciona el sistema de selección a la entrada: un *gorila* en la puerta decide quién entra y quién no. Aun con todo, las chicas son simpre bienvenidas. El atuendo tiene mucha importancia. Hay que pagar una entrada o bien se entra gratis, pero la consumición es obligatoria.

Aperitivos para empezar la noche

ATM Bar (bastioni di Porta Volta 15, tfno. 6552365; domingo cerrado). En Milán hay quien recuerda que aquí se vendían billetes para los medios de transporte. En la actualidad el ATM Bar es uno de los puntos predilectos, también después de cenar. Aperitivos muy imaginativos y platos rápidos.

Zona de Brera / Porta Garibaldi.

Bar Basso (via Plinio 39, tfno. 29400580; martes cerrado). Típico bar para tomar el aperitivo. Zona de Città Studi.

Cap San Martin (via De Amicis 9, tfno. 8394145; domingo cerrado). Decoración años cincuenta y ambiente distendido. Clientela de jóvenes profesionales. Zona de Porta Ticinese.

Caffè della Pusterla (via De Amicis 24, tfno. 89402146; domingo cerrado). Clientela variada. Abierto a todas horas, desde el desayuno al aperitivo nocturno. Ambiente acogedor. Zona de Porta Ticinese.

Flyin' Circus (piazza Vetra 21, tfno. 58313577; sábado cerrado). Ideal para tomar un buen cocktail tras un duro día de trabajo. Ambiente marchoso. Zona de Porta Ticinese.

Galleria Meravigli (galleria Meravigli 3, tfno. 8055125; domingo cerrado). Este local, que es un híbrido entre restaurante, pizzería y disco pub, abre a las 19.00 y es interesante. Zona de Centro.

Honky Tonks (via F.lli Induno 65, tfno. 3452562; domingo cerrado). Aperitivos a ritmo de jazz. Su ambiente recuerda a los estados norteamericanos del sur. También tiene restaurante y la cocina es internacional.

Pois (via Pioppette 3, tfno. 89408675; lunes cerrado). Resurgió de las cenizas del local tradicional Pois pero en la actualidad es un disco pub americano. Es una dirección interesante a la que acudir también después de cenar. Zona de Porta Ticinese.

Radetzky Cafè (corso Garibaldi 105; lunes cerrado). Frecuentado por arquitectos y jóvenes estudiantes prometedores. Ambiente elitista. Es un buen sitio para comer ostras. Zona de Brera.

Discotecas

Beau Geste (piazza Velasca 4, tfno. 8057772; lunes, martes y miércoles cerrado). Gusta mucho a los jóvenes. La noche del sábado es la más *in*. Zona de Centro.

De Niro (via Baracchini, esquina con la via Larga, tfno. 86454420; domingo y lunes cerrado). Ha abierto sus puertas recientemente. Situada en pleno centro, ofrece música en vivo y tiene restaurante. Zona de Centro.

Gasoline Rock Club (via Bonnet 11/a, tfno. 653383; lunes cerrado). Es un sótano grande en el que se baila rock principalmente.

★ BAILE SOBRE HIELO
¿Por qué no probar a bailar desenfrenadamente sobre hielo? En **Fila Forum** (Milanofiori di Assago, via D. Vittorio, tfno. 45700466), el viernes y el sábado por la noche y el domingo por la tarde los jóvenes bailan en la pista de hielo.

Local para jóvenes. Zona de Porta Garibaldi.

Gimmi's (via B. Cellini 2, tfno. 55188069; lunes y miércoles cerrado). Música en directo para bailar. Clientela no muy joven. Los domingos el protagonista es Umberto Smaila, antiguo componente del grupo Gatto di Vicolo Miracoli. Zona de Porta Vittoria.

Hollywood (corso Como 15, tfno. 6598996; lunes cerrado). Es una de las discotecas con más modelos y personajes famosos del mundo de los deportes y de la televisión. Durante la semana tiene una *one night* alternativa. Zona de Porta Garibaldi.

Old Fashion (viale Camoens 6, tfno. 8056231; abierto todos los días). Está emplazado en el edificio de la Triennale y su ambiente es selecto y de moda. Las noches más *in* son las del viernes y el sábado. Zona de Sempione.

Ipotesi (piazza 24 Maggio 8, tfno. 58102766; lunes y miércoles cerrado). Salsa y merengue principalmente. La otra pista es para los aficionados a los bailes de salón. Zona de Ticinese / Navigli.

Magazzini Generali (via Pietrasanta 14, tfno. 55211313; domingo, lunes y martes cerrado). Local en el que se combinan con éxito cultura y diversión. Se puede bailar y, además, visitar exposiciones o asistir a acontecimientos variados. Zona de Porta Romana.

Nephenta (piazza Diaz 1, tfno. 804837; domingo y lunes cerrado). Es una discoteca de toda la vida que gusta mucho, principalmente a los jóvenes bien de Milán. Zona de Centro.

New UB (via Gatto, esquina con Forlanini, tfno. 70107329; domingo, martes y miércoles cerrado). Discoteca grande para una clientela joven. Música distinta cada día (incluida la latina). Zona de Città Studi.

Plastic (viale Umbria 120, tfno. 733996). Es el lugar perfecto para los noctámbulos alternativos. Zona de Porta Romana.

Propaganda (via Castelbarco 11, tfno. 58310682; martes y miércoles cerrado). Grande y acogedora a la vez. Está muy de moda entre los más jóvenes los sábados por la noche. La noche del viernes se dedica a los años sesenta y setenta. Aquí tienen lugar conciertos que se retransmiten por televisión. Zona de Porta Romana.

Rolling Stone (corso XXII Marzo 32, tfno. 733172; domingos y lunes cerrado). Es la discoteca favorita de los aficionados al rock. Organiza también conciertos en directo. Zona de Porta Vittoria.

Rose's (galleria San Babila 4/c, tfno. 782420; domingos cerrado). Discoteca tradicional. Clientela asidua. Zona de Centro.

SHOCKING CLUB

Shocking (bastioni di Porta Nuova 12, tfno. 6595407; domingos cerrado). Clientela de fanáticos de la moda, jóvenes de familias *bien* y universitarios. Zona de Brera/Garibaldi.

Splash (via Natale Battaglia 12/14, tfno. 58102766; lunes y martes cerrado). Música comercial. Clientela universitaria. Zona de Buenos Aires / Loreto.

Conciertos y ciclos musicales

Como todas las grandes ciudades, también Milán ofrece conciertos importantes de música ligera, pop, rock y jazz. De las citas musicales de masas se encargan **FilaForum Milanofiori** (via di Vittorio, Assago, tfno. 45700466; línea 2 de metro, estación de Romolo y después el autobús para Assago; capacidad para 12.000 personas), **Palalido** (piazza Stuparich 2, tfno. 39266100; línea 1 de metro, estación de Lotto; 3.000 personas), **PalaVobis** (antigua Palatrussardi, via Elia 33, tfno. 3340055; línea 1 de metro, estación de Lampugnano; puede acoger a 9.000 personas) y **Arena** (viale Byron 2, tfno. 341924, tranvía 12; 12.000 personas).

Desde hace algunos años ciertos teatros milaneses también ofrecen conciertos. Conviene estar pendiente de la programación musical del **Ciak**, el **Lirico**, el **Nazionale** y el **Smeraldo** (*v. págs. 160-162*).

A veces también se organizan conciertos interesantes en los centros sociales. Entre éstos se pueden citar **Leoncavallo** (via Watteau 7, tfno. 6705621), **Conchetta** (via Conchetta 18, tfno. 58105688) y **Pergola Tribe** (via della Pergola 5, tfno. 69005697). La entrada es gratuita y los grupos más conocidos logran llevar a personas que están políticamente lejos de los jóvenes de estos centros. Conviene llevar indumentaria estrictamente informal (http://www.ecn.org/milano.htm).

También se puede acudir al ciclo **Estate all'Idroscalo**, una iniciativa de la Junta de la Provincia de Milán. Ofrece conciertos interesantes por la noche en los meses de junio y julio. Información en el tfno. 77402210.

★ BAILES DE VERANO
A continuación se aconsejan algunos locales para los que se quedan en Milán en verano o bien llegan a la ciudad en esas fechas. La discoteca **New Parco delle Rose** (via Fabio Massimo 36, tfno. 55212526, zona de Porta Romana) está muy de moda; **Aquatica** (Isla Tropical, via Airaghi 61, tfno. 48200134, zona de San Siro), con tres pistas de baile. También se puede bailar al aire libre en el **Lido** (piazzale Lotto, zona de San Siro).

Disco bares

Pow Wow (viale Ortles 62, tfno. 55210272; lunes cerrado). Está muy en voga en la actualidad, sobre todo entre los jóvenes. Diversos géneros musicales en dos salas distintas. Zona de Porta Romana.

Soul to Soul (via San Marco 33/a, tfno. 29006350; lunes cerrado). La entrada es gratuita pero hay que tener el carné de socio anual (a un precio reducido). Ambiente interesante. Se baila música negra entre otras cosas. Zona de Brera.

Container (via Mestre 19/e, tfno. 26412172; lunes cerrado). Un tipo distinto de música para cada día de la semana. Hay para todos los gustos en este disco bar periférico instalado en un antiguo cobertizo. Zona de Lambrate.

Grand Cafè Fashion (Porta Ticinese, esquina con via Vetere, tfno. 89402997; abierto todos los días). Discoteca en el sótano y bar de copas arriba. Su clientela son modelos, famosos y gente a la que le gusta ver y ser vista. Zona de Ticinese.

Black Ebony (via Bocconi, esquina con viale Bligny, tfno. 58301651; domingo y lunes cerrado). Ambiente austero y música variada (desde funky hasta música tradicional). Clientela joven. Zona de Porta Romana.

Indian Cafè (corso Garibaldi 97, tfno. 29000390; lunes cerrado). En el sótano se puede escuchar música (también en directo) y bailar. La parte de arriba, más tranquila, es para charlar y tomar una copa. Zona de Brera.

Loolapaloosa (corso Como 15, tfno. 6555693; domingo cerrado). Clientela joven y universitaria. Está siempre tan lleno que se baila incluso encima de las mesas. Zona de Brera / Garibaldi.

Locales con música en directo

Blues House (via S. Uguzzone 96, tfno. 27003621; lunes cerrado). Situado en las afueras, gusta mucho a los expertos. Grupos italianos y extranjeros. Zona de Bicocca.

Capolinea (via Lodovico il Moro 119, tfno. 89122024; lunes cerrado). El jazz en Milán siempre pasa por este local, que se llena de aficionados a este género. Tiene también restaurante. Zona de Navigli.

Grilloparlante (alzaia Naviglio Grande 36, tfno. 89409321; martes cerrado). Ambiente marchoso, musical e interesante. Zona de Navigli.

Rainbow (via Besenzanica 3, tfno. 4048399; domingo cerrado). A menudo tocan grupos en directo. Rock duro principalmente. Zona de Lorenteggio.

Scimmie (via Ascanio Sforza 49, tfno. 89402874; martes cerrado). Local tradicional en el que se puede escuchar jazz, rock y folk. También es restaurante. Zona de Navigli.

Tangram (via Pezzotti 52, tfno. 89501007; domingo cerrado). Rock y blues en directo. En numerosas ocasiones se dan a conocer grupos en busca de fama. Zona de Navigli.

Tunnel (via Sammartini 30, tfno. 66711370; domingo y lunes cerrado). Un antiguo almacén transformado en local de última moda al que acuden jóvenes principalmente. Música *underground* en directo. Zona de estación Central.

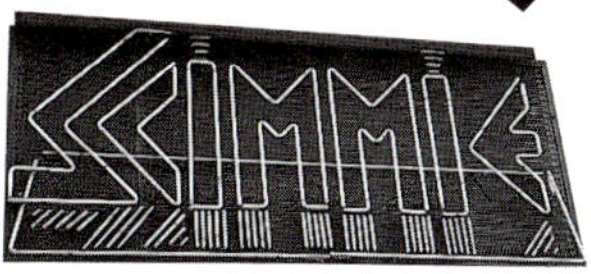

Locales abiertos hasta tarde

Banhof Cafè (via G. Ferrari, esquina con via Farini, tfno. 290015; lunes cerrado). Bar restaurante al que acuden modelos y jóvenes prometedores. Música a todo volumen. Zona de Garibaldi.

Biblos (via Madonnina 17, tfno. 8051860; abierto todos los días). Famoso local con música en directo arriba y *karaoke* en el sótano. Zona de Brera.

Binariozero (via Lambertenghi 8,

★ LOS BARES *SUSHI*, LA ÚLTIMA MODA

La pasión por el pescado crudo procede de Japón. En Milán, donde se dice que se come el pescado más fresco de Italia, esta afición no podía faltar. Tanto en restaurantes como en discotecas se está imponiendo la moda de los rincones *sushi*, por ejemplo en el Siam Society (via San Gerolamo Emiliani 2) y en el Up to You (via Vetere 8). Hace poco ha abierto sus puertas un disco bar *sushi*: el Moon (via Vigevano 8; zona de Navigli), donde se come pescado crudo mientras se baila.

tfno. 29404044; lunes y martes cerrado). Abierto recientemente, este local intenta conjugar la diversión y la cultura: música, exposiciones y conciertos. Es necesario el carné anual de socio. Zona de Isola.

Boulevard Cafè (corso Garibaldi 39, tfno. 72003435; martes cerrado). Los fanáticos de lo oriental se dan cita aquí los jueves por la noche. Zona de Brera.

Bubble Bar (via Lagrange 13, tfno. 58112340; lunes cerrado). Bar pequeño con taburetes en forma de burbuja (de ahí el nombre). Zona de Navigli.

Cafè Atlantique (viale Umbria 42, tfno. 55193925; lunes cerrado). Es un local nuevo y llamativo de la noche milanesa, mitad bar, mitad restaurante, sofisticado y elegante. Es famosa su lámpara de fibra óptica en forma de cascada. Zona de Porta Romana.

Cafè Caracol (via Cirillo 12, tfno. 33606183; lunes cerrado). Este bar restaurante mexicano que prolonga la «hora feliz» hasta la medianoche se llena de gente, sobre todo en verano. Zona de Sempione.

Coquetel (via Vetere 14, tfno. 8360688; domingo cerrado). Situado en el corazón del Ticinese, está siempre lleno en verano, mientras que en invierno resulta más íntimo. Zona de Ticinese.

Dixieland (via Quadrio 9, tfno. 6598513 y piazzale Aquileia 12, tfno. 436915; lunes cerrado). Ambiente del Lejano Oeste con rifles colgados en las paredes. Es bar y restaurante de cocina tex-mex. Marchoso y a tope de gente. Zona de Garibaldi / Parco Solari.

El Trópico Latino (via Ozanam 15, tfno. 201259; abierto todos los días). Taquería mexicana. Varias sucursales en la ciudad. Zona de Buenos Aires.

Fiorichiari (via Fiorichiari 17/a, tfno. 89403210; lunes cerrado). Reformado hace poco tiempo, en este local se toca música en directo los fines de semana: música negra, *soul, funky, hip-hop*, etc. Zona de Brera.

Jamaica (via Brera 32, tfno. 876723; domingo cerrado). Marcha asegurada a todas horas. Local tradicional con un toque bohemio y decoración espartana. Billar en la primera planta. Sigue atrayendo a artistas, intelectuales y jóvenes. Zona de Brera.

Le Trottoir (corso Garibaldi 1, tfno. 801002; abierto todos los días). Bar restaurante cuya cocina permanece abierta hasta tarde. Clientela de artistas e intelectuales. Zona de Brera.

Mirò (vicolo Fiori Chiari, tfno. 876016; lunes cerrado). Ideal para nostálgicos de los sesenta. Música en directo a cargo del grupo del propio local. Zona de Brera.

Sergio e Efisio (corso Sempione 32, tfno. 312319; abierto todos los días). Merece la pena ir en verano. Aquí acuden personajes famosos de la RAI, cuyos estudios quedan cerca. Menú original. Abierto hasta tarde. Zona de Sempione.

Shanghai Cafè (via Sammartini 124, tfno. 66980852; lunes cerrado). Local famoso de ambiente acogedor y lleno de humo. Es bar y restaurante. Tocan grupos en directo. Zona de estación Central.

Speakeasy (via Castelfidardo 87, tfno. 653645; lunes cerrado). Bar restaurante americano con clien-

Bailes de salón

Aunque Milán no es famosa por los bailes de salón, quienes estén acostumbrados a bailar en pareja encontrarán locales de su gusto.

Milano In (via dei Missaglia 46/43, tfno. 8464731; miércoles cerrado). Se trata de un salón de baile con capacidad para 400 personas. También se puede comer en el restaurante y jugar a las cartas y a la petanca. Zona de Naviglio Pavese.

Disfonia Dancing (via Massarani 6, tfno. 5397347). Sala típica milanesa de bailes de salón. El lunes se baila el baile ambrosiano. Tiene capacidad para 1.500 personas. Zona de Porta Romana.

Dancing Cafè Caribe (antigua sala Apollo, via Procaccini 17, tfno. 312922). Además de bailes de salón, boogie y rock. Zona de Paolo Sarpi.

Intreccio (via Binda 4, tfno. 89127222). Para entrar en este local hay que llevar chaqueta y corbata. Las zapatillas de deporte están prohibidas. Caben unas 500 personas. Zona de Naviglio Grande.

tela joven (milaneses y turistas) que adora los ambientes cosmopolitas. Zona de Brera.

Zazie (via Lomazzo 11, tfno. 3311976; domingo y lunes cerrado). Este local está ubicado en un antiguo taller. Mientras se toma una copa se pueden ver breves representaciones teatrales, asistir a recitales de poesía o escuchar música en directo.

Zelig (viale Monza 140, tfno. 2551774; lunes cerrado). Este famosísimo cabaré ha catapultado a la fama a los cómicos italianos más conocidos. Conviene reservar. Zona de Loreto.

Tabernas irlandesas

El fenómeno de las tabernas irlandesas, que empezó a notarse en los noventa, se ha prolongado en el tiempo de forma considerable tanto en Milán como en su provincia. Gusta mucho el ambiente acogedor de estos locales, el servicio campechano, la gran variedad de cervezas –de barril y de botella– y de *whiskeys*. En estas tabernas es fácil conocer gente. A continuación se enumeran algunas.

Auld Dubliner (viale Torelli 2, tfno. 6080054; domingos cerrado). Tostadas, panecillos y cerveza, como en Irlanda. Zona de Porta Garibaldi.

Blues Canal (via Casale 7, tfno. 8360799; lunes cerrado). Actuaciones de grupos en directo en este pub que recuerda a los barcos de vapor que cruzaban el Misisipí, cuna del *blues*. Zona de Navigli.

Irish Pub Budineria (via Chiesa Rossa 53, tfno. 8467268; domingos cerrado). Cerveza y Bailey's: la mezcla es extraña pero funciona. Zona de Navigli.

Pogue Mahonès (via Salmini 1, tfno. 58309726; lunes cerrado). Quizá sea la taberna irlandesa más famosa de Milán. A ella acuden los ingleses que viven en la ciudad. Zona de Porta Romana.

Murphys's Law Irish Pub (via Montevideo 3, tfno. 8372385; martes cerrado). Además de cerveza, se pueden comer platos típicos de Irlanda. Zona de Parco Solari.

Donde la cerveza es lo más importante

Birreria Uno (viale Pasubio 14, tfno. 6592164; domingo cerrado). Cervecería informática, para los locos de la cibernética. Se pide la consumición por ordenador y los internautas pueden conectarse con otros locales en los terminales. Zona de Porta Garibaldi.

El Tumbun del San Marc (via San Marco 20, tfno. 6599507; domingo cerrado). Local tradicional, ideal para pasar una velada en compañía de amigos bebiendo cerveza. Zona de Brera.

La Fontanella (alzaia Naviglio Pavese 6, tfno. 8372391; lunes cerrado). En esta cervecería rústica la cerveza es la reina. Zona de Navigli.

Matricola Pub (viale Romagna 43, tfno. 2363498; domingo cerrado). Clientela universitaria. Zona de Città Studi.

Re Artù (corso Lodi 52, tfno. 57404427; lunes cerrado). Decoración medieval. Gusta mucho a los más jóvenes.

Stalingrado (via Biondi 4, tfno. 3319249; domingo cerrado). Local tradicional. Siempre está lleno. Zona de Fiera.

Stonehenge (viale Pasubio 3, tfno. 6555846; domingo cerrado). Cervecería, bar y discoteca. Platos y cervezas irlandeses. Zona de Porta Garibaldi.

Ludotecas

La Città del Gioco (via delle Forze Armate 103, tfno. 4035279; abierta de 16.00 a 2.00; lunes cerrada). La mayor ludoteca de Milán. Dispone de unos 500 juegos de mesa. Sus clientes más fieles son aficionados a los juegos de rol. Zona de San Siro.

Acquarius (corso Sempione 49, tfno. 3315093). Unos 150 juegos, desde los más tradicionales a los más recientes. Zona de Sempione.

Arcipicchia (via General Govone 23, tfno. 33603490). Ludoteca y cervecería que dispone de 100 juegos. Zona de cementerio Monumental.

Juegos para adultos

A pesar de que crean polémica, no dejan de despertar interés. Para algunos son la prolongación de comportamientos adolescentes, y para otros resultan altamente educativos. Hablamos de los juegos de rol. Los hay de dos tipos. El primero se juega en casa o en una ludoteca alrededor de una mesa usando lápiz y papel; el segundo es como una versión en directo y los participantes se disfrazan de los personajes que tienen que interpretar. La partida, que puede durar una tarde, una noche o todo un fin de semana, se juega en el exterior (en un parque, por ejemplo) o en locales habilitados al efecto. Ambas versiones de los juegos de rol estimulan la imaginación: durante unas horas uno se puede sentir elfo, guerrero, princesa, bardo, mercenario, mago o estratega.

Hoteles de lujo y alojamiento más económico

Milán cuenta con buenos hoteles, pero en determinadas fechas –ferias, convenciones internacionales, conciertos masivos– resultan insuficientes, por lo que es imprescindible reservar con mucha antelación.

Por regla general, los hoteles son muy caros –para un español, prohibitivos– y el gremio apunta más a la clientela de negocios que al turismo. Los pequeños hoteles con encanto que, además de comodidad, ofrecen un ambiente agradable y unos precios asequibles, no abundan en Milán.

En la zona de la estación Central la densidad de hoteles es alta y aumentan las posibilidades de encontrar alojamiento a precios más módicos, pero sin demasiadas pretensiones. También en los alrededores de la Feria de Milán los hoteles son numerosos. El centro ofrece varias posibilidades, pero los precios no están al alcance de todos los bolsillos.

La lista de hoteles que figura a continuación no es exhaustiva. Se han seleccionado aquellos de mejor relación calidad/precio, sin descuidar los grandes hoteles cuyos nombres van ligados a la historia de la ciudad. No nos hemos olvidado de establecimientos más modestos pero mucho más auténticos.

★ CÓMO RESERVAR
La APT (via Marconi 1, tfno. 809662) y la oficina de la IAT de la estación Central informan gratuitamente sobre todos los hoteles milaneses.
Associazione Provinciale Albergatori Milanesi (corso Buenos Aires 77, Centro Prenotazioni Promhotel, tfno. 67076600, fax 67076147).
Dirección en Internet: http:// www-traveleurope.it.
Milano Hotels Central Booking (tfno. 804242, fax 8054291).

De 5 a 2 estrellas

*******Grand Hotel et de Milan** (via Manzoni 29, tfno. 723141, fax 86460861). Hotel tradicional muy cerca del Teatro alla Scala. Abrió sus puertas en 1863 y ha alojado a personajes históricos como Verdi, Wagner, Mascagni, Stendhal, Hemingway, Eleonora Duse y Maria Callas. Recientemente remodelado, dispone de 95 habitaciones con mobiliario de época.

*******Four Seasons** (via Gesù 8, tfno. 77088, fax 77085000). Antiguo convento de monjas (siglo XV), transformado en un lujo-

En el hotel Gallia se han firmado grandes contratos futbolísticos.

so hotel en pleno centro del «cuadrilátero de oro». Sus habitaciones, con todas las comodidades, no tienen nada que ver con las antiguas celdas monacales. Sus clientes habituales son personajes famosos y de la alta sociedad, industriales, modelos y personas que se pueden permitir ciertos lujos. En sus salones tienen lugar las reuniones sociales del mundo de las finanzas, de la publicidad y del periodismo de Milán.

*******Principe di Savoia** (piazza della Repubblica 17, tfno. 62301, fax 6595838). 299 habitaciones de lujo decoradas con exquisitos muebles antiguos. Este hotel, inaugurado en 1927, preside la piazza della Repubblica, no muy lejos de la estación Central. Cuenta con un centro de *fitness*, piscina cubierta y solárium. Muchos famosos –desde los Rolling Stones hasta Naomi Campbell– se alojan en el Principe di Savoia cuando recalan en Milán. Para saber si está alojado algún personaje famoso, basta con comprobar si hay fotógrafos a la espera.

******Excelsior Gallia** (piazza Duca d'Aosta 9, tfno. 6785, fax 66713239). En este hotel histórico se alojaban viajeros célebres, príncipes y diplomáticos. Fue inaugurado en 1932 y Umberto de Savoya tenía predilección por este hotel. Hasta hace unos años el Gallia era sinónimo de fútbol, pues en sus salas se firmaban los mejores contratos. En la actualidad, tras su remodelación, ofrece 237 habitaciones a viajeros acostumbrados al lujo.

******Diana Majestic** (viale Piave 42, tfno. 29513404, fax 201072). Este fascinante hotel de estilo modernista es uno de los mejores de Milán. El nombre procede de Bagni Diana, que fue la primera piscina pública en la ciudad, inaugurada en 1842. En la actualidad hay un delicioso jardín en lo que antes era la piscina. Dispone de 90 habitaciones decoradas con muebles de época.

*****Adriatico** (via Conca del Naviglio 20, tfno. 58104141, fax 89401012). Discreto, cómodo y no demasiado caro, cerca de la

★ CITAS ESPECIALES PARA TODOS

En el **Grand Hotel et de Milan**, los domingos se puede tomar un copioso almuerzo (también vegetariano o de pescado) en un ambiente elegante fin de siglo. El **Principe di Savoia** ofrece suculentos aperitivos en el bar *Giardino d'Inverno*. El **Four Seasons**, típico punto de encuentro de modelos y profesionales de la moda, es muy agradable para tomar el aperitivo o una copa con los amigos después del cine.

romántica zona de los Navigli. 105 habitaciones.

***__Gala__ (viale Zara 89, tfno. 66800891, fax 66800463). En la zona de la estación Central, hotel de gestión familiar en un edificio del siglo XIX decorado con muebles de la misma época. Precios moderados.

***__Gritti__ (piazza S. Maria Beltrade 4, tfno. 801056, fax 89010999). Habitaciones cómodas, cerca del Duomo.

***__Zurigo__ (corso Italia 11/a, tfno. 72022260, fax 72000013). Tiene 40 habitaciones tranquilas y está muy cerca del casco antiguo. Se pueden utilizar gratuitamente algunas bicicletas.

★ ALBERGUES Y CÁMPINGS
Ostello della Gioventù P. Rotta (viale Salmoiraghi 1, tfno./fax 39267095). **Campeggio Città di Milano** (via G. Airaghi, tfno. 48200134, fax 482202999). **Campeggio Autodromo di Monza** (tfno. 039 387771, fax 039 320324).

***__King__ (corso Magenta 19, tfno. 874432, fax 89010798). 48 habitaciones acogedoras y tranquilas situadas en un edificio que da al elegante corso Magenta. Está muy cerca de la Università Cattolica y del centro.

***__Palazzo delle Stelline__ (corso Magenta 61, tfno. 4818431, fax 48519097). Este hotel se halla en el interior de un edificio que antiguamente albergaba un orfanato. Cuenta con 105 habitaciones cómodas, algunas de las cuales dan a un patio interior. Está junto a la iglesia de Santa Maria delle Grazie y del Cenacolo Vinciano.

Arriba, *el Principe di Savoia.* Al lado, *el Grand Hotel et de Milan.*

**__Aspromonte__ (piazza Aspromonte 12/14, tfno. 2361119, fax 2367621). Sólo dispone de 22 habitaciones cómodas y acogedoras. Tiene un jardín pequeño. Zona de Città Studi.

**__London__ (via Rovello 3, tfno. 72020166, fax 8057037). Tiene 30 habitaciones y se halla en pleno centro, muy cerca del histórico Piccolo Teatro. Conviene reservar con mucha antelación.

**__Johnny__ (via G. Parti 6, tfno. 341812, fax 33610521). Hotel pequeño sin pretensiones. Habitaciones cómodas y personal amable.

**__Vecchia Milano__ (via Borromei 4, tfno. 875042, fax 86454292). En pleno centro, pequeño (26 habitaciones), cómodo y con lo básico.

**__San Francisco__ (viale Lombardia 55, tfno. 2360302, fax 26680377). Hotel pequeño, lejos del centro, cerca de la Città Studi. Dispone de 30 habitaciones cómodas y un pequeño jardín interior.

Índice

Referencias iconográficas: *Archivo TCI:* págs. 149 abajo, 150 abajo; *dibujos TCI (G. Pomella):* págs. 15, 40, 41, 150 arriba, 151 arriba, 152; *Civica Galleria d'Arte Moderna:* pág. 83 arriba; *Civici Musei del Castello:* pág. 84 abajo; *Civico Museo d'Arte Contemporanea:* pág. 83 abajo; *Civico Museo del Risorgimento:* pág. 85 arriba; *Efima / Momi:* págs. 90, 93, 95 centro, 96; *Il Giraparchi:* pág. 151 abajo, 152 arriba; *O. Marazzi:* págs. 14, 21, 22, 24 centro, 25, 26 abajo, 30 arriba, 32 arriba, 34, 37 arriba, 39, 42 centro, 44, 45, 46, 47, 48, 49, 50, 51 abajo, 52, 53, 54, 55, 56 abajo, 57, 59 arriba, 60 abajo, 61 abajo, 62, 64 arriba, 65, 66, 67, 68, 69 abajo, 70 arriba y abajo, 71 arriba, 72 centro y abajo, 73 centro y abajo, 74 arriba y centro, 75, 76 arriba y centro, 77, 78, 79 abajo, 80, 85 abajo, 88 abajo, 91 arriba y abajo, 92 arriba y centro, 94 centro, 100 abajo, 102 arriba, 103 abajo, 104, 105 arriba y abajo, 106 arriba izquierda, 107, 108, 109, 111, 112 centro, 113, 114 arriba, 115, 116, 117, 118, 123, 124, 125 arriba, 127 abajo, 128 centro y abajo, 129, 131, 132, 133, 134, 135, 136, 137 centro, 139, 140, 141, 144 arriba, 153, 158 abajo, 159, 161 abajo, 163 centro y abajo, 165 arriba, 166, 169 abajo, 172 abajo, 173, 174, 175, 177, 181 centro, 182 arriba, 183, 184 arriba, 187, 188, 189; *Museo Bagatti Valsecchi:* pág. 85; *Museo Poldi Pezzoli:* pág. 86 abajo; *propiedad de la Biblioteca y Pinacoteca Ambrosiana:* pág. 87 arriba; *propiedad de la Pinacoteca de Brera:* págs. 82, 87 abajo.